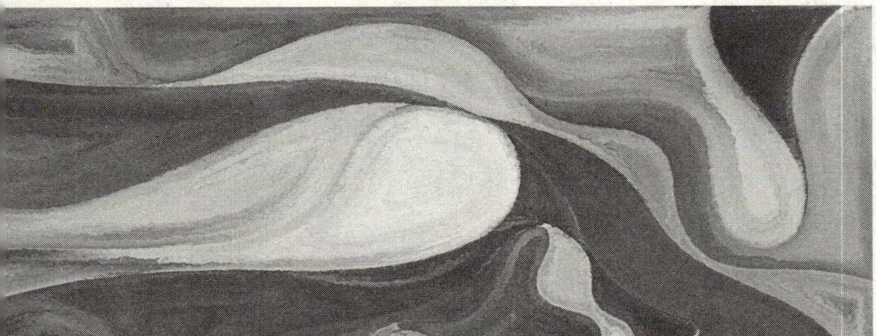

刻板印象研究丛书

主编/佐 斌

刻板印象内容与形态

佐 斌/著

華中師範大学出版社

新出图证(鄂)字 10 号

图书在版编目(CIP)数据

刻板印象内容与形态/佐斌 著. —武汉:华中师范大学出版社,2015.12
(刻板印象研究丛书)
ISBN 978-7-5622-7238-0

Ⅰ.①刻… Ⅱ.①佐… Ⅲ.①社会心理学—研究 Ⅳ.①C912.6

中国版本图书馆 CIP 数据核字(2015)第 318288 号

刻板印象内容与形态

责任编辑:童 雯 **责任校对:**王 炜 **封面设计:**胡 灿
编辑室:学术出版中心 **电话:**027-67863220
出版发行:华中师范大学出版社
社址:湖北省武汉市珞喻路 152 号 **邮编:**430079
电话:027-67863426/3280(发行部) 027-67861321(邮购)
传真:027-67863291
网址:http://www.ccnupress.com **电子信箱:**press@mail.ccnu.edu.cn
印刷:湖北新华印务有限公司 **督印:**王兴平
字数:347 千字 **印张:**18.25
开本:710mm×1000mm 1/16
版次:2015 年 12 月第 1 版 **印次:**2015 年 12 月第 1 次印刷
定价:46.00 元

欢迎上网查询、购书

刻板印象：个人社会互动的认知基础

——“刻板印象研究丛书”总序

佐　斌

作为社会中人，对他人进行认识与评价是个人最为基本的心理活动。不了解人，我们就无法和他人进行有效互动。在社会心理学领域，人际互动是一个核心的问题，人际影响的第一结果就是形成了关于人的印象。我们对别人的印象既是我们对他人认识的结果，也是我们认识他人的线索或工具。社会生活中需要接触的人那么多，我们需要把人分为不同的类型。当我们试图依据一定的标准对人进行分类的时候，刻板印象（stereotype）就产生了。分类是否恰当，很大程度上影响着我们的互动策略及效果。因此，基于人群分类的刻板印象，对于个人的社会互动和自我发展具有十分重要的意义，也成为社会心理学家研究的经典主题。

“刻板印象”这一术语最初是由新闻记者李普曼（Walter Lippmann，1922）在《公众舆论》一书中提出的。他认为刻板印象是他人在我们头脑中的图像（pictures in our heads），是对于人之世界的地图（map of world），是对现实群体的一种内部的与精神的表征（representation）。这些“头脑中的图像”意味着我们认为群体成员有些相像，区别不明显，他借用印刷术语“刻板”予以说明和分析。李普曼认为刻板印象往往是那些事实上不正确的、非理性的、刻板固执的态度与偏见，但是这样的知识结构也是有用的。

刻板印象概念提出之后，社会心理学关于刻板印象的研究随着态度研究的被重视而兴起，对刻板印象的定义也始终被置于社会认知的领域。作为解释社会知觉与印象形成过程的重要的操作性构念，刻板印象一直是社会认知领域的研究热点。人们认为，刻板印象是由人们对于某些社会群组的知识、观念和期望所构成的认知结构（Macrae 等，1996）。而作为一种社会认知图式，刻板印象是有关某一群体成员的特征及其原因的比较固定的观念或想法（Fiske，2004）。

早期的刻板印象研究主要关注对刻板印象的概念界定以及对不同群体的刻板印象内容的测量与描述。关于刻板印象的内容描述，在社会心理学中研究最多的是国民和民族刻板印象，发端于美国普林斯顿大学并成为该校的传统。卡茨和布雷利（Katz、Braly，1933）等对100名普林斯顿大学的学生进行调查，让他们在自己提出的84个形容词中找出最适合阿拉伯人①、美国白人、美国黑人②、德国人、犹太人③、意大利人、英国人、爱尔兰人、日本人、中国人、土耳其人等的词汇，获得他们对于这10个国家或民族成员所具有的刻板印象。研究发现这些大学生对各国国民及民族的看法颇为一致。1951年和1967年，社会心理学者们又重复做了Katz和Braly的调查研究，测试对象仍为普林斯顿大学的学生。结果表明，1933年、1951年和1967年获得的描述被试的形容词虽然有了一些变化，但只是形容词先后次序略有不同，总体变化不大。因此这三十多年间普林斯顿的大学生们对这些群体的刻板印象没有什么大的改变，而可能发生的变化主要是受到国际政治关系的变化等社会因素的影响。

类似普林斯顿大学的刻板印象调查的研究非常之多。在经历了很多年的内容描述研究之后，20世纪六七十年代的刻板印象研究陷入低谷。有人认为，一些关于不同群体的印象内容的研究比较零散。Brigham（1971）指出，对于以种族刻板印象为代表的刻板印象研究存在悬而未决的诸多问题，基本概念也还存在争议，表现出对刻板印象这一主题的研究前景的悲观态度。

然而，新兴的认知心理学为迷茫时期的刻板印象研究提供了新的生机。20世纪70年代初，由于认知心理学的影响，刻板印象研究的重心开始从内容向加工转移，主要集中在作为一种认知结构的刻板印象是如何发生的，它又如何影响后续的信息加工及群体成员之间的知觉和行为。到20世纪80年代，认知视角广泛应用于考察人们如何知觉、记忆和思考他人和社会事件等社会心理学的研究中，形成了社会认

---

① “阿拉伯人”并不是严格意义上的民族或种族，更多地侧重强调使用阿拉伯语、信奉伊斯兰教的文化共同体。在西方关于社会心理学的研究中，对于阿拉伯人的刻板印象与偏见一直是重要的研究问题之一。

② “黑人”与“白人”作为特定的种族分类，在国外尤其是美国的国民或民族刻板印象研究中，一直是重要的研究对象。早期关于黑人的研究使用negro（尼格罗人），后来为避免歧视而采用the black。英文ethnic stereotype译为民族刻板印象，有时也指种族刻板印象。本书中的“黑人”为种族意义上的使用。

③ 犹太人是一个广泛分布于世界各国的民族，这里强调的是信奉犹太教的文化共同体。历史上曾多次出现过针对犹太人的大规模迫害，对犹太人的刻板印象（如聪明但狡猾）也是刻板印象领域的一个重要议题。

知这一新的概念和研究领域。社会认知角度并没有像以往一样过多关注刻板印象的内容，而更多将兴趣集中在刻板印象形成与演化的认知过程及影响因素的探究。

随着理论的不断发展和研究的持续深入，社会心理学研究者们逐渐认识到人们的社会信息加工过程也是由内隐的无意识层面和外显的意识层面组成，由此，内隐刻板印象的概念浮出水面。1995 年，Greenwald 和 Banaji 通过一系列研究表明，许多社会行为以内隐和无意识的方式进行加工或操作。他们将内隐刻板印象界定为“调节某一社会类别成员的属性的不能内省辨别（或不能准确辨别）的过去经验的痕迹”，倡导对内隐社会认知进行外显层面上的再认，鼓励采用新的和间接的测量方法如反应时法、投射测验和启动效应等，这些观点很快在学术界得到了广泛的认同。在过去的十几年中，大量证据表明内隐刻板印象在人们的判断和行为中的影响，一些社会认知的间接测量方法已被大量使用。近十年来，刻板印象的研究视角进一步拓展，逐渐从认知加工的角度演变到认知神经科学的角度。

“物以类聚，人以群分。”居住在同一个地区、从事同一种职业、属于同一个种族，人总会有一些共同的特征，因此，刻板印象一般说来还是有道理的。典型的刻板印象具有这些特征：首先，刻板印象是对人和群体的简单化分类。例如，按照性别、种族、年龄或职业形成的关于某类人的固定印象对人群进行分类，认为某一人群与某些特征和行为密切联系。其次，分类为同一群体的成员在印象与特征上具有同质性或一致性。再次，刻板印象是人的一种大脑自动化加工的心理过程，往往是快速而自发完成的。最后，刻板印象的内容与评价对象的实际情形既有一定的一致性，但是也会和社会中的认知个人的实际情形有偏差。

刻板印象无处不在。刻板印象相对稳定但也并非一成不变。刻板印象对社会认知既有积极作用，也有消极影响，因为刻板印象是一种图式，而图式是对信息的复杂组合进行加工的方式。安德森指出，刻板印象的积极方面是它能帮助我们认识客体，做出判断、理解事物以及处理其他情境中面临的问题，它能使我们有效对待广大而复杂的世界向我们提出的信息加工要求，它能帮助我们对来自外界的群体进行抽取和归类。但是，刻板印象往往导致人们对于信息加工的来源不是很谨慎，容易受到统计误差的影响。事实上，刻板印象在人们的社会互动中常常是起作用的，特别是面对陌生人的时候，刻板印象几乎是必需的，它节省我们的精力，避免陷入“信息之海”。同时刻板印象也可能是导致错误的社会认知根源，因为刻板印象有时候也是不准确的，人们经常忽视同一群体中成员之间的个别差异。

尽管刻板印象内容的研究因为认知取向而弱化，但是进入 21 世纪前后，关于刻板印象内容的探讨再次成为社会心理学的热点。只不过这一次研究者们更加集中于发现与建构刻板印象的内容维度和理论模型，而不是像以往一样简单获得对刻板印象进行描述的形容词。刻板印象内容模型（stereotype content model，简称SCM）以及社会认知的“大二”模型（Big Two），成为国外刻板印象新的研究亮点。

由于刻板印象的具体内容即目标群体的主要特征随着评价者、评价对象、评价时间和情景的不同而变化，社会心理学一直局限于对某些对象群体的特征进行描述，回避对于刻板印象的内容分析和心理结构研究。由Fiske等人（1999）提出的刻板印象内容模型，它以热情（warmth）和能力（competence）为基础建立了二维模型，明确提出热情（友好、善良、温暖等）和能力（胜任、才能和聪明等）两个维度决定外群体印象、大多数刻板印象是混合的、群体社会地位可以预测刻板印象、刻板印象中普遍存在内群体偏好以及外群体贬抑四个假设（Fiske、Cuddy、Glick、Xu，2002）。

SCM在全球17个国家和地区（涉及不同的意识形态和不同的文化传统）得到了验证，显现出SCM具有很好的文化普适性和群际关系预测性。目前，有关SCM模型研究已经扩展到诸多群体，例如在老年群体、亚裔美国人群体、移民群体、同性恋群体、女性群体、黑人群体、精神疾病群体、亚裔群体、欧洲国民群体的研究中都得到很好的验证。Cuddy、Fiske和Glick（2007）进一步将SCM与群际情绪、行为反应相结合，开创性地形成了群际情绪—刻板印象—行为趋向系统模型（behaviors from intergroup affect and stereotypes map，简称BIAS Map）。这一系统模型是对SCM有价值的延伸，同时二者的有机结合进一步促进了刻板印象内群体与群体间研究的整合性。

SCM区别于以往的单纯性刻板印象理论，提出了识别不同群体与不同偏见评价的刻板印象、态度和行为框架，这种有效细分克服了以往的单一化模式，对于防止和干预各种不同形态的偏见和歧视开启了新的大门。SCM和BIAS Map强调热情和能力是群体刻板印象的核心，它们是引发不同行为的起源，进而形塑了不同的情感与行为反应类型。无论从理论构建还是实证研究而言，SCM以及BIAS Map都为进一步深化与扩展刻板印象研究奠定了很好的基础，也为深入了解人们的社会互动提供了新的思路和研究课题。

近年来，Fiske等人将SCM拓展到社会认知领域，提出社会认知的两个基本维度是能力和热情，并在社会判断、社会知觉、印象形成和印象管理等不同领域得到实验验证（Abele、Cuddy、Judd、Yzerbyt，2008；Cuddy、Fiske、Glick，2008；Fiske、Cuddy、Glick，2007；张庆、王美芳，2011）。根据SCM两维结构假设，群体可分为高能力高热情（high-competence and high-warmth，简称HCHW）、高能力低热情（high-competence but low-warmth，简称 HCLW）、低能力高热情（low-competence but high-warmth，简称 LCHW）和低能力低热情（low-competence and low-warmth，简称 LCLW）四类。而 SCM 的另一个假设认为刻板印象多是混合的，即大多数群体被评价为高能力但不热情友好（HCLW）或者高热情但缺乏能力（LCHW）。对不同文化样本的实证研究结果验证了混合刻板印象假设，这也引发了社会心理学者对能力与热情两维度之间关系的研究。

Yzerbyt 等人（2005）最早明确提出刻板印象中的能力与热情之间存在一种类似于补偿的负向关系。Judd 等人（2005）通过实验验证了社会知觉中存在能力与热情的补偿关系，并根据实验证据指出补偿不仅发生在对群体的知觉中，而且发生在对个体的知觉中。这一观点与以往研究中的晕轮效应（halo effect）是不一致的，引起了心理学界的广泛关注。通过总结能力与热情关系的研究，Kervyn 等人（2009）提出了补偿效应（compensation effect）这一概念，指出能力与热情之间存在补偿效应。随之出现了大量与补偿效应有关的理论和实证研究，并在印象形成和印象管理等领域得到广泛应用。

热情与能力两维度的刻板印象内容模型，为心理学家进一步探寻社会认知的核心内容及维度结构奠定了基础。Fiske、Cuddy 和 Glick（2007）搜集了来自社会心理学实验研究、民意调查和跨文化比较研究等多方面的证据后指出，社会认知的两个基本维度是热情和能力，即在人际认知和群际认知中，人们都会根据这两个维度对他人做出评价。欧洲的心理学家也在社会认知领域进行了大量研究，他们采用与热情和能力内涵一致的亲和性（communion）和能动性（agency）命名，亲和性是指个体通过关心他人而努力使自己成为某个更大的社会单元中的一员，能动性是指个体争取实现个性化和扩张自我存在（Abele、Wojciszke，2007）。他们组织相关领域的专家学者召开专题会议，并在两期 *Social Psychology* 杂志上刊登了专题报告，探讨社会认知内容的“大二”模型的研究进展（Abele、Wojciszke，2013）。

我国学者也一直关注着基于刻板印象的社会认知“大二”模型的发展，除了对热情与能力刻板印象内容模型进行介绍，也有学者发现两维度模型对中国大陆群体也具有很好的预测作用（程婕婷、管健、王新建，2012；管键、程婕婷，2011）。还有研究者对社会认知中两维度的晕轮效应、补偿效应和热情优先效应等关系进行了初步探讨（代涛涛、佐斌、温芳芳，2014；张庆、王美芳，2011；Bi、Ybarra、Zhao，2013）。总之，社会认知内容的“大二”模型在国内外都得到了广泛的证实和应用。

刻板印象是社会心理学传统研究以及当代社会认知研究的一个重要领域，是理解人的社会性偏向（social bias）的基础。刻板印象、偏见（prejudice）和歧视（discrimination），构成了社会性偏向的三个紧密关联的主题。由于社会性偏向是一个普遍存在的复杂心理现象，社会心理学者倾向于对三个概念进行区分并探讨它们之间的关系：刻板印象属于社会认知偏向，偏见是以刻板印象为基础对评价对象的情感反应偏向，而歧视则是基于刻板印象和偏见的行为偏向（佐斌、张阳阳、赵菊、王娟，2006）。由此，刻板印象自然就成为理解人们的社会性偏向的一个基本问题或前提性问题，其研究成果也相对较多。对于刻板印象的研究，自然也会大力推动有关偏见和歧视的心理学研究，为社会心理学的知识应用提供相应的理论基础。

作为我国刻板印象研究的主要探索者，我们团队一直围绕刻板印象这一主题开展理论思考和实证研究。2004—2005 年，我在普林斯顿大学心理学系做富布莱特访问学者，Fiske 是我的合作教授，我和 Fiske 有直接的合作交流，对于刻板印象内容模型及社会认知维度的研究进行了深入学习和理解。回国后，我撰写了关于刻板印象内容模型的文献综述，并和团队成员开始了刻板印象的大量实证研究。在这近十年的时间里，我们团队发表了有关刻板印象的文章 30 多篇，涉及刻板印象的内容模型、主要类型的刻板印象研究、刻板印象激活的心理加工机制、性别与面孔吸引力、反刻板印象的评价演化、交叉分类对刻板印象的影响等。

在对刻板印象研究的过程中，我越来越被刻板印象的丰富和深邃所吸引。每一次讨论刻板印象的具体研究问题，都会让我兴奋和痴迷。其中，热情和能力及它们之间的关系，一直是我最为关注的。当我思考自己对刻板印象研究能够有什么样的贡献这一问题时，热情和能力的关系及其相互作用机制立即出现在我的脑海中，还有各种各样的刻板印象如性别刻板印象、年龄刻板印象、国民刻板印象以及职业刻板印象等也都被一一激活了，还有反刻板印象、群体交叉分类对刻板印象的影响、自我刻板印象、刻板印象威胁、刻板印象与偏见等概念和问题，也一一涌上心头。

“刻板印象研究丛书”是对我们社会心理学团队有关刻板印象研究成果的记录与梳理，算是为刻板印象研究的同行们提供系统性的原创研究文献。本丛书由 6 本研究专著组成：《刻板印象内容与形态》、《男性化与女性化：面孔吸引力研究》、《个体建构视角下的刻板印象激活》、《反刻板印象的演化与评价》、《刻板印象的认知加工机制》、《群体交叉分类对刻板印象的影响》。

《刻板印象内容与形态》对刻板印象的研究理论和方法以及主要类型进行了介绍和阐述，对刻板印象的主要内容进行了梳理，针对不同形态的刻板印象进行了内容维度、认知加工机制及影响因素的实证研究。全书内容分为三个部分：第一部分评述了有关刻板印象研究的基本理论，包括刻板印象研究的演化及作用、刻板印象研究的主要理论取向及比较，总结了刻板印象影响因素的相关研究成果，特别是针对刻板印象内容模型和社会认知内容的“大二”模型进行了深入分析与系统总结，论述了刻板印象的热情与能力这两个基本维度的性质及其复杂关系和调节因素。第二部分是刻板印象的主要测量与实验方法，结合实际研究介绍了刻板印象的外显测量方法、内隐测量方法、情感错误归因程序、刻板印象解释偏差。第三部分为三种形态的刻板印象研究成果，分类报告了性别刻板印象、年龄刻板印象、国民与民族刻板印象的原创性实证研究结果与理论分析。这一部分是该书的主体内容，通过这一部分的研究呈现与论述，可以领略到刻板印象领域丰富的研究内容和多样化的方法与特色。

《男性化与女性化：面孔吸引力研究》基于性别刻板印象和“美即是好”的外貌刻板印象背景，以男性化和女性化为线索，针对面孔吸引力的测量方法、理论基础、影响因素、社会文化意义及应用进展进行了系统深入的梳理和探讨，进一步丰富与拓展了面孔感知的研究，并为进化心理、社会认知心理的相关理论提供了一定的实证支撑，为性别刻板印象和外貌刻板印象的研究提供了理论和方法启示。该书首先对美的内涵、面孔吸引力的界定、研究方法和理论基础以及面孔吸引力与健康、择偶、工作、合作和决策的社会文化意义及认知神经机制进行了回顾。其次，对男性化与女性化、性别角色与性别刻板印象以及对面孔吸引力的影响进行了简要的介绍和探讨。然后，基于男性化与女性化的视角，分别从目标刺激（如平均化与对称性、年龄、种族、注视方向、面部表情、头部朝向、红色效应及肤色和健康度等）、加工情境（如长短期关系类型、环境艰苦程度、同性竞争与配偶质量提升、社会比较等）和知觉者（女性生理周期、自身吸引力、性欲和情侣身份）三个社会认知的核心要素的角度，对面孔吸引力认知和评价进行了系统深入的研究。最后，对研究的主要发现加以总结，并对未来面孔吸引力的进一步研究方向进行了展望。

《个体建构视角下的刻板印象激活》以个体建构研究为理论切入点，通过逻辑上逐步深入且环环相扣的四项研究探讨了个体建构视角下的刻板印象激活。首先提出并验证了更具生态效度的刻板印象激活的两阶段理论模型：完整的刻板印象激活过程应包括社会类别激活和刻板印象信息激活两个阶段，两个阶段之间是相互分离的，即二者是两个相互关联但又相对独立的过程，面孔知觉加工过程对刻板印象信息的激活有显著的影响。同时界定了广义的刻板印象激活和狭义的刻板印象激活两个概念，广义上的刻板印象激活是指包括社会分类和刻板印象信息激活两个阶段的刻板印象激活，狭义的刻板印象激活仅是指社会分类之后的刻板印象信息激活阶段，现有的关于刻板印象激活的研究都是在探讨狭义的刻板印象激活。在此基础之上探讨了面孔表情、种族类别等突显信息和明确的对应社会分类（对应社会分类是指和某一刻板印象信息相对应的社会分类）对刻板印象激活的影响，以及对应社会分类和刻板印象信息激活之间的非线性关系。最后，基于高时间分辨率的ERP技术实时测量了刻板印象激活两阶段模型的时间进程，从神经机制层面验证和支持了刻板印象激活的两阶段模型。

《反刻板印象的演化与评价》围绕不同程度的反刻板印象对评价的影响这一科学问题，首先通过元分析、调查访谈和理论探讨等方式建构反性别刻板印象评价的“爬坡—坠崖”模型，并采用多种方法从面孔、行为和特质等多角度对该模型进行检验，揭示了反性别刻板印象与人际和自我评价之间的关系。随后，从评价他人和评价自我两个角度出发探讨了模型的加工机制，明确了信息加工过程中的归因机制和自我防御机制，进一步支撑了“爬坡—坠崖”模型，并为理解自我性别认同的本质和性别刻板印象维护提供了新的理论诠释。最后，通过对反性别刻板印象影响人际评价过程的描述，以及对其内在心理机制的深入剖析，为控制或消除反性别刻板印象在人际和群际互动中产生的消极后果提供了有效的对策，同时为不同性别的个体营造一个公平的评价环境提供了理论指导和建议。

《刻板印象的认知加工机制》围绕刻板印象的前因后果以及认知加工的心理过程进行了系统的梳理和探讨。首先，对刻板印象的影响因素进行了系统考察，如评价者的自我卷入、观点采择和情绪情感等因素，评价对象的熟悉性和突显性等，评价情境与刻板印象内容的一致性等对刻板印象的影响。其次，对刻板印象影响其他心理过程的机制进行了探讨，如刻板印象威胁效应、刻板印象对人际沟通中语言偏向的影响、刻板印象对印象形成与评价的影响等。最后，对刻板印象的心理加工和神经机制进行研究，如刻板印象的激活、提取和使用的内隐心理过程等，形成关于刻板印象的认知加工机制的整合理论，为降低和消除刻板印象的消极作用提供了认知的理论和实证基础。

《群体交叉分类对刻板印象的影响》以分类这一群体认知和印象评价的重要依据为切入点，聚焦于交叉分类对刻板印象的影响这一社会心理学的科学问题，将自我研究与群体研究相结合，提出了具有创新性的自我激活模型，并探明了其行为学规律和神经机制。该书首先在文献分析和前期研究基础上提出自我激活模型来解释交叉分类对刻板印象的影响，该模型认为评价交叉分类目标的印象时，个体的认知和动机被激活并发挥作用。在认知层面，自我与交叉分类信息的一致性影响对目标对象的评价；在动机层面，评价意图会激活评价者自我概念中的能力和热情维度并调节对目标的印象评价。然后，作者通过内隐和外显测量方法从单维、两维和多维等角度考察自然属性和社会属性的交叉分类对刻板印象的影响，分析自我的作用。最后，该书采用认知神经科学技术探查了交叉分类激活个体自我的脑机制。在此基础上，分别采用社会认知实验范式和虚拟现实等方法探索和验证了刻板印象评价时交叉分类与自我信息匹配的认知加工机制和刻板印象评价意图激活自我的机制，为理解群际关系和群际互动提供了新的观点和理论。

刻板印象是一个丰富的研究领域，值得探索的科学问题众多。“刻板印象研究丛书”未能回答关于刻板印象研究的大部分问题，只是涉及我们研究团队所关注的几个重要问题。而且，我们的研究无论从问题选择还是方法应用都具有一定的局限性。因此，我期待更多的社会心理学学者关注刻板印象这一主题，加入刻板印象的研究队伍，对我们的研究成果提出宝贵的批评意见，共同为揭示刻板印象的心理规律作出贡献。

目　录

第一篇　刻板印象内容的理论模型

第二篇　刻板印象的测评方法

第四篇 年龄刻板印象

第五篇 国民与民族刻板印象

第一篇　刻板印象内容的理论模型

刻板印象是按照性别、年龄、种族或职业等线索进行社会分类而形成的关于某类人群及成员特征的概括而固定的看法。刻板印象与对人和群体的人格和行为特点的认识密切相关，社会认知理论认为刻板印象是一种涉及知觉者的关于某个人类群体的知识、观念与预期的认知结构。

自从 1922 年刻板印象这一概念提出以来，各种类型的刻板印象就引起了社会心理学界广泛而持久的研究兴趣。早期的刻板印象研究关注刻板印象的内容和文化表征，调查人们对国民或民族、年龄、性别、职业等刻板印象的具体内容的描述。随着认知心理学的兴起，人们也开始解释刻板印象的形成和演化过程，并提出了多种多样的理论来解释刻板印象，这些理论主要包括心理动力解释学派、社会文化学派、社会冲突理论和社会认同理论。

刻板印象也是对复杂信息进行组合与加工的方式，是我们认识他人和社会群体的一个框架，因此刻板印象对社会认知过程和结果都有特定影响，既有积极作用，也有消极影响。事实上，至今为止刻板印象的一个主要研究目的是在揭示刻板印象产生的机制的同时，确定哪些因素可以对刻板印象的形成及性质产生影响。当前的诸多研究已经发现知觉者、知觉对象、人际互动及其环境特点等多种因素都对刻板印象产生重要的影响。

从不同的角度看，刻板印象可以被划分为不同的形态。根据目标对象的群体来看，目前主要的刻板印象研究集中在年龄刻板印象、性别刻板印象、职业刻板印象、国民刻板印象、阶层刻板印象、种族刻板印象等。根据意识的参与程度，刻板印象包括外显刻板印象和内隐刻板印象，外显刻板印象是受意识控制的，而内隐刻板印象是一种自动化的不受意识控制的加工方式。

由于刻板印象的具体内容即目标群体的主要特征随着评价者、评价对象、评价时间和情境的不同而变化，早期的社会心理学重点关注对某些对象群体的印象特征进行描述。20 世纪 80 年代以来，在社会认知学派的影响下，人们开始将重点放在刻板印象的认知加工过程和影响因素方面。刻板印象的认知加工机制需要在不同的刻板印象实例中加以验证，这样刻板印象的内容又成了社会心理学难以回避的问题，于是近年来刻板印象的内容再次成为研究的一个热点，最有影响的成果是 Fiske 等人提出的刻板印象内容模型，这一模型得到了在不同文化样本中的一些实证研究的支持。

刻板印象内容模型认为，刻板印象的内容是在能力和热情两个维度上的评价组合。由于社会中普遍存在群体之间的竞争和群体地位的差异，因而人们对于自己所在内群体和外群体的评价会在热情和能力的刻板印象中显示出一些固定的偏向（即刻板印象)。

刻板印象内容模型中的热情和能力两个维度及其关系，正是社会认知研究的核心问题之一。新近的大量研究都表明社会认知中存在两个基本维度，其中一个与热情或社会性质特质有关，另一个与能力或智力特质有关，我们称之为社会认知的“大二”模型。从阿希最初的印象形成研究，到人际知觉、刻板印象、性别角色、权力与群际关系以及具身认知等领域，都能发现社会认知内容的“大二”模型的身影。正是建立在强有力的理论和实证基础之上，“大二”模型从提出之初就受到广泛的关注和逐步认可，目前成为社会认知研究的一个欣欣向荣的领域。当然，基于刻板印象内容维度的热情与能力关系的“大二”模型仍有许多问题值得关注和解决。

本篇共分 4 章。第 1 章论述了刻板印象研究的概念演化及作用，梳理和比较了刻板印象研究的主要理论取向，总结了刻板印象影响因素的相关研究成果，主要包括个体因素、知觉对象的因素以及人际互动因素三个方面。第 2 章介绍了刻板印象内容模型的来源、理论假设和在美国与欧洲、东亚文化样本中的实证研究，在比较和评价模型的基础上，提出了刻板印象内容研究进一步细化和扩展的方向。第 3 章围绕社会认知内容的“大二”模型进行了分析与总结，介绍了热情与能力的特质内涵及进化心理学、本体论和功能性三种解释。目前，“大二”模型的理论焦点集中在模型的文化普适性检验、两个维度之间的关系以及两个维度的权重和偏好问题上。第 4 章进一步论述了两个基本维度——热情与能力之间的关系，它既可能是晕轮效应所认为的正向关系，也可能是补偿效应和影射效应所认为的负向关系，还有可能是受多种因素影响的正交关系。两者的关系受到知觉的自身因素、知觉对象的特点、知觉者与知觉对象的关系以及外部环境等多种因素的影响，而热情与能力关系的内部机制不明确是学者们对其关系产生分歧的根本原因。

1 刻板印象研究的理论取向

自从1922年沃尔特·李普曼（Walter Lippmann）通过他的著作《公众舆论》（*Public Opinion*）将刻板印象引入社会科学研究领域之后，刻板印象就受到了心理学者的普遍关注[①]。特别是在社会心理学领域，人们不仅开始依据自己对刻板印象的界定进行具体测量，而且试图对刻板印象进行多方面的理论解释。

1.1 刻板印象的研究演化

刻板印象（stereotype）是人们对某类人群及成员的概括而固定的看法。在同一地域或文化背景中人的相似性被概括地反映到人们的认识中并固定化时产生。例如按照性别、种族、年龄或职业群体中成员的共同点，人们可以形成关于这些群体的稳定而笼统的印象，这些印象与某些特征和行为密切相关。从认知理论的角度出发，刻板印象可以定义为涉及知觉者的关于某个人类群体的知识、观念与预期的认知结构。刻板印象是企图在过去有限认知的基础上对他人作结论，常见的情形是在看到某人时把他划归到某一群体中去。

1.1.1 概念演化

刻板印象这一术语由李普曼提出，他发现个体“头脑中的图像”（pictures in our head）——已有的成见（preconception）影响个体对于他人与群体的知觉。人们这些“头脑中的图像”就是有些相像且区别不太明显的群体成员的轮廓特点，李普曼借用印刷术语铅版（stereotype）来表示这种现象并予以分析。他认为刻板印象可以用来代表和解释人们认识世界所形成的观念中的错误和偏见，因此刻板印象也就是那些

① 沃尔特·李普曼（1889—1974）是美国著名的新闻评论家和世界上最有名的政治专栏作家之一。他的著作《公众舆论》是新闻传播学领域的奠基之作，自1922年问世以来已被翻译成几十种文字，至今仍然保持着在这个领域中的权威地位。正是在这本书中，他将刻板印象描述为人们“头脑中的图像”。

事实不完全相符合的不正确的、非理性的或刻板固执的一般性认知结构及态度特征。

在 Lippmann 之后，很多研究者开始将群体这一主题引入刻板印象的研究中来。特别是关于种族群体态度的众多研究，留下了很多有价值的结论。与此同时，态度作为文化和个人的桥梁日益受到研究者的重视，一些研究者将刻板印象的研究与偏见和歧视相结合，赋予其新的内涵并慢慢发展成为一般的偏见态度的表现。

早期的刻板印象研究主要是关于对刻板印象的概念界定以及对不同群体刻板印象内容的评估。具有代表性的开创性研究来自卡茨（Katz）和布雷利（Braly）1933 年对 100 名普林斯顿大学的学生进行国民刻板印象的调查。他们让大学生被试在 84 个形容词上找出最符合阿拉伯人、美国白人、美国黑人、德国人、犹太人、意大利人、英国人、爱尔兰人、日本人、中国人、土耳其人等的词汇，调查他们对于这些国民和民族成员所具有的刻板印象。他们的调查结果发现，大学生对各国国民及民族的看法颇为一致：如美国白人勤奋、聪明、追求物质享受、雄心勃勃、进取心强；犹太人精明、唯利是图、勤奋、贪婪、聪明；英国人有绅士风度、聪明、因循守旧、爱传统、保守；美国黑人爱好音乐、无忧无虑、迷信无知、懒惰；日本人聪明、勤劳、有进取心、机灵、狡猾等。

Gilbert（1951），Karlins、Coffman、Walters（1969）和 Leslie、Constantine、Fiske（2000）之后重复了 Katz 和 Braly 的刻板印象研究，被试仍为普林斯顿大学的学生。1933 年和 1951 年的调查获得的形容词虽然先后次序略有不同，但变化不大。1967 年的调查得到的形容词有了一些变化，但基本沿袭了前两次调查中所使用的词语。2000 年 Leslie 等人的调查结果，在原先的词汇基础上增加了一些新的形容词。因此可以说，在近五十年间，普林斯顿的大学生们对这些国民群体的刻板印象总体上保持稳定的同时，开始出现一些微小的变化①。

刻板印象虽然有相对稳固性，但也容易受到国际政治关系等社会因素的影响。比如，对日本人的刻板印象在 1951 年有了很大变化。1933 年的形容词是“聪明、勤劳、进步”，而到 1951 年却改变为“善于模仿、极端民族主义”，这与期间发生的第二次世界大战是有直接关系的。

在经历了多年的持续研究之后，在 20 世纪六七十年代，刻板印象的研究陷入低谷，研究者只是偶有一些关于群际等内容的零散研究。Brigham（1971）曾论述了对

① 普林斯顿大学是心理学领域刻板印象研究的重镇，普林斯顿大学的学者差不多每 20 年左右进行一次国民刻板印象的调查研究，Gilbert（1951）、Karlins、Coffman、Walters（1969）和 Leslie、Constantine、Fiske（2000）重复了 1933 年 Katz 和 Braly 的研究，并将结果进行了比较。

于种族刻板印象研究进展的思考，认为在刻板印象的研究方面，诸多问题都悬而未决，甚至基本概念都存在争议，表现出对这一主题研究前景的悲观态度。

不过，新兴的认知心理学很快为刻板印象的研究提供了新的生机，刻板印象研究的重心开始从内容特征向加工过程转移，主要集中在作为一种认知结构的刻板印象是如何发生的，它又如何影响后继的信息加工及群体成员之间的知觉和行为。到20世纪80年代，认知视角开始被广泛地应用于社会心理学研究中，考察人们如何知觉、记忆和思考他人和社会事件，产生了社会认知（social cognition）这一新的研究领域。社会认知的角度并没有像以往一样过多地关注刻板印象的内容，而更多地将兴趣集中在包含在刻板印象过程中的认知过程。社会认知在处理关于他人信息时特别强调抽象认知结构（如图式、原型）的作用。刻板印象与这些结构的类型紧密联系，并且容易像一般理论或者认知结构一样被构建（连淑芳，2003）。

1.1.2 内隐刻板印象

内隐刻板印象（implicit stereotype）在心理学中是一个相对年轻的概念。Greenwald和Banaji（1995）率先明确提出了内隐社会认知的概念，并对内隐态度、内隐自尊和内隐刻板印象等概念分别进行了阐述，帮助人们从无意识层面认识刻板印象，由此内隐刻板印象才开始受到研究者的重视。

根据Greenwald和Banaji（1995）的观点，内隐刻板印象被界定为调节某一社会类别成员属性的不能内省辨别（或不能准确辨别）的过去经验的痕迹，或者说当一个类别线索呈现时，在认知者没有意识到时被激活的社会类别联想。由此，我们可以比较明确地将内隐同外显的刻板印象分离开来，凡是能够在意识层面被主体清楚地感知到的刻板印象，都属于外显刻板印象，只有不能通过内省准确地被察觉到的才属于内隐层面的刻板印象。Greenwald和Ganaji通过一系列研究表明，许多社会行为以内隐和无意识的方式进行加工，他们倡导对内隐社会认知进行外显层面上的再认，鼓励新的和间接的测量方法如反应时法、投射测验和启动效应等，这些观点在学术界得到了广泛的认同。在过去的十几年中，已有众多证据表明内隐刻板印象在社会判断和行为中的作用。

1.1.3 刻板印象的特征与作用

依据刻板印象的界定，刻板印象的特征可以归纳为三个方面：第一，它是对社会人群的一种简单化的分类方式。有学者把刻板印象翻译为类属性思维，强调刻板印象的分类属性与功能，刻板印象是对人或群体进行分类的过程及结果。第二，在同样的社会文化或同一群体中，人们对同一个认知对象的刻板印象具有一致性，刻板印象是一种笼统的概括化的看法，形成的看法会泛化到类似的个体与群体认知之中。第三，刻板印象与事实不是完全相符合的，有的刻板印象甚至是错误的，因为刻板印象形成所基于的信息是有限的。

刻板印象是一种图式（schema），而图式是对信息的复杂组合进行加工的方式，是我们认识世界的一个框架，因此刻板印象对社会认知既有积极作用，也有消极影响。

刻板印象在社会认知中发挥着重要的积极作用，特别是当我们面对一个陌生人的时候，刻板印象肯定是必不可少的，它节省我们的精力，避免陷入"信息之海"。所以，刻板印象的积极作用突出表现为，在对于具有许多共同之处的某类人在一定范围内进行判断，不用探索大量复杂的信息，直接按照已形成的固定看法即可得出结论，进而能帮助我们对他人与外群体进行迅速归类，这就简化了认知过程，节省了大量时间和精力。从原理和机制上看其积极作用就是认知简化，降低认知负担；从功能上看就是预测他人的行为，指导自己的行为以适应社会，提高人际行为应对的效率。

刻板印象的消极影响表现为，刻板印象也是导致错误社会认知的根源之一，人们在有限信息的基础上做出概括化的普遍性的结论，在认知别人时容易忽视个体差异从而导致知觉错误，妨碍对他人做出正确的评价。

虽然刻板印象可能会出错，但是却在很大程度上给我们提供了认识世界的信息模板或基本线索维度，人们通过各种分类的维度来帮助我们简化对客观社会世界的认识。因此，刻板印象作为图式与框架本身并不是坏事，错误在于我们套用或者滥用框架在刻板印象的内容（stereotype content）方面。事实上，刻板印象是在看到某些特定人或群体时第一时间被激活的特征信息。当人们对一个群体有积极正面的印象，一般就会对该群体激发起好感、信任和期待；如果刻板印象的内容是负面的，刻板印象当然就会起着消极的作用①。

1.2 刻板印象的理论流派

社会心理学理论学派颇多，从坚持认为刻板印象应在人际水平还是群际水平研

---

① 不过，有研究表明，如果是两个以上的消极刻板印象融合到一个评价对象上，这种消极作用可能会降低或被抵消。David S. Pedulla 的研究发现，两个以上负面刻板印象产生的多种负面影响可以互相中和，例子是同性恋黑人比一般黑人更容易找到好工作，同性恋黑人比同性恋白人更容易找到好工作。参见 The Positive Consequences of Negative Stereotypes: Race, Sexual Orientation, and the Job Application Process, *Social Psychology Quarterly*. 2014, 77 (1): 75-86.

究、刻板印象是否由人际（或群际）之间的冲突引起这两个维度来看，主要的刻板印象理论研究取向分为心理动力解释学派（psychodynamic explanations）、社会文化学派（socio-cultural approach）、社会冲突学派（social conflict approach）和社会认知学派（social cognition approach）①。这些学派对刻板印象所持的定义假设不同，立场不同，主要观点也不同。

1.2.1 心理动力解释学派

心理动力解释学派的代表人物阿多诺（Adorno）等人并没有给刻板印象一个精确定义的意图，实际上他们研究的是偏见或歧视，通过研究一般意义上的偏见和歧视行为来解释刻板印象。在他们眼中，偏见与刻板印象不存在本质上的差别。心理动力解释学派试图找出人格和偏见的联系，用权威人格（authoritarian personality）解释偏见或刻板印象的形成及保持的原因，心理动力解释学派的研究在1940—1950年之间曾掀起高潮。

权威人格也称专制人格，由阿多诺在20世纪30年代提出，是指一种以权威取向为依归的人格特质。具有权威人格的人，明显表现出喜欢服从权威以及自己喜欢以权威自居的心理特征。权威人格围绕着权威主义价值取向而形成起来，权威主义在对待比自己低下和比自己优越的人们时表现最为突出：一方面对弱者夸耀自己的力量，排斥、拒绝弱者；另一方面对权威者又卑躬屈膝，绝对服从。具体来说，权威人格表现为一方面极为服从、推崇、依附更高的权威化身，另一方面又靠欺凌弱小来尽力维护、张扬、炫耀自己的权威力量。阿多诺等人通过《权威人格》一书分析了种族中心主义、法西斯主义、反犹太主义都是权威人格的症状成分（Adorno、Frenkel-Brunswik、Levinson、Sanford，1950）。具有权威人格的个体可能成长于一个压抑的家庭中，在家里他们不能自由地表达自己的观点，父亲永远是至高无上的权威，家庭中的价值观一旦被确定下来就不允许再更改。这种压抑的家庭环境阻碍了他们自由表达自己的想法，他们只有把攻击性投射在被他们评价的外部人身上。如果一个人在是非标准严格的专制环境中长大，他们就会变得服从于权威的领导，从不反问价值观的意义，也不对权威提出置疑。Adorno等人还编制了著名的A-S量表测量反犹太主义（Anti-Semitism），E量表诊断种族中心主义，F量表预测法西斯主义倾向，用它们来测量所谓与刻板印象密切联系的偏见及程度。

---

① 这一种两维四类的划分观点，在《刻板印象与社会认知》一书中有详细阐述，参见Jacques—Philippe Leyens, Vincent Yzerbyt, and Georges Schadron. *Stereotypes and social cognition*. Sage publications, 1994, 33。

现实社会中人们愿意服从权威，社会心理学的解释是主要来自规范性的影响和信息源的影响。人们希望别人喜欢自己（规范的影响），并且希望自己的主张是对的（信息的影响）。首先，人们倾向于学习模仿别人做的事或者听从别人的要求来做事，从而使自己能被社会接受和承认。其次，在模糊情境下人们会更相信其他人关于适当和正确行为方式的暗示，更可能会按照专家或者可靠的消息传达者告诉他们的方法做事情。有研究表明，人们服从权威实际上是人们固有习惯的一部分，这些习惯是人们从小在不同的环境中习得的，这就是绝对服从权威。另外，还有一个因素可能是人们对不服从感到很迷惑从而导致服从权威。

罗克奇（Rokeach，1960）比阿多诺等人更为看重刻板印象的种族中心主义人格来源。他认为，教条主义的保守主义者在接受新的观点时比非教条主义的开放者更为困难，而开放的非教条主义者较有忍耐力，而且不用旧的标准来评价新观点的价值。这意味着教条主义的人更急于依靠权威的标准，容易形成权威人格，也就更容易发生偏见和刻板化。

1.2.2 社会文化学派

社会文化学派强调刻板印象是在特定文化体系中的一种衍化和传递模式。普林斯顿大学的卡茨和布雷利的刻板印象调查研究（1933）可以算得上是用社会文化观点对刻板印象进行分析的先河[①]。他们的调查研究过程力图揭示被试关于刻板印象的文化表征：首先选出许多具有代表性的典型特质形容词，让被试评价哪些形容词最适合被评价的群体，再把对该群体评价的某些高一致性（consensus）特质作为对该群体的刻板印象。

卡茨和布雷利认为，刻板印象必须在群体或社会水平方面进行研究。社会文化学派不回答刻板印象为什么存在的问题，他们认为它要么来自对不同群体的直接观察，要么是从媒体或其他渠道获取信息的结果。社会文化学派的研究重点是刻板印象的获得模型及刻板印象的传递类型。

Eagly和她的同事们从社会文化角度分析认为，刻板印象是通过直接观察某群体成员们的行为而得到的结果。该组成员所处的社会角色是影响刻板印象内容的最主要因素。如果观察者对被观察群体知之甚少，他们就会关注那些吸引媒体注意的行为。但是，也有实验证明，刻板印象的形成除了要考虑社会角色外，也要对群体所

---

① 卡茨和布雷利关于十个国民刻板印象的开创性调查研究，在内容和方法上虽然不算完美，但仍然是后来研究者学习的典范。他们的研究结果详见 Katz，D & Braly，K.（1933）. Racial stereotypes in one hundred college students. *Journal of Abnormal and Social Psychology*，13，1-16.

处的社会经济地位及社会结构中的阶层等来进行综合考察，所以只能被刻板印象在一定程度上是来自对行为的观察；不合理、不真实的刻板印象的形成可能会混淆个体成员本身具有的特性与他们所从事的职业或角色具有的那些典型特性。例如，性别刻板印象的形成主要是根据男人和女人所处的不同社会角色，而这种刻板印象中又包含了对男人和女人所处职业角色特性的刻板印象，这实际上造成了混淆。

1.2.3 社会冲突学派

社会冲突学派也没有给刻板印象一个严格的定义。其中，现实冲突理论（realistic conflict theory）认为群体之间的利益冲突致使某组成员对其他群体产生了偏见，它同样也把刻板印象等同于偏见。接触假说（contact hypothesis）认为刻板印象是由于没有充分接触对方而持有的关于对方的错误信息。社会认同理论（social identity theory）的研究较为深入，认为刻板印象是个体在认知过程中有意地提高了同一群体成员的相似性，然后又用这种相似性去推理、判断、解释或阐述该群体其他成员行为的结果。社会冲突学派包括的这三个子理论，主要研究的是群际间冲突问题引起的刻板印象。

1.2.3.1 现实冲突理论

Sherif 的组间冲突实验可能是现实冲突理论最好的说明。他组织了一批青少年进行夏令营。在夏令营期间进行研究发现，当一个群体不与其他群体发生接触时，该组组内具有最高的凝聚力。当群体之间必须为了有限的奖赏资源竞争时，群体之间的冲突就产生了。在这种情况下，被试对内群体和外群体开始以双重标准进行衡量，此时被试的知觉很容易扭曲。也就是说，当现实中内群体和外群体成员的利益存在冲突时，偏见就产生了。只有高级协调目标（super-ordinate goals）即该目标必须通过组间的交互和合作才能完成，这样的任务才可以给两个群体带来和谐、增进友谊。

1.2.3.2 接触假说

接触假说认为刻板印象的形成和刻板的态度来自对他组成员信息的缺乏或者是对他组成员持有错误信息，而相互接触为澄清错误和获得新的信息提供了机会。但是，Hamilton 和 Bishop（1976）通过研究认为偏见的减少不是接触的结果，它似乎只起了一定的中介作用，实际上主要的原因在于预期的行为不能被证实。有人进一步提出，要减少偏见，接触应该定位在人际水平，而不是群际水平。Hewston 和 Brown 认为，放弃群体之间的界限将会对群体成员的社会认同造成威胁，群际间的接触经常会产生焦虑。这种焦虑会导致对外群体的不合理的刻板印象。

1.2.3.3 社会认同理论

泰菲尔（Tajfel，1969）首先提出了社会认同的观点。严格地说有两种社会认同理论：一个是原始的群际理论，它分析人际冲突、社会变化，着重于研究个体与群体的关系，认为个体需要保持和提高自己所在内群体与外群体相比时表现出来的相对肯定的特征，从而获得肯定的社会认同（Tajfel，1972）；另一个是自我归类理论，它的基本假设是相同的社会认同使个体的自我知觉和行为去个性化（Turner，1982）。这两个理论的共同假设是：把自我定义为社会群体的成员，自我知觉的群体定义产生了自我知觉在社会行为上的、心理上的突出作用。

泰菲尔和特纳（Turner）的社会认同理论在解释刻板印象方面包括三个中心观点：分类（categorization）、认同（identity）和比较（comparison）（因此也称为CIC理论）。分类不仅帮助人们将众多的人简单化，而且也界定了某类人的属性。如果知道了某人属于某个类别，然后就可以推断出许多关于他的信息。同样，通过了解自己所属类别可以更好地发现与自己有关的信息。因此，刻板印象应该是社会分类的直接结果。认同受到分类的直接影响，一个人是否认同自己属于的某个群体受到分类的直接影响。Turner把自我归类产生的认同区分为个人与社会两个水平。自我认同是根据自己与某个特定社会类别成员的相似性来定义“我”即是确定自己的身份，知道自己是某一群体中的成员。社会认同则是关于“我们”的身份问题，指在某种意义上“我们”是相同的，“我们”和“他们”或“你们”是不同的，人们对于“我们”或者“他们”具有固定的印象和行为认知。这两种认同水平是相对的，依赖于具体的情境。当社会认同非常突出时，自我的知觉和行为水平、内容就会产生变化，出现自我的去个性化。比较意味着人的意见和能力会通过完成任务的情况表现出来，并通过与他人的比较来判定。社会比较过程适用于群体间的比较分析，在进行群际间比较时，通过积极的区别性原则，在一些维度上加大群体间的差异，使自己所在团体获得更积极的评价，以满足自尊需要，由此得出分类和认同的清晰性与意义。社会认同理论假定人有一种评价自己群体身份的动机，希望从群体身份中获得一种自尊。受到这种自尊需要的驱使相信自己所属的群体比其他群体要好，使得人们将一些积极的品质归于自己以及自己所属的群体，外群体往往被评价得较为消极，从而极易导致刻板印象的形成。

1.2.4 社会认知学派

社会认知学派把刻板印象看作可以影响群体与群体成员信息加工方式的一种认知结构，该学派旨在寻找认知因素影响刻板印象的方式和刻板印象反过来对认知过程的影响。

社会认知学派认为人们在加工成员时会自发地推断成员的特质。加工者也许完全不知道他在利用已有的经验加工，但这种经验启动效应（priming effect）确实还是产生了。了解事物过去的信息对人的知觉起了重要作用（Bargh、Lombardi、Higgins，1988；Stangor，1988）。人们习惯于匹配那些启动的社会类别和那些被判断的个体，在这个过程中通常会把不一致的信息筛选掉，整合那些一致的信息。同时又在相当大的程度上依赖突显的信息，这些导致信息加工过程会犯错。

社会认知学派对人类知觉和记忆的偏差更加有兴趣。他们认为偏差是加工者的认知局限性造成的。认知学派坦言刻板印象由于信息加工过程的局限性不可避免，然而，他们毫无理由地坚持刻板印象不是好的知觉。

社会认知学派认为刻板印象影响着信息加工，同时信息加工也影响着刻板印象的形式、内容等。社会认知学派对刻板印象的研究随着认知心理学概念的发展构建了几个理论。一种理论认为刻板印象是等级分类中的原型（prototype）。当认知者遇到一个新成员时会把新成员的特征与某个群体的“原型”相匹配。样例理论强调在记忆中的某群体的样例在评判新成员时非常重要。当然现代的理论研究远不止如此，现在的社会认知学派学者常常把自动加工过程和那些无效信息（通常是刻板）的产物等同起来，这其实是研究者常犯的错误，自动加工并不一定是刻板的产物。

1.2.5 不同理论流派的比较与评价

四个理论流派分别站在不同的立场理解刻板印象，他们都坚持了他们所属的派别的一贯风格。心理动力解释学派关注个体的人格、动机，他们认为刻板印象是个人与他人之间冲突的结果，但这个冲突只是中间变量，冲突的双方也许从未谋面。导致刻板印象产生的最终原因主要是个体受创伤的经验引起的不健全人格及受挫折时产生的动力。社会冲突理论也一样把焦点聚集在“冲突”二字上，把他们所强调的冲突不是虚指的，而是为争夺有限的资源产生的现实利益冲突，这种冲突一般发生在群体之间而不是个体之间。社会文化学派和社会认知学派一样不关心冲突问题。社会文化学派主要从社会结构、文化角色方面考察刻板印象，认为刻板印象的产生主要是对某群体中成员的社会地位及角色定位的结果。社会认知学派仍旧研究个人的认知能力，认为刻板印象的产生缘于个体加工信息的局限性不能全面利用信息，所以对于他们来说，刻板印象完全是一种错误。

表 1-1 是对四种理论流派主要观点的总结。从表中可以看出：四种学派的分类标准、包括的子理论、决定刻板印象形成的原因、刻板印象保持的稳定性及保持的途径、影响刻板印象的形成及内容的因素、刻板印象的产生是否可以避免、刻板印

象产生的积极的或消极的评价。心理动力学派通过研究偏见和歧视来研究刻板印象，认为个体的人格和思想是造成偏见和歧视的潜在因素，而个体所遭受的相对挫折感是造成个体偏见和歧视的直接动力。由于人格相对稳定，所以刻板印象也相对稳定。要避免刻板印象，对于一个特定的人来说主要是不接触产生挫折的环境，但这是比较困难的。如果把刻板印象当成偏见和歧视的话，那潜在的含义自然是刻板印象具有消极的意义了。社会文化学派认为刻板印象来自直接的观察或通过媒体的观察以及有效的强化，所以在社会文化学派看来，刻板印象是处理具体日常生活的有效的工具，把群体的特征套用在个体身上就会简化认知。但是把个体只作为某个群体成员加以知觉就是刻板，因此刻板印象的产生是不可避免的。社会冲突理论包括三个子理论：现实冲突理论、接触假说、社会认同理论。社会冲突理论认为群体之间的冲突和隔绝是刻板印象产生的原因所在。由于刻板印象的产生可以带来现实的利益、满足自尊的需要，这反而使刻板印象得以维持。既然刻板印象是由外在因素引起的，所以它可以克服。该学派没有明确对刻板印象作是非性评价。社会认知学派认为刻板印象来自知觉的局限性，知觉的这种局限性不可避免，从而，刻板印象也不可避免。社会认知学派偏激地认为刻板印象自然是坏的知觉，提出认知时采取个体化是防止“认知吝啬”(cognitive miser) 的好方法。

表 1-1　四种理论学派关于刻板印象的主要观点

比较线索	心理动力学派	社会文化学派	社会冲突学派	社会认知学派
(1) 冲突状况	有冲突	无冲突	有冲突	无冲突
(2) 发生对象	人际	群际	群际	人际
(3) 子理论	权威人格；替罪羊理论		现实冲突理论；接触理论；社会认同理论	
(4) 形成原因	潜在倾向下的相对挫折感	直接观察或通过媒体的观察	群际之间的冲突和不充分了解	知觉的局限性
(5) 过程保持	相对稳定	有效的强化有利于保持刻板印象	现实的利益、心理舒适	认知加工对一致性信息的偏好
(6) 影响因素	人格、思想	社会文化、社会角色	冲突和隔绝	已有的经验、突显刺激等
(7) 可否避免	可避免但比较困难	不可避免	可以避免	不可避免
(8) 评价倾向	消极	积极	中立	消极

对同一现象可以做出许多不同的解释，而且这些解释看上去也都比较合理。一个学派对刻板印象的认识很大程度上取决于这个学派本身已具有的框架结构，如社会认知学派的研究方法及研究定位就受限于认知心理学先天具有的局限性。意识到这一点，他们就可以开始温和地面对其他学派的诘难。为了找到各理论的一致点，社会认同理论开始倾向于以认知因素、社会规则、认知和动机的整合为研究的基础。现在的社会认知流派也开始把动机作为认知的补充因素加以考虑，不过我们仍然怀疑：检查一个机器人的生理因素是否具有意义？只从个体的角度研究是否站得住脚？人的本质是社会性，独立的个体是一个抽象物。只在群际水平上的研究又能否深入下去呢？群体的心理也是通过个体表现出来的。所以，只有从个体与群体、文化和认知相整合的角度入手，刻板印象的研究才有可能找到新的突破。

1.3 刻板印象的影响因素

刻板印象是指由人们对于某些社会群组的知识、观念和期望所构成的认知结构。自刻板印象的概念提出以来，关于刻板印象的研究便大量展开。这些研究主要围绕探讨刻板印象的机制及相关研究方法，如早期的研究关注刻板印象是否是一个完全自动的加工过程。例如 Gaertner 和 McLaughlin（1983）的研究发现，在字母串与黑人刻板印象刺激的一致性越高时，白人被试能辨明相关成对字母串的时间会更快。之后，Devine（1989）也证明在阈下呈现刺激也会引起之后的刻板印象的反应，即存在刻板印象的启动效应。对刻板印象的研究也推动了其研究方法的发展，如对内隐刻板印象的研究出现了加工分离程序，基于反应时的范式以及刻板印象解释偏差(SEB)，近期又开展了关于刻板印象的认知神经科学研究。有的研究则在于揭示一些刻板印象现象，如由 Steele 和 Aronson（1995）提出的刻板印象威胁现象。连淑芳(2003) 回顾了关于刻板印象自动过程的研究进展，发现传统的关于刻板印象的自动过程是固定和不可避免的观点已经受到诸多实验结果的挑战，自动刻板印象能被一系列因素所缓和。例如，Moskowitz 和 Li（2011）的研究就证明了，刻板印象并非是一个完全不可控的过程。事实上，至今为止刻板印象的最主要的研究目的之一便是在揭示刻板印象产生的机制的同时，确定哪些因素可以对刻板印象的形成产生影响。截至当前，诸多研究已经发现刻板印象确实受到了多种因素的影响。

1.3.1 知觉者因素

1.3.1.1 知觉者的认知结构与加工深度

对于刻板印象的形成，知觉者的认知起着影响作用。温芳芳和佐斌（2008）采用职业刻版印象的材料及新旧照片来测量 48 名大学生，探讨了暴露的熟悉性对刻板印象的影响。结果表明，目标人物信息的重复暴露会减少个性化并增加刻板化，并且先前暴露对正负不同效价的刻板印象产生了一致的效应。

另外，知觉者对知觉对象的认知加工程度越深，就越可能改变刻板印象的自动联想过程。Rudman 和 Ashmore（2001）设计了一个准实验也发现，参加偏见与冲突研讨的学生明显减少了他们对黑人的刻板印象和偏见，这种过程是通过改变认知和情感过程而获得的。Dunn 和 Spllman（2002）认为通过排练替代方面的认同也可以用来抑制刻板印象。Cana 和 Sanver（2009）在归属假设之下，提出了一种解释刻板印象形成的聚类模型（aggregation model）。在非常温和的条件下，一个观察者可以被认为是用自己一系列主观想法去感知一个群体关于其子群体的代表性，与此同时他极有可能会对子群体产生偏见。类似的，Pelley（2010）等人的研究发现，态度偏见和刻板印象形成可能是因为人们学习了某个不同点而产生的差异性结果，学习某种单一的不同点导致人们对社会群体在某种程度上产生了行为或心理上的预期。该研究结果意味着，知觉者对知觉对象多角度的学习与认识，可以减少偏见与刻板印象的形成。

1.3.1.2 知觉者对对象的评价

知觉者对知觉对象的评价，也对刻板印象的形成产生了显著影响。Fiske 等人在 1999 年提出了刻板印象内容模型（stereotype content model，简称 SCM）。SCM 模型认为，刻板印象的内容是在能力（competence）和热情（warmth）两个维度上的评价组合。通过实验研究，Fiske 等人认为，对群体的偏见取决于开始评价这个群体是热情还是有能力的，高社会地位群体被刻板为具有高能力，竞争性群体被刻板为缺乏热情。

1.3.1.3 知觉者的自我意识

自我意识（self-conscious）是一种人类反观自己的能力，是一种觉察自己的存在、特征和过程的能力。诸多研究已经发现，这种自我意识（主要包括自我概念与自尊感）对于知觉者对知觉对象的刻板印象有显著影响。Sinclair 和 Ziva（1999）的研究表明个体自我保护的动机会抑制与刻板印象冲突的信息。Bry、Follenfan 和 Meyer（2008）研究了当自我构建在智力表现上缓解前设刻板印象的作用，结果表明，自我激活既能缓解同化作用，也能缓解异化作用。可见，个体为维持自我概念会影响其刻板印象的形成。

这种影响也同样发生在个体自尊感受到威胁的时候。Fein 和 Spencer（1997）研究发现在人际过程中，当感到自我形象受到威胁时，人们会通过寻求对别人的负面刻板印象来补偿这种受挫感，以促使自我感觉良好。Spencer（1998）研究了种族刻板印象的问题，发现当研究被试获得积极评价时，未发现对亚洲人或美国黑人的自动刻板印象的证据，而那些受到负面评价的被试则表现出强烈的自动刻板印象。Burkley 和 Blanton（2008）的研究发现当个体自尊受到威胁时，个体会接受自己所在群体的消极刻板印象作为自我保护策略，也即是牺牲群体拯救自己。

1.3.1.4 知觉者的动机和情感

Moskowiz 等（1999）发现具有长期公正目标的人比不具有此心态的人表现出较少的自动刻板印象，其部分原因就在于，虽然具有长期动机的人与没有长期动机的人拥有同等的关于刻板印象的外显知识，但他们秉持的这种心态会促使他们抑制这种自动刻板印象。Sechrist 和 Stangor（2001）的研究中也发现了类似的效应。实验者先让被试了解到其同辈人都在某种程度上有种族刻板印象，然后让被试完成系列启动任务。结果发现，那些认为自己不同于同辈人的被试，相比那些认同同辈人观念的被试，其种族自动刻板印象的水平显著较低。这说明了当事者的社会动机也会影响其自动刻板印象。那些社会学家 Uhlmann 等人（2010）的研究却令人遗憾地指出，对于少数民族的偏见所基于的刻板印象，其背后的动机常常是非理性的，往往是在自尊感受到威胁的时候来贬低少数族群的社会地位，基本上没有什么理性思考的参与。

另外，情感因素也被发现对刻板印象的激活产生影响。Jeffrey 等人（2010）设计了四个实验研究了情感因素与刻板印象的激活之间的关系，发现此二者之间的关系受到与刻板印象相关的观念和反应倾向可得性的调节作用。当削弱刻板印象的观念与反应倾向可得时，积极情感比起消极情感更容易抑制刻板印象的激活；但是当观念与反应倾向不可得（大多情况是如此）时，积极情感反而比消极情感更容易激活刻板印象。

1.3.1.5 知觉者的调节意识

对于当事者是否可以有意识地抑制刻板印象的形成这个问题，国内外也涌现了大量研究。早在 20 世纪 80 年代，Logan（1989）就指出："自动的反应可以通过注意和意图而调整，它们能被抑制和压抑，它们能被条理化和计划。" Fiske（1989）则认为可以通过有意识地训练社会判断这种行为，来抑制刻板印象的不良影响。Bargh（1994）也发现偏见程度低的人完全可以有意识地抑制刻板印象的激活。Gonwitzer 和 Schaal（1998）的研究发现引导被试形成明确的实现意图可以减少被试在 Stroop

启动任务中的自动性别刻板印象。Kawakami 等（2000）也论证了可以通过长期广泛的训练来缓和内隐刻板印象的形成，而且这种努力带来的效果有一定的稳定性，研究中这种抑制效应超过了 24 小时。

近年来，国内许多研究者也就刻板印象的意识性调节的问题进行了进一步的探讨。王沛、陈学锋（2003）以一年级大学生为研究对象探讨了这一问题，其研究发现与刻板印象相反的个体化信息会削弱刻板印象，不过这种抑制程度是有限的，刻板印象效应仍然相当顽固，不容易受意识性的抑制。连淑芳（2004）研究了职业与性别的刻板印象，其以 IAT 纸笔测验为实验材料及测量工具，确实发现有了有意识的社会调节作用对刻板印象的内隐效应有显著影响。在另一个实验中，连淑芳（2006）又探讨了反刻板印象想象策略的干预效果。研究仍以大学生作被试来参加 IAT 测验，研究者设定了三种想象条件，其结果显示使用反刻板印象的想象策略的这组被试的干预效果明显，显著降低了刻板印象的内隐效应，但研究同时发现，在无意识的水平上的刻板印象是想完全根除，采用这种策略是难以做到的。连淑芳、杨治良（2009）的一项研究也表明，采用观点采择的策略，即能有意识地站在他人的角度看问题，刻板印象的内隐效应明显减少。

1.3.1.6　知觉者的注意力

知觉者的注意力在刻板印象形成中也产生了重要影响。Daniel 和 Gregory（1991）研究了认知负荷对刻板印象激活和应用的影响。结果发现认知负荷小（not-busy）的被试产生了刻板印象，而认知负荷大（cognitive busyness）的被试抑制了对亚裔的刻板印象，但当刻板印象的激活允许发生时，认知负荷大的被试更可能应用被激活的刻板印象。Macrae 等人（1997）的研究中发现当集中注意力于耙子时，没有检测到性别的刻板印象。Fiske（1993）关于权力的研究表明，高权力的个体易对低权力的个体形成刻板印象，而低权力的个体不易对高权力的个体形成刻板印象，这种现象是以注意力作为中介产生的。因为低权力者关注高权力者，以便控制他们的行为结果，这种关注使得刻板印象不易产生。而高权力者不必根据他人而控制自己的行为结果，也就不必注意低权力者。再则高权力者的注意力更易超载，所以高权力者如果想有较高的控制需要，就不会关注低权力者。这些都导致高权力者易对低权力者形成刻板印象。Jeffrey（2009）等人的研究证明了类别学习的注意理论（attention theory of category learning）。根据该模型，相较少数群体，我们更早地学会多数群体的特征，也就是说与少数群体相联系的类别特征是最能使其与多数群体区分开来的特征，这个过程是以注意转换为机制的，这种强调区别的注意使得对少数群体的刻板印象更加增强。

1.3.1.7 知觉者的年龄因素

前面的研究主要探讨的是知觉者的心理因素（包括认知的、情感的和动机的）对刻板印象的形成产生的影响，而现在的研究还涉及年龄这种生理因素的影响。William、Lisa和Molly（2000）的研究表明，由于信息抑制功能下降，老年人比年轻人更倾向依赖于刻板印象进行认知，因而也比年轻人更容易产生偏见。Gabriel等人（2009）探讨了年龄因素在阅读记叙文时使用刻板性的推断所产生的影响。研究结果显示相比年轻人，老年人在进行阅读时更倾向于使用和保持刻板性的推断。但Gabriel、Nicholas和William（2009）的另一个研究却指出，虽然老年人确实比年轻人更容易受到非其所愿的刻板印象的影响，但如果在他们进行认知加工时提供一些与刻板印象的内容明显相矛盾的信息，他们也能避免偏见的产生，而给予公正的判断。

1.3.2 知觉对象

1.3.2.1 知觉对象所处的情境

关于知觉对象所处的情境对社会行为的影响，以往已做出了大量研究，例如破窗效应等。Macrae等（1995）证明，情境中的一个较小的变化能给自动的刻板印象带来大的影响。Bernd等（2001）的研究则表明了不同社会情形对一个群体的自动评价产生了非常不同的影响，即是，同一个群体在不同社会情境下得到的评价完全不同。Jamie（2004）的研究表明，背景因素可以调节控制的和自动化的种族偏见，在特殊背景下，还可减轻或改变种族偏见的典型形式。Catharina（2010）等人用词汇判断的启动范式研究了自动化激活的刻板印象在不同背景下的过程，发现对于刻板印象特征的类别首要作用在与背景符合时产生，但是在与背景不符合时不产生，社会刻板印象是作为特殊的心理图式被组织的，这种组织由类别的组合以及背景信息所引发。

Stapel和Lindenberg（2011）发表在*Science*上的最新的研究发现，杂乱的背景还会增加人们的刻板印象乃至歧视。他们通过真实情境和实验室情境的实验研究表明，无论是真实环境下的杂乱，还是杂乱的概念、杂乱的图片、杂乱的结构，人们都更容易受其影响，并对其他群体产生刻板印象，即刻板地理解其他群体。他们认为这是因为杂乱激活了人们追求秩序的目标，激活了对结构的需要，从而使人们采用整齐划一的认识风格去理解其他对象，从而导致刻板印象。

总之，知觉对象的情境对刻板印象的形成具有调节作用，既可以激活刻板印象，也可能对其产生抑制作用。

1.3.2.2 知觉对象的特征

知觉对象的特征会使知觉者产生特定的刻板印象。Ford 和 Stangor（1992）的研究表明，知觉对象的信息对判断起着重要作用，当形成社会群体的刻板印象时，人们有提取主要内容、分化不同特点范围的倾向，归类中最能区分各组的不同特点，更易变成与这组相联系的刻板印象。MacKinnon、Hall 和 MacIntyre（2007）通过对口吃的刻板印象研究发现，口吃的刻板印象起源于第一次对一个人在正常说话时不流利的感觉的调整，之后以快速启发式方法为基础进行判断，刻板印象形成是从个人经验对正常说话时不流利的概括化和判断。Amanda 和 Leigh（2007）的研究表明，老年人易成为刻板印象的受害者，在职场中，老年人被认为不利于快速改变职场环境，适应性差。Amanda 和 Leigh 认为偏见反应是在社会群体对其角色的需求不一致的情境下产生的，对某一角色的认知是偏见反应背景变量中的关键因素。Peter（2009）等人根据刻板印象内容模型的研究则表明，知觉对象的社会结构可以预测知觉者特定的文化刻板印象以及与之相关的情感偏见。

1.3.3 人际互动

1.3.3.1 交流

Anthony 和 Yoshihisa（2003）的研究发现，人际交流（communication）可能是刻板印象保持的一个重要来源。当与一系列的人交流时，分享的刻板印象的天性，会使得与刻板印象相关的信息趋于更加刻板，并证实在交流中知觉者所持的刻板印象，但是这种现象之下的机制还没有查明。Janet（2005）等人的发现同样也证实，最近才熟悉的人是怎样在交流中分享他人的刻板印象。事实上，为了与对方友好相处，最近才熟悉的人会更多地先谈论对其他人的刻板印象，并且同意对方所谈论的与刻板印象有关的特质，由此他们会形成更多共享的刻板印象。Anna 和 Yoshihisa（2007）的研究则发现，在人际交流中，当刻板印象被意识到在交往中高度共享时，是由于强大的社会联结功能起作用，更多的刻板印象一致性信息较之刻板印象不一致信息会被讨论。刻板印象一致性的信息被认为可以帮助人们进行更好的社会性接触，虽然其较之刻板印象不一致的信息所传递的信息量少。然而，Tim 和 Anthony（2009）的研究却发现，在交流中是否产生刻板一致性信息偏见，取决于我们与谁交流，我们应注意到交流产生的社会背景，尤其是群体关系中所包含的个体，群体关系在刻板交流中有显著的作用，刻板一致性偏见只在特殊情况下才产生。翟成蹊（2010）等人对沟通与刻板印象的维持、变化和抑制进行了综述。发现群体内沟通，通过策略性的信息选择和语言偏差，能够维持刻板印象，并可能使刻板印象极端化；而群际沟通，特别是代理式的群际沟通，则成为抑制刻板印象的一种可能方法。

1.3.3.2　模仿

Castelli（2009）等人的研究表明，人际交往动态过程在刻板印象的保持中扮演着关键的角色。Castelli 让参与者与提供关于老年人刻板印象一致性信息或刻板印象不一致性信息的同盟者交往。Castelli 认为模仿（mimicry）代表了一种促进喜欢和归属的社会联结的假设，所以他们评估了参与者模仿同盟者表达刻板印象功能的非语言行为的程度。结果表明，无意识的模仿行为在讲话者依据刻板印象一致信息，而不是刻板印象不一致性信息时更容易表现。这些发现表明，刻板印象为听众提供了微妙的非语言线索，其反过来强化了他们的行为，因此使得刻板印象被消除变得很困难。Pontus（2011）等人的研究表明，模仿的个体更符合他所相信的其他人对他们所持的刻板印象相一致的期望，这表明模仿不仅有潜在的消极影响，而且从这种微妙的方式中刻板印象可能难以消除。

1.3.3.3　言语

语言是人际互动中的重要组成部分，然而语言会导致刻板印象。Daniël（2000）等人的研究证实了语言期望偏见现象，即倾向于用一个更高抽象水平上的信息去描述与期望一致的信息，而不是与期望不一致的信息。这种作用是以对信息的语言抽象（linguistic abstraction）水平为中介而产生的，并因刻板印象而形成的无意识的语言使用。Bertram（2008）等人的研究表明，训练无刻板印象反应可以减少自动刻板印象的激活，但只有训练去确信反刻板印象内容而不是去用语言否定刻板印象时，才能有这种效果，并且如果只是去训练否定刻板印象时，反而会增强刻板印象和消极评价。Beukeboom（2010）等人在最近的一项关于语言偏见的研究中也证实，对于不符合我们刻板印象的内容，在交往中，我们喜欢用否定的方式来表达。比如原本认为某个群体都不聪明，当遇到一个聪明的个案时，就会表达为“这个人不笨”，而不会表达为“这个人很聪明”。这种否定表达，含蓄地传达给听众刻板印象内容，并且，虽然这种否定表达很微妙，却在刻板印象的保持中起着有力作用。

1.3.4　刻板印象影响因素的研究总结

影响刻板印象的因素很多，主要包括三类，即个体因素、知觉对象的因素以及人际互动的因素。从对相关研究的回顾中可以看出，刻板印象包含着形成（formation）、保持（maintain）和改变（change）（增强或减弱）的过程，不同影响因素在这其中的作用也不尽相同。具体来讲，知觉者的因素对刻板印象的形成、保持、改变都产生了影响，而知觉对象的情境和特征对刻板印象的激活和调节起了更大的作用。人际交往则对刻板印象的保持、增强或减弱起了更多作用。

可以看出，关于刻板印象形成的主体因素研究已较为丰富。然而，即便如此，影响刻板印象的个体因素可能还有很多方面并未探讨。从目前的研究可以看出，一方面，影响刻板印象形成的个体因素至少包含知觉者的自我、对知觉对象的注意力、认知程度、动机及意识性调节等心理因素，生理因素的研究目前主要关注于年龄对刻板印象的影响。另一方面，关于知觉对象对刻板印象形成产生影响的研究还相对较少，而知觉对象对刻板印象的形成本身也很重要。刻板印象的形成、保持和改变也是个动态过程。在人际互动中，关于刻板印象的影响因素的研究现今主要集中在人际互动中的交流、模仿、言语方面。

除此之外，对于可能影响刻板印象的背景因素——文化，所进行的研究还相对较少，文化怎样影响刻板印象，以及这种影响的机制还不是非常清楚。可以推测，文化作为一个宏观因素，可能对刻板印象的知觉者、知觉对象，以及人与人的交往方式都产生影响，也即是对刻板印象形成、保持、改变都会产生影响。Victoria (2010) 的研究表明文化对刻板印象是有影响的，东方人为了履行文化设定的目标，使用的默认策略是传达更多与刻板印象一致的信息，而不是与刻板印象不一致的信息，这是与他人保持和谐的人际关系。而西方人提供与刻板印象一致和不一致的信息也是一种履行文化目标的默认策略，即务求精确。然而当有精确目标时，他们则会改变文化默认的交流方式。Fiske (2009) 的研究也发现，刻板印象内容模型有些具有普遍性，有些则因集体文化和个体文化的不同而具有差别性。

另外，在探讨刻板印象的影响因素时，我们也应该用发展和变化的眼光来看待刻板印象的形成、保持和改变过程。近年来形成的发展性群际理论 (2007) (developmental intergroup theory，简称 DIT) 就强调刻板印象和偏见的因果成分，认为刻板印象和偏见产生于早期童年时代，偏见很大程度是被环境控制的，所以应通过教育、法规、政策等社会功能来减少偏见。

总的来说，虽然刻板印象被一再证明十分顽固，但刻板印象的影响因素研究为研究者对刻板印象进行干涉提供了可能，至于哪种干涉是最有效的，还有待对刻板印象的影响因素进行更深入的研究。

2 刻板印象内容模型

刻板印象（stereotype）、偏见（prejudice）和歧视（discrimination），是社会心理学研究人们的社会性偏向（social bias，又称社会性偏差）的三个紧密关联的领域。由于社会性偏向是一个非常复杂的现象，对其进行解释的理论也就不少（Gilbert 等，1998）。总体来看，西方社会心理学者倾向于对社会性偏向的三个概念进行区分和研究，然后探讨它们之间的关系：刻板印象属于一种社会认知偏差，偏见是以刻板印象为基础对象的情感反应偏向，而歧视则是基于刻板印象和偏见的行为偏向（Fiske，2004）。由此，刻板印象自然就成为理解社会性偏向的一个基本问题，其研究成果也较多。

刻板印象是由人们对于某些社会群组的知识、观念和期望所构成的认知结构（Macrae 等，1996）。作为一种特定的社会认知图式，刻板印象是有关某一群体成员的特征及其原因的比较固定的观念或看法。由于刻板印象的具体内容即目标群体的主要特征随着评价者、评价对象、评价时间和情景的不同而变化，社会心理学一直局限于对某些对象群体的特征进行描述，回避对于刻板印象的内容分析和心理结构研究。20 世纪 80 年代以来，在社会认知学派的影响下①，人们更是将重点放在刻板印象的认知加工过程和影响因素方面，如基于社会分类和关系性质的“分类与关联自动偏向理论”（automatic biases of categorization and association）、基于群体资源受到威胁的“现实群体冲突理论”（realistic group conflict theory）、基于群体社会地位受到威胁的“社会优势取向理论”（social dominance orientation）、基于群体成员身份受到威胁的“社会认同理论”（social identity theory）与寻求群体和谐性的“内群体偏好理论”（in-group favoritism）等，都是从不同角度探讨刻板印象的形成过程和影响因素的。然而，刻板印象的认知加工机制需要在不同的刻板印象实例中加以验证，这样刻板印象的内容就成了社会心理学难以回避的问题。于是，近年来刻板印象的

① 社会认知学派是以心理学认知学派的观念研究社会认知问题的一种理论，主要探讨人的认知过程在社会心理和行为中的作用，它是随着认知心理学的兴起而逐渐发展起来的。

内容渐渐成为研究的一个热点，人们提出了不同的刻板印象的内容结构维度，其中最有影响的是 Fiske 等人提出的刻板印象内容模型（stereotype content model，简称 SCM），而且 SCM 得到了在不同文化样本中的一些实证研究的支持（Fiske 等，1999、2002、2004、2005）。

2.1 刻板印象内容模型的基础：热情与能力维度及其依据

作为刻板印象研究的发源地，普林斯顿大学每隔 20 年左右进行一次刻板印象调查研究（Katz 和 Braly，1933；Gilbert，1951；Karlins 等，1969；Leslie 等，2001）。虽然这一调查只是传统地重复 Katz 和 Braly 使用形容词对 10 个国民或种族群体进行描述的方法，不考虑什么理论，但是这种简单的典型特征指派法（typical traits assignment）提供了少有的可以对于不同群体进行刻板印象内容测量的方法。可是，缺乏理论基础和不能够揭示刻板印象的心理成分总是一个缺陷，因此研究者们试图给刻板印象找到一些稳定的维度。

Fiske 等人在 1999 年开始提出 SCM 的设想，随后开始不断完善。SCM 认为，刻板印象的内容是热情（warmth）和能力（competence）。为了确定这两个维度，Fiske 等人在实证研究之前，就寻找了多方面的证据支持。

Fiske 认为，从功能主义和实用的观点来看，刻板印象的维度应该来自人际和群际互动。当人们遇到其他的个人或者群体时，人们本能地想知道他人的行为意图和能力状况，也就是热情和能力这两个不同的方面。

有关群际和人际知觉的种族刻板印象和性别刻板印象的美国研究结果显示，在社会知觉中的确存在热情和能力维度。早期关于群际互动的研究表明，某些种族群体（如犹太人）被认为是能干却不热情，而某些种族群体（如黑人）被认为是热情但缺乏能力（Bettelheim 和 Janowitz，1950）。对于女性亚群体也有同样的发现，人们认为一类女性（如职业女性、女权主义者、女同性恋者、女运动员）是有能力的但不令人喜欢的，另一类女性（如家庭妇女、女孩）是可爱但不独立的（Eckes，1994；Six 等，1991）。

对人知觉（person perception）的一些研究也支持能力和热情这两个维度。在采用特质形容词的多维度测量中，人们发现了“热情—冷淡”核心词以及与能力相关的其他形容词（Lydon 等，1988）[①]。Peeters 的研究发现了所谓的自我收益维度

① “热情—冷漠”这对核心特质是 Asch 在 1946 年的研究中最早发现的，这一研究开创了社会心理学中关于人际知觉的先河。

(self-profitability) 和他人收益维度 (other-profitability)，前者主要是与能力有关的形容词如自信的、有经验的、聪明的，后者主要是抚慰的、宽容的、可信赖的等。Peeters 还将这两个维度应用到国民刻板印象的研究中并得到类似结论。

有关外群体的刻板印象的一些研究，也初步证明刻板印象的内容可能不是对于某一对象的喜欢与讨厌的简单反映，而是对于是否喜欢和是否敬佩这两个维度的反映。人们对某些外群体（如家庭妇女、残疾人、老年人）的刻板印象是他们缺乏能力而不值得敬佩，另外的外群体（如亚洲人、犹太人、职业妇女）则被认为缺乏热情而不喜欢；尽管也有群体（吃救济者）被认为既不喜欢也不佩服，但是刻板印象在性质上的差异似乎是由能力和热情这两个核心维度获得的。

2.2 刻板印象内容模型的四个基本假设

SCM 认为刻板现象根源于全人类群体普遍存在的社会现象：为了自身的利益和生存，人们会不自觉地表现出这样的意图，即需要确认其他群体是朋友还是敌人（是否热情）以及他们对自己是否构成威胁（是否有能力）[①]。同时，所有的复杂社会中普遍存在群体之间的竞争和群体地位的差异，因而人们对于自己所在内群体和外群体的评价会在热情和能力的刻板印象中显示出一些固定的偏向。为此，SCM 提出了四个相互关联的基本假设。

2.2.1 双维结构假设：热情和能力决定外群体的分布

SCM 设计了两个问题，当人们遇到外群体时会本能地思考：他们会有意伤害我吗？他们能够伤害我吗？这分别对应 SCM 关于刻板印象内容的两个核心维度：热情（友好、善良、温暖和真诚）和能力（自信、才能和技能）。前面已经介绍，Fiske 等人为提出热情和能力双维假设，寻找了很多依据。此外，双维也的确出现在美国和波兰的一些关于个人认知、社会价值取向、他人行为的建构以及选民对于政治候选人的态度研究中。

2.2.2 混合评价假设：大多数刻板印象是混合的

SCM 假设许多目标群体给人们留下的印象是混合的，即在热情和能力双维中，大多数群体被评价为热情但是缺乏能力（low-competence but high-warmth，简称 LC-

---

① 这是 Fiske 提出的一种进化心理学的解释观点，反映两维度在进化过程中的适应性作用。还可以从其他角度对两维度进行解释，如本体论和功能论，本书后面还会涉及这一问题。

HW）或者有能力但是不够热情友好（high-competence but low-warmth，简称 HC-LW），处于既热情又能干（high-competence and high-warmth，简称 HC-HW）和不热情也不能干（low-competence and low-warmth，简称 LC-LW）的群体很少。美国的一些研究结果证明，很少有群体被刻板地认为能力和热情都低，而且只有被试的参考群体（reference-group）包括内群体（in-group）（如学生内群体）和社会原型群体（societal prototype group）（如白人和中产阶级）被认为热情和能力都高。

2.2.3 社会地位假设：由群体的社会地位可以预测刻板印象

刻板印象受到在相应情境中群体之间感知到的和实际上的经济、地理、规范以及权力之间的关系的影响（Linssen 和 Hagendoorn，1994；Poppe，2001）。所有复杂的社会都是以等级的形式组成的，而且资源有限。因此，通过群体之间在社会结构上的相互关系可以预测他们在热情和能力维度上的位置。SCM 提出，地位越高的群体就越有可能被刻板地认为有能力；同时那些有能力获取或占有社会资源的群体可能被刻板地认为缺乏热情。

2.2.4 群体偏好假设：刻板印象中普遍存在参照群体偏好和外群体贬抑

SCM 认为，由于参照群体偏好（reference-group favoritism）［包括内群体偏好（in-group favoritism）和社会原型群体偏好］一直被认为是社会生活中人们的偏见强烈而持久的重要原因，因此在刻板印象中，人们对于参照群体会存在积极评价的偏好，同时因为内群体偏好的存在而产生相应的外群体贬抑（out-group derogation）。已有的在美国的研究显示，唯一不产生歧义的积极刻板印象的目标群体就是参照群体。

2.3 刻板印象内容模型的研究例证

Fiske 等人通过一系列研究来验证 SCM，除了在美国被试中进行研究外，他们还在欧洲、亚洲进行了研究，用来检验 SCM 的普遍性或文化差异。从他们的研究结果来看，SCM 的主要假设得到了验证，特别是刻板印象内容的能力和热情这两个基本维度具有泛文化存在的特点。这里介绍 3 个有代表性的研究①。

---

① 这三个研究是在两维度提出之初比较重要的研究支撑，研究被试分别来自美国、欧洲和东亚三种不同的文化，这也为两维度的普知性提供了初步证据。后来，随着 SCM 模型的发展，研究者们在更大的范围内又对两维度进行了检验，表明两维度具有很高的普适性。

2.3.1 美国大学生对本地若干群体的刻板印象

具体研究方法是，首先让美国大学生（大多数是白人）先对社会中的群体进行提名分类，“现今社会是如何将不同的人分类为群组的（如按照种族、性别、职业、能力等）”、“哪一群组的人被美国社会认为社会地位最低”、“你认为你属于哪一个群体”。结果获得了 24 个目标群体，如黑人、西班牙裔、女人、老年人、亚裔、蓝领，其中包括“白人、学生、基督徒、中产阶级、女人、受过教育者、男人”等内群体。其次，被试报告显示，社会对于这些群体的能力方面(6 个形容词为：能胜任的、自信的、有能力的、有效率的、聪明的、技能熟练的)、热情方面（6 个形容词为：友好的、好意的、可信赖的、热情的、温和的、真诚的)、社会地位和竞争性进行评价。聚类分析的结果显示，美国大学生将这些人群聚为 5 类，按照能力与热情各自的平均分，这些群体分布如图 2-1。同时比较被试对 24 个群体在能力和热情方面得分的平均数，发现在 19 个群体中存在显著差异。

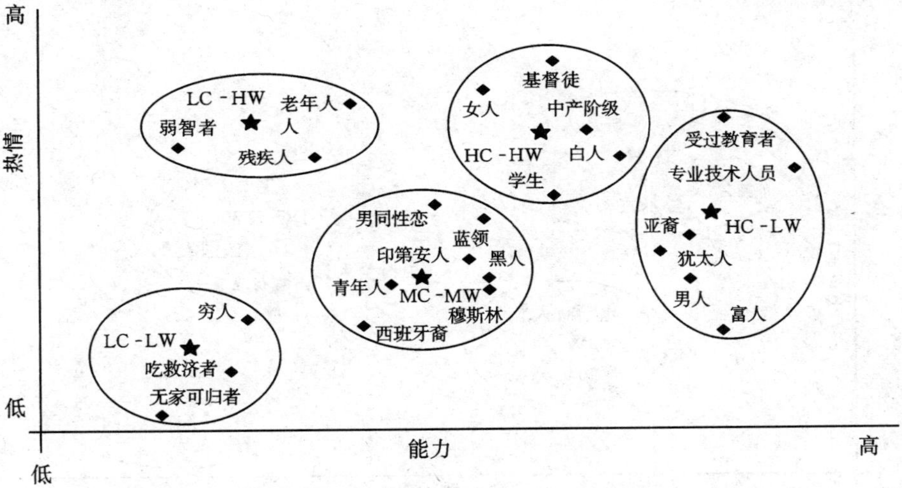

图 2-1 美国大学生评价的群组在热情—能力双维中的分布

注：图中群体为美国大学生主观提名所得，并不一定符合科学的群体分类。下同。

图 2-1 显示，老年人、弱智者和残疾人被认为是相对热情友好但是不能干的，他们能够被喜欢但是不值得敬佩，属于“可怜类”(pity)；穷人、吃救济者、无家可归者，既不受人敬佩也不值得喜欢，属于“嫌弃类”（contempt)；而富人、男人、犹太人、亚裔、专业人员和受教育者，则是“嫉妒类”（envy)，能干但不讨人喜欢；

基督徒、女人、中产阶级、白人和学生，既热情友好又能干，属于"骄傲类"(pride)。另外一些群体居于中间。显然，被试对自己的内群体评价为"骄傲类"(80%的被试为女生)。经过统计分析，SCM的四个假设在美国被试中得到了验证。

2.3.2 欧洲被试对15个欧盟成员国国民群体的刻板印象

按照与美国的研究相同的方法，对来自15个欧盟成员国中的7个国家（比利时、法国、德国、荷兰、葡萄牙、西班牙和英国）的被试（大学生，其中69%为女性，平均年龄为21.07岁，各国被试样本规模在41到199人之间）进行了研究，被试自愿评价15个欧盟成员国的国民在热情、能力、地位和竞争方面的情况。图2-2为德国大学生对欧盟成员国国民在能力和热情维度上的评价。可以明显看出，15个群体被聚类为4组。SCM的4个假设中，混合刻板印象的假设以及群体偏好假设没有完全验证，因为只有一半的群体位于LC-HW和HC-LW之中，而且德国被试尽管对自己国民的能力评价很高但也普遍认为自己所在的群体缺乏热情。不过，Cuddy和Fiske认为，这与没有提供社会原型群体有关，而且反映了欧盟成员国的经济状况对刻板印象内容的影响。

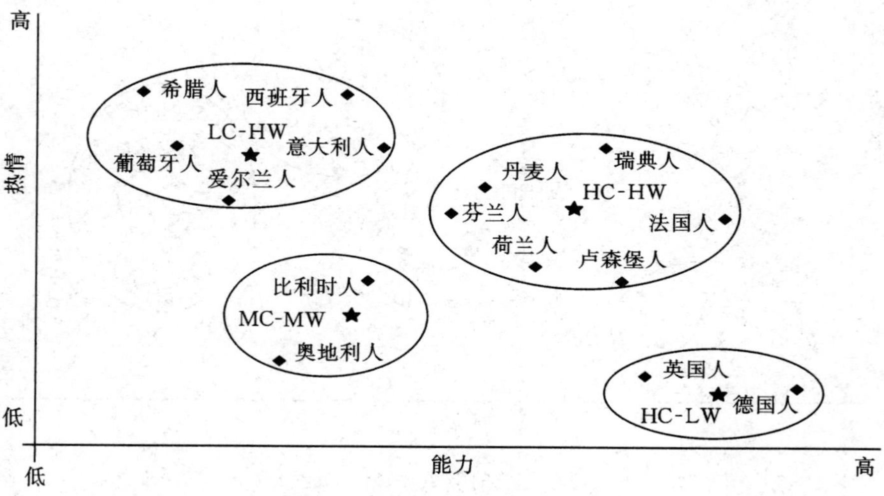

图2-2 德国大学生评价的15个欧盟成员国民群组在热情—能力双维中的分布

2.3.3 东亚被试对本地若干群体的刻板印象

由于欧洲人与美国人在文化上接近，为了探讨SCM是否存在文化差异，Cuddy和Fiske等人再次按照与美国的研究完全相同的过程和方法，研究了在个人主义—集体主义这一维度上与美国显著不同的东亚文化样本。三个集体主义文化区域（中国香港和日本、韩国）的被试（共 233 名大学生，57％为女性，平均年龄接近 22 岁）在热情、能力、地位和竞争方面评价本地的主要社会群体。

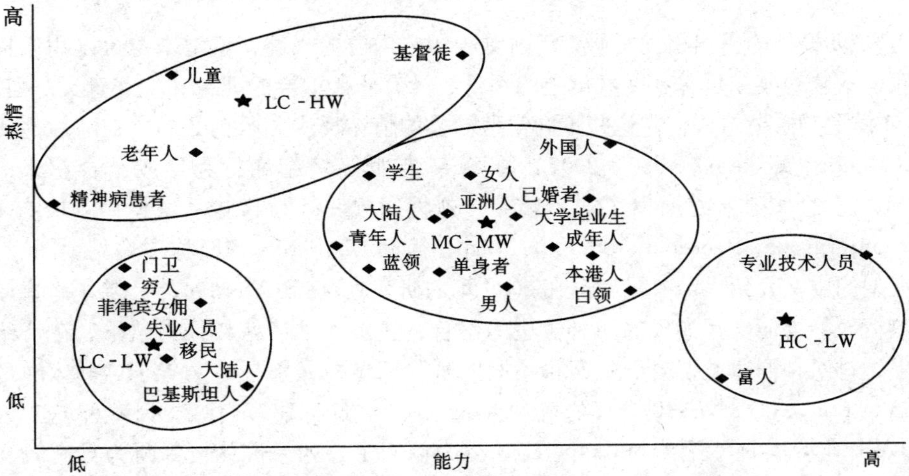

图 2-3　中国香港大学生评价的群组在热情—能力双维中的分布

注：图中群体为香港大学生主观提名所得，并不一定符合科学的群体分类，下同。

东亚样本也验证了 SCM 的大部分假设。聚类分析确定集群的数量从四个集群（中国香港和韩国）到五个集群（日本）。所有样本获得了双低的集群，这与美国的数据相似。所有样本获得了两个混合的集群，至少一个 HC-LW 和一个 LC-HW 集群。而且，在所有的样本中至少有一半的群体获得了混合的刻板印象。图 2-3 为中国香港被试的研究结果。在四个集群中，美国的 HC-HW 换成了 MC-MW。对约 59％（27 个中的 16 个）的群体评定属于混合刻板印象。由此，Cuddy 和 Fiske 认为，热情与能力维度也能描述集体主义的群体，混合刻板印象在集体主义文化中也存在。东亚的研究与美国和欧洲的研究相一致，地位与能力有正相关，竞争与热情有负相关。这都支持了 SCM 的双维假设、混合假设和地位假设的泛文化可能性。但是东亚研究也发现，三个集体主义样本和个人主义样本相比在评定参照群体时存在一个显著的不同：集体主义文化中的被试表现出的内群体偏好要比个人主义文化中的被试少一些，在个人主义文化样本中典型的位于 HC-HW 区间的内群体，在集体主义样本中移到了中间。这表明内群体偏好假设受到文化变量的影响。

2.4 刻板印象内容模型的发展：系统模型

SCM 模型的提出引发了研究者对刻板印象内容的兴趣，模型本身可以用来描述和预测人们对某一群体在两维度上的评价，具有非常重要的理论和实践意义。但是，SCM 模型并未考虑人们对这些不同类型群体的情绪反应和行为倾向。在随后的研究中，Cuddy、Fiske 和 Glick（2007）将 SCM 与群际情绪和行为反应结合起来，在 SCM 模型的基础上发展出了群际情绪—刻板印象—行为趋向系统模型（behaviors from intergroup affect and stereotypes map，简称 BIAS Map，又称“偏见地图”。这一模型的中文介绍可以参见管健在 2009 年的研究）。在 BIAS Map 中，除了考虑原有的热情与能力的交互形成的四种类型的组合，还加入了情绪和行为结果。在情绪反应上，对四种群体类型会产生四种不同的群际情绪，分别是对 HW-HC 群体的赞美（admiration）、对 LW-HC 群体的嫉妒（envy）、对 HW-LC 群体的可怜（pity）以及对 LW-LC 群体的轻视（contempt）。在行为倾向上，如果群体被判断为具有较高热情，就会引发主动助长行为（active facilition）（如帮助和保护）；如果群体被判断为具有较低热情，就会引发主动伤害行为（active harm）（如攻击和反抗）；如果群体被判断为具有较高能力，就会引发被动助长行为（passive facilitation）（如合作和关联）；如果群体被判断为具有较低能力，就会引发被动伤害行为（passive harm）（如忽略和漠视）（见图 2-4）。

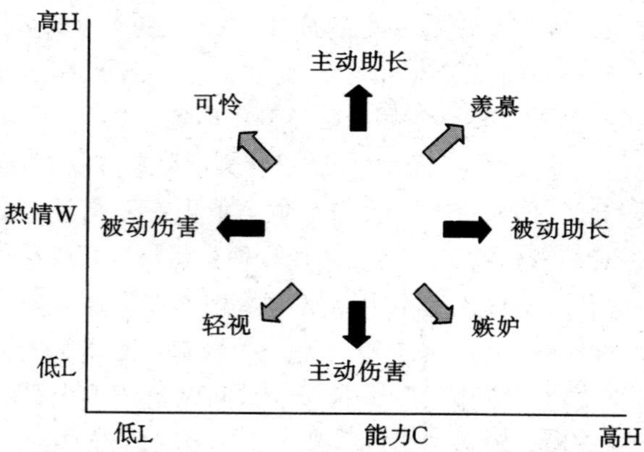

图 2-4 SCM 情绪反应与 BIAS Map 行为模式结合图

2.5 评价与展望

自从 Walter (1922) 提出刻板印象的概念后，刻板印象就成为社会心理学研究社会性偏向的一个相对稳定的领域。然而尽管关于刻板印象的研究很多，但是理论主要集中在刻板印象的形成机制和影响因素方面，一直缺乏关于刻板印象内容的理论和研究。Fiske 等人提出的 SCM 是在对相关研究总结的基础上形成的比较成型的刻板印象内容结构模型，而且通过在不同文化样本的实证研究验证了这一模型的主要理论假设。将复杂的刻板印象内容简化为能力和热情两个基本维度和四个主要假设，是模型非常突出的优点，因为简化的模型不仅可以清晰地反映理论，而且提供了进行比较研究的工具，对不同文化应用相同结构和体系的框架能够进一步证实和发现刻板印象跨文化的相似性或差异。BIAS Map 在此基础上拓展了热情和能力可以预测的情绪反应和行为倾向，可以帮助人们更好地理解热情和能力两维度的重要性，以及它们在印象形成与后续的情绪和行为表现中的根源性作用。

验证 SCM 的一系列实证研究也为刻板印象领域的研究提供了比较规范的样例。任何潜在的关于人的社会心理与行为存在文化普遍性的假设都应该在多种文化中加以测试。Fiske 等人不仅在美国的群体中有效操纵了刻板印象的感知者（被试）和目标群体两个核心因素，而且通过不同于美国文化的感知者评定本土的群体来验证刻板印象内容模型的主要原则，为 SCM 的普遍性提供了有力的证据。

无论从理论构建还是实证研究而言，SCM 为进一步深化与扩展刻板印象研究奠定了很好的基础，也为深入了解人们的社会性偏向提供了新的思路和研究课题。例如，刻板印象与偏见和歧视的关系，可以在热情与能力两个维度进行细化分析，对于不同对象的情感偏差和行为应对偏差，是否也具有热情和能力维度的特点。如果可以得到一些明确的结论，对于在现实生活中如何避免或减少情感偏差和行为应对偏差，无疑是具有应用价值的。当然，SCM 还存在一些有待确证的问题，验证 SCM 的研究也有值得分析的地方，因此今后在刻板印象内容领域的研究在以下方面仍然值得进一步探索：

首先，刻板印象的内容和结构，是否只是能力和热情双维需要进一步验证。Anderson 等人用多维评定方法考察 108 个形容词，发现刻板印象具有结论性 (conclusive) 和动力性 (dynamic) 两维度和描述国民印象的 11 个形容词群集。Edwin 和 Hub (1999) 在探讨东欧六国青少年的国民刻板印象时发现国民刻板印象有道德 (moral) 和能力 (ability) 两维度。佐斌等人 (2003、2004) 关于中国青少年对于中国人形象和10个国家的国民刻板印象研究（孙利，2004），通过因素分析发现了国民刻板印象存在着7个维度：道德、财富、做事态度、理智、情趣、肤色、艺术。可见，刻板印象内容的因素结构还需要进一步确定。

其次，SCM的泛文化普遍性的结论还需要深入分析和更多的研究来检验。文化心理学家认为不能把美国的社会认知想当然地普遍化，因为人们曾经认为那些基本的人类认知过程，如自我增强和倾向归因是普遍存在的，现在在文化的背景下却呈现出明显的多样化和复杂性（Choi等，1999；Heine等，1999）。其实在Fiske等人的实证研究中，就发现SCM的群体偏好假设没有被完全证实。的确，集体主义文化与个人主义文化对于“热情”和“能力”是不是有着相同的理解，就是一个很基本的问题，因为人们已经发现东西方对于“道德”、“公平”、“思维”等的理解是有文化差异的。另外，SCM实证研究中作为集体主义文化的中国香港样本，具有很大的特殊性。

再次，尽管刻板印象是一种对于目标群体的比较笼统和固定的看法，但是人们在评价具体的对象时，刻板印象内容却受到群际边界（成员身份）、群体接触历史、群际关系等因素的影响。SCM在美国和东亚被试的研究中，评价的群体在成员身份之间具有很大的重叠性，如老年人、女人、穷人、基督徒等群体成员完全可能交叉。因此这些群体在热情和能力双维中的分布，在应用到具体的现实群体成员时存在着不确定性。进一步的研究应该在不存在成员身份重叠的群体中进行验证。

最后，对于SCM的混合刻板印象内容的假设也应当细化检验，因为它们具有很多不同的类型。除了美国数据显示的两类典型混合刻板印象——“能干但不友好”的嫉妒偏见（envious prejudice）（主要指向亚裔、犹太人、职业女性等）和“友好但是无能”的家长式偏见（paternalistic prejudice）（主要指向仆人、传统女性、老年人等）之外，每一个社会都可能有自身的刻板印象细分原则，而且对于内群体和外群体形象的评价与区分也不一定基于同样的标准。

3　社会认知内容的“大二”模型

人们是如何认知自我、他人、群体、民族和文化等社会对象的？心理学家们对社会认知的过程已经有了系统而深入的探究，相比之下对社会认知内容的结构研究还处于起步阶段。从 Asch（1946）对“热情—冷漠”中心特质的探寻，到 Rosenberg、Nelson 和 Vivekananthan（1968）划分的人际知觉两维度，再到 Fiske、Cuddy、Glick 和 Xu（2002）建构的刻板印象内容模型（SCM），研究者们一直在追寻社会认知的核心内容到底是什么。大量研究都表明社会认知中存在两个基本维度，其中一个与热情（warmth）或社会性特质有关，另一个与能力（competence）或智力特质有关，研究者称之为“大二”模型（Big Two）。

3.1　“大二”模型及理论解释

目前有两种较受认可的两维度模型命名：一种是由 Fiske 等（2002）提出并推广的热情和能力命名，另一种是由 Abele 和 Wojciszke（2007）提出并推广的亲和性（communion）和能动性（agency）命名①。

3.1.1　热情和能力

虽然 Rosenberg 等在 1968 年就提出过人际知觉的“社会性”和“智力性”的两维观点，但社会认知的两维度正式提出和命名源自 Fiske 等（2002）提出的刻板印象内容模型（SCM）。SCM 明确区分了热情和能力两维度，其中热情是对意图的感知，如友好、助人、真诚、可信和道德等都属于热情范畴，能力则是对实现这种意图的能力感知，如智力、技能、创造性和高效率等。Fiske、Cuddy 和 Glick（2007）搜集了来自社会心理学实验研究、民意调查和跨文化比较等多方面的证据后指出，社会

① 虽然从字面意义上理解的两种命名方式存在较大差异，但这两种命名在本质内涵上是一致的，在对两维度进行解释时，彼此往往是互通的。其中热情与亲和性内涵一致，能力与能动性通用。

认知的两个基本维度是热情和能力，即在人际和群际认知中，人们都会根据这两个维度对他人做出评价。可以说，热情与能力两维度模型得到了广泛证实和应用。

Fiske 等（2002）认为，“当社会性动物遭遇到同种个体时，首先必须做出他人是朋友还是敌人的意图判断，然后再做出他人是否有能力实现其意图的判断，即热情和能力两维度的判断”。这也就是说，对两维度的认知是为了适应生存而发展起来的心理机制，具有适应的功能。由此衍生出另外一个问题，即对于社会对象是敌是友热情维度的判断对生存具有更加重要的作用，因此在社会认知过程中，个体对热情信息的判断是优先的，是更加重要的（Fiske 等，2007）。后来大量实证研究的结果为两维度的进化心理学解释提供了强有力的支撑。

3.1.2 亲和性和能动性

欧洲的心理学家从另外的角度对社会认知的两维度也进行了研究。他们采用与热情和能力内涵一致的亲和性和能动性命名，亲和性是指个体通过关心他人而努力使自己成为更大社会单元中的一员，能动性是指个体争取实现个性化和扩张自我存在（Abele 和 Wojciszke，2007）。他们进一步从利他和利己的角度对这两个维度进行区分，认为亲和性是为他人寻求利益，而能动性是为自己寻求利益。欧洲心理学还组织相关领域的专家学者召开专题会议，并在《社会心理学》杂志（*Social Psychology*）上刊登两期专题报告，探讨社会认知内容“大二”模型的相关议题（Abele 和 Wojciszke，2013）。

Abele 和 Wojciszke（2014）给出了社会认知为何是这两个基本维度的本体论（ontological account）和功能性（functional account）解释。本体论的核心观点是：两维度的二元性反映了人类存在和行为分类的两种不同状态，如 Bakan（1966）所说的“一是有机体作为单个个体的存在，二是作为其所在的更大的有机体中的一员的存在”。社会认知的内容是基于现实世界的，而亲和性和能动性是具有广泛意义的两维度，更能准确地反映社会现实。功能性解释的核心观点是：两维度的划分不仅是为了反映社会现实，还是为了有效服务于知觉者的个体目的，具有一定的功能性。当然，进化心理学关于“两维度是为了适应生存和繁衍而发展起来的”观点可看作一种特殊的功能性解释。

3.1.3 两种命名方式的比较

虽然这两种两维度命名的内涵相似，但学者们还是对二者进行了区分。Abele 和 Wojciszke（2014）认为亲和性和能动性的概念更加宽泛和抽象，其他概念诸如热情、能力和道德等都可以成为其下属概念。Abele、Cuddy、Judd 和 Yzerbyt（2008）认为能动性比能力包含更多动机成分。Carrier、Louvet、Chauvin 和 Rohmer（2014）的研究也发现能动性比能力在预测社会地位时更加有效。但事实上，热情和能力概念在实际使用中并不像它听起来那么狭窄，研究者往往将这两个概念抽象化，例如，Fiske 等（2007）在界定两维度时，强调热情的意图性和利他性，将热情与道德概念通用，使其涵盖的范围更广。而且，热情和能力概念来源于人际和群际互动，在刻板印象领域得到了普遍证实，可见它具有非常高的实用性。

中国学者多采用热情和能力两维度命名并在刻板印象和人际认知领域做了不少实证研究。考虑到亲和性和能动性容易与人格心理学以及社会心理学其他领域的概念混淆，因此，本书采用热情和能力两维度命名。值得注意的是，使用这两套不同的概念还可能会引发对两维度关系的不同看法。因为根据热情和能力的一些研究结果及阐述；两维度是正交关系，但根据亲和性和能动性的一些研究结果及阐述，两维度却是负向关系①。由于这两种观点都有证据支持，在缺乏进一步对比研究的情况下，本书作者对此并不表示支持或反对。

3.2 “大二”模型的理论焦点

“大二”模型正式提出时间还比较短，其仍处于模型建构、检验和初步应用阶段。该模型的理论焦点仍然集中在以下几个问题上：一是模型的普适性以及两维度划分的代表性和命名准确性问题，二是两维度的内部关系问题，三是两维度的权重差异和偏好问题。

3.2.1 两维度的文化普适性

两维度模型提出之后，来自不同国家和地区的研究者根据该模型进行了大量的实证研究。其中美国以 Fiske 为核心的研究者在人际认知和群际认知中都进行了大量的理论探讨和实证研究，其命名的热情和能力两维度得到广泛的认可和关注。而在欧洲以 Abele 和 Wojciszke 为核心的研究者采用亲和性和能动性两维度也进行了大量的有特色的研究。两维度模型在刻板印象领域的应用最为广泛，SCM 模型在不同的文化样本下都得到了证实（Cuddy 等，2009），管健和程婕婷（2011）在中国也初步

---

① 两维度的关系问题较为复杂，研究者已经发现了分别支持两维度的正向关系、负向关系和正交关系的研究证据，后文将专门阐述两维度的关系问题。此处的意思是在划分热情和能力两维度时，往往暗含着这两维度是彼此独立的，因此应该正交关系，但两维度的组合又往往得到混合的结果，两维度可能是偏负向关系的。但是划分亲和性和能动性时，往往暗含着这两个维度是冲突的，由此才出现负向关系。

证实了 SCM 模型。这些研究都初步验证了两维度的普适性。

然而，也有研究者对维度划分的代表性和命名的准确性提出了质疑，有的研究者提出道德（moral）可能是比热情更为重要的维度[①]。例如，Brambilla、Rusconi、Sacchi 和 Cherubini（2011）将热情区分为社交性（sociability）和道德两种成分，结果发现个体在信息搜集过程中更为重视道德方面的信息。Brambilla、Sacchi、Rusconi、Cherubini 和 Yzerbyt（2012）发现相比于热情或能力特质，道德特质对整体印象具有更好的预测作用。Goodwin、Piazza 和 Rozin（2014）发现虽然热情与道德具有很高的正相关，但是一旦控制效价后，热情与道德维度就会出现分离，并且道德在对人评价中起着更加重要的作用。中国学者也提到道德维度在中国社会环境中的重要性（代涛涛、佐斌、温芳芳，2014；管健，2009），因此，目前的两维度命名是否准确反映了不同文化中的社会认知内容是值得商榷的，采用何种维度划分和命名方式是今后本土化研究中值得考虑的问题。

3.2.2 两维度之间的关系

作为两个独立的维度，热情与能力之间本应该是一种正交关系。然而在实际研究中，Fiske 等（2002）却发现大部分刻板印象都是高热情/低能力或者低热情/高能力的负向关系组合，并且得到随后许多研究的支持。Abele 和 Wojciszke（2014）则根据亲和性和能动性的概念定义直接假定这两维度本身存在负向关系。虽然如此，仍有不少研究中发现热情和能力有时也存在“晕轮效应”，表现出一种正向关系。热情与能力的关系问题由此成为两维度研究的一个难题，一直受到研究者关注。最近，不少学者对两维度的正向关系、负向关系和正交关系的研究证据进行了梳理（Abele、Wojciszke，2014；佐斌、代涛涛、温芳芳、滕婷婷，2014），但并没有对解决两维度的关系问题做出实质性的推进。

以往的部分研究暗示效价（valence）的控制与否可能对解释热情与能力的复杂关系提供帮助。许多研究都发现特质词在两维度上的评分与效价之间有很高的正相关（Abele、Wojciszke，2014）。Suitner 和 Maass（2008）发现在评定词汇中如果不控制效价，热情与能力之间为正相关；但是一旦控制效价的影响，两者出现了显著的负相关。也就是说对两个同等积极的词汇而言，如果它们在一个维度上是高的，则在另一维度上就是低的。虽然这一研究可能对热情与能力的复杂关系做出解释，但该研究局限在词汇评定上，因而并没有引起足够重视。Goodwin 等（2014）的研

---

① 对道德的理解存在较大的中西文化差异。在社会认知的研究中，西方学者提出的道德往往是指公正、讲原则、为人正直、诚实可信等道德准则，与中国人眼中的道德并不完全相同。

究中也发现了效价对两维度之间的关系有重要影响。由此，效价是认知过程中重要的评价维度，也可能是解决热情与能力关系问题的突破点。

3.2.3 两维度的权重和偏好

两维度的权重和偏好问题即热情和能力两维度在认知过程中孰重孰轻的问题①。目前比较受到认可的观点是在社会认知中存在热情优先效应，即知觉者会投入更多的认知资源来搜集热情信息，在做出评价时赋予热情信息更多的权重（Fiske 等，2007），随后的许多研究也给予了证实（Abele、Bruckmüller，2011）。但 Abele 和 Wojciszke（2007）发现个体在自我知觉时更看重能力维度，在对人知觉时更看重热情维度，他们深入研究后提出两维度的双视角模型（dual perspective model，简称 DPM）：从观察者的角度来看（对人知觉），热情的权重要高于能力；从行动者的视角来看（自我知觉），能力的权重更高（Abele、Wojciszke，2014）。虽然这一模型对热情和能力的权重差异如何受到知觉视角的影响进行了详细阐述，但它并没有对为何既存在热情优先效应又会出现自我—他人差异做出解释。在随后的实证研究中发现，观察者对自身的评价是高热情/高能力的，但观察者对行动者的评价仅仅是高热情的（Abele、Bruckmüller、Wojciszke，2014）。这可能是由于在自我知觉过程中，知觉者既看重热情，也看重能力，而忽略了其他因素，如此两种观点才能共存。

当然，热情与能力的权重和偏好差异还受到许多其他因素如性别、文化、情境等的影响。如传统女性角色会更强调热情，传统男性角色更强调能力；集体主义导向更强调热情，个体主义导向更强调能力（Fiske 等，2007）。不同文化下，个体的认知对情境的依赖也是不同的。欧美文化往往被认为是低语境的，其认知具有情境独立性的特点；而东方文化如中国文化往往被认为是高语境的，其认知具有情境依赖性的特点。对社会内容维度的偏好可能是依赖于个体所处的具体情境的，如在完成学术任务、工作任务时，人们可能更偏好高能力的对象，而在社会交往、娱乐休闲环境中可能更偏好高热情的对象。

3.3 研究总结与展望

从 Asch 最初的印象形成研究，到人际知觉，再到刻板印象、性别角色、权力与群际关系以及具身认知等领域，无不存在社会认知内容“大二”模型的身影。正是

---

① 两维度的权重和偏好问题可以从两方面来理解，一是对两维度信息的加工的优先顺序，二是在做出评价时赋予两维度的权重的差异。此处更偏重两维度的权重的差异问题。

建立在强有力的理论和实证基础之上，“大二”模型从提出之初就受到广泛的关注和逐步认可，其正式提出不过近十年，但其影响力已经渗透到社会认知的各个领域。Abele和Wojciszke（2013）对两维度的研究总结时曾说：“‘大二’模型是社会认知研究中一个欣欣向荣的领域。”当然，“大二”模型中仍有许多问题值得关注和解决，特别是对与欧美个体主义文化不同的集体主义文化下的中国学者来讲，任重而道远。

中国学者一直关注着“大二”模型的发展，但主要集中在刻板印象领域。佐斌、张阳阳、赵菊和王娟（2006）最早介绍了刻板印象内容模型。管健（2009）对SCM模型的发展进行了梳理并发现两维度模型对中国大陆群体也具有很好的预测作用（程婕婷、管健、汪新建，2012；管健、程婕婷，2011）。部分研究者对两维度的晕轮效应、补偿效应和热情优先效应等关系进行了初步探讨（代涛涛等，2014；张庆、王美芳，2011）。另外，Bi、Ybarra和Zhao（2013）的调查研究发现即便是在中国强调人际关系和亲和性的环境下，在评价自我时仍然更加注重能力维度，得出了与其他文化环境中一致的研究结论。这些研究表明，中国关于社会认知内容“大二”模型的研究仍处于理论探索和模型检验阶段，还需大量的创新的开拓性的研究。

“大二”模型的文化普适性、维度之间的关系问题以及权重和偏好问题仍然是当前及今后研究的热点和重点。就模型的普适性而言，研究者对其内涵本质的认识是一致的，但在具体命名上存在文化和地区差异，应当根据本土实际加以确定。中国学者一直沿用Fiske提出的热情和能力命名，但事实上，中国人自有中国人的生存哲学，在对人评价时未必只是这两个维度的命名和内容。在中国，对人的最高评价可谓“圣贤”，至圣则“博施于民而能济众”，至贤则“足法于天下”，实际上是道德和才能两个方面。再如，中国人夸人“德高望重”，选拔人才时强调“德才兼备”，自谦时说“何德何能”，骂人则是“缺德”、“无耻”、“无能”，实际上都是反映道德和才能两维度。因此，中国的“大二”模型必须建立在本土文化的实际上，采用更加合理的维度划分标准和命名。就维度间的关系问题而言，需要进一步探索二者相互影响的内部机制，明确其关系走向的边界条件，整合各类影响其关系的因素，构建出两维度的关系模型。就两维度的权重和偏好问题而言，可以整合当前研究的新发现和现有模型（如双视角模型），对已有模型进行修正和完善，同时进行跨文化的比较研究和检验，将情境变量也纳入研究中，考察情境对热情偏好的调节作用。

与此同时，还要开拓“大二”模型的具身研究。具身社会认知（embodiment in social cognition）是当前研究的热点问题，因此“大二”模型理所当然地渗透到具身认知领域。在“大二”模型专题讨论后刊登在*Social Psychology*上的12篇文章中就有3篇是关于具身认知研究的（Abele、Wojciszke，2013），两维度的具身研究可能是今后研究的重要方向。目前，热情和能力（如权力）的具身性都已经存在大量研究，但只有少数研究者同时采用两维度进行研究（Freddi、Tessier、Lacrampe 和 Dru，2013）。热情和能力来源于不同的身体线索，可以通过探讨不同的身体状态和运动对两维度的影响来加深对“大二”模型的认识。

4 热情与能力的关系

常言道“一俊遮百丑”，也有俗语说“一次不忠，百次不用”，这表明在人际认知过程中，当人们对个体形成一种好的或者差的整体印象后，会不自觉地根据这种印象去评价其各个特质，这就是 Thorndike（1920）提出的晕轮效应（halo effect）。在日常生活中也随处可见晕轮效应的影响，例如，在面试招聘的过程中，招聘者往往给予相貌端正的求职者以更高的评价；在课堂教学中，学生对热情的老师也给予更高的评价等。那么，Fiske、Cuddy 和 Glick（2007）认为的社会认知的两个基本维度热情（warmth）与能力（competence）之间是否也存在这种关系呢？如果热情和能力之间存在晕轮效应，那么当知觉者对知觉对象在热情和能力其中一个维度上做出较高的评价后，对另一维度也会做出较高评价。

而事实上，一个常常被邀请参加各种舞会，热情友好又外向的人，人们却不愿意与他一起完成一项学术任务；那些常常考试得高分，勤奋努力又能干的人，人们却不愿意邀请他一起参加旅游活动（Kervyn、Bergsieker、Fiske，2012）。此时，一个高热情的人却被认为是低能力的，而一个能干的人却被认为是低热情的，热情与能力之间似乎是一种负向关系。Kervyn 等人关于补偿效应（compensation effect）的系列研究更是为两维度间的负向关系提供了大量证据（Kervyn、Yzerbyt、Judd、Nunes，2009；Kervyn、Judd、Yzerbyt，2009；Kervyn、Yzerbyt、Judd，2010；Yzerbyt、Kervyn、Judd，2008）。为什么会出现上述两种截然相反的关系类型呢？热情与能力之间到底存在什么关系呢？学者们对此仍存在分歧。

4.1 社会认知中的热情与能力

4.1.1 热情与能力的概念

当个体察觉到知觉对象后，会依据什么维度对知觉对象做出判断呢？Eagly 和 Steffen（1984）认为是女性化（femininity）和男性化（masculinity）两维度；Abele

和 Wojciszke（2007）认为是亲和性（communion）和能动性（agency）两维度；还有其他研究者认为是社会性（social）和智力（intellectual）特质（Singh、Teoh，2000），或者是道德（morality）和能力（competence）两维度（Wojciszke，2005）。虽然研究者们的表述都不相同，但其内容实质却是一致的，这些维度划分都认为社会认知存在两个基本维度，其中一个维度与热情（如宽容和真诚）或社会性特质有关，而另一维度与能力（如雄心和竞争）或智力特质有关（Freddi、Tessier、Lacrampe、Dru，2013）。

Fiske 等（2007）收集了来自社会心理学实验研究、民意调查和跨文化比较研究等多方面的证据后指出，社会认知包含两个基本维度，并将其命名为热情和能力。她认为这种划分可以从进化心理学的角度进行阐述：当社会性动物遭遇同种个体时，首先必须做出他人是朋友还是敌人的意图判断，然后再做出他人是否有能力实现其意图的判断（Fiske、Cuddy、Glick、Xu，2002），也即热情和能力两维度的判断。因此，热情就是对知觉对象的意图感知，如友好、助人、真诚、可信度和道德等方面；能力就是对知觉对象实现该意图的能力的感知，如智力、技能、创造性和高效率等方面。研究者认为热情与能力两个基本维度解释了对日常社会行为知觉中 82％的变异（Wojciszke、Bazinska、Jaworski，1998）。

4.1.2 人际认知和群际认知中的热情与能力

许多研究者用热情和能力两个基本维度来研究人际认知中的印象形成和印象管理。Russell 和 Fiske（2008）的研究表明，知觉者与知觉对象的竞争关系和知觉对象的地位分别可以用来预测知觉者对个体目标热情和能力的评价。处于竞争关系的个体目标被认为是低热情的，而高地位的个体目标则被认为是高能力的。在印象管理中，人们则会利用热情与能力的补偿关系来达到提升能力或热情的目的。当人们想要表现更高能力时，会降低其热情表现；而当人们想表现出更多热情时，则会降低其能力表现（Holoien、Fiske，2013）。

热情和能力也是群际认知中的两个基本维度。Fiske 等（2002）首次提出热情和能力的刻板印象内容模型（stereotype content model，简称 SCM）两维度，并在美国、欧洲和东南亚等不同的文化样本中得到了验证。随后，大量跨文化研究证据也表明热情与能力两维度具有跨文化的普遍适应性（Cuddy 等，2009）。管健和程婕婷（2011）在中国大陆通过开放式问卷收集到 32 个典型的群体类型，然后要求被试对这些群体进行评价，研究结果表明，SCM 对中国大陆群体也有很好的预测作用。总而言之，热情与能力两维度得到了许多学者的认可，在人际认知和群际认知研究中得到了广泛的应用。

4.2 热情与能力的可能关系

热情与能力的关系问题是许多社会心理学者期待解决的问题，它既可能是经典的晕轮效应所认为的正向关系，也有可能存在一种负向的相关关系，还有可能是一种正交关系[①]。这些可能的关系得到了不同研究证据的支持，热情与能力的关系问题仍在进一步探索中。

4.2.1 正向关系

根据晕轮效应的推论，热情和能力之间应该是一种正向关系，在人际知觉和群际知觉的研究中也确实发现了这种关系。例如，Judd、James-Hawkins、Yzerbyt 和 Kashima（2005）创设了两个虚拟群体"红队"和"蓝队"，它们被描述为具有不同水平的能力，然后让被试对其中一个群体进行评价。结果发现，高能力组的热情评分要高于低能力组。他们认为知觉者在评价单一目标对象时，无论这个单一目标是群体还是个体，都会出现晕轮效应，即当知觉对象被描述为具有高能力或高热情时，知觉者会认为其在另一维度上也具有较高水平，反之，知觉者会认为其在另一维度上具有较低水平。

在表现热情和能力的行为句子和特质词的评定任务中，同样发现了热情和能力的正向关系。Rosenberg、Nelson 和 Vivekananthan（1968）采用与热情和能力维度相似的"社会好/坏"和"智力好/坏"两个维度来研究人际知觉中的印象形成，结果显示这两个维度的特质词评分具有显著的正相关。Judd 等（2005）发现不同的行为句子在热情和能力得分上具有很高的正相关。Yzerbyt 等（2008）以及 Holoien 和 Fiske（2013）也发现了相同的结果，这表明当一个行为或特质词在一个维度上得分较高时，在另一维度上得分也较高。

那么，这是否就意味着热情与能力就是一种正向关系呢？事实上，在 Judd 等（2005）的实验中，虽然高能力组比低能力组的热情得分更高，但并没有达到显著水平，因此，更准确地讲，他们的结果只能表明热情和能力没有出现负向关系。而在特质词或行为句子评定任务中，虽然发现了两维度的正相关，但这样的评定既没有特定的行为对象，也没有明确的情景。此时，由于情景和行为对象的模糊性，热情与能力可能出现了晕轮效应，从而表现出一定程度的正相关，但这种关系能否适用

① 正交意味着两者没有相关，但是并不表示两者互相独立。

或多大程度上适用于其他情景和行为对象是有待进一步考察的。

4.2.2 负向关系

自从 Fiske 等（2002）提出 SCM 模型及刻板印象的混合评价假设后①，许多研究者都试图证明热情和能力之间是一种负向的关系，并且获得了大量的研究证据。Yzerbyt、Provost 和 Corneille（2005）最早明确提出热情与能力之间存在一种类似于补偿的负向关系。Judd 等（2005）则通过实验法来研究热情与能力的关系问题，并指出热情与能力之间存在一种动态的负向关系。进一步研究发现补偿关系仅仅发生在热情与能力两个基本维度之间（Yzerbyt 等，2008）。随后，Kervyn 等（2009）据此提出“补偿效应”这一概念，指出当知觉者察觉到两个社会目标在一个维度上存在差异时，会在另一维度上进行相反方向的补偿，从而使两个社会目标形成反差。采用间接的测量方法同样也发现了补偿效应（Kervyn、Yzerbyt、Judd，2011），这表明补偿效应并不是由于环境诱发的评价策略，而是人们主动采取的认知策略。

新近 Kervyn 等（2012）关于影射效应（innuendo effect）的研究同样发现热情与能力之间存在负向关系。该研究发现，当个体只接收到知觉对象在热情和能力其中一个维度的积极的描述信息时，会形成对另一维度的消极推断，并且最终降低了对知觉对象的接纳度（Kervyn 等，2012）。具体来说，当知觉者只接收到知觉对象的高能力的描述信息时，会推断其具有低热情；反之，当知觉者只接收到知觉对象的高热情的描述信息时，会推断其具有低能力，并且对被忽略的维度的消极推断最终降低了对知觉对象的接纳程度。这一结果与 Judd 等（2005）认为的在评价单一目标时会出现热情与能力的晕轮效应的观点并不一致，但该研究并没有给出解释。

虽然有大量的研究证据指向了热情与能力的负向关系，但研究者们仍未找到合理的解释。例如，补偿效应的心理机制用对比效应（contrast effect）或系统公正理论（system justification theory）都很难进行解释，而可能进行解释的混合刻板印象预期理论（mixed stereotype adherence）又没有得到完全证实，其心理机制仍是该领域的难题之一（代涛涛、佐斌、温芳芳，2014）。对于影射效应产生的原因，研究者们也仅仅提出了几种猜想，它既可能是由于热情与能力之间本身存在着一种负向关

---

① Fiske 等提出的混合评价假设认为，许多目标群体给人们留下的刻板印象是混合的，即在热情和能力双维中，大多数群体被评价为高热情但缺乏能力（low-competence but high-warmth）或者有能力但是不够热情（high-competence but low-warmth），既热情又能干（high-competence and high-warmth）和不热情也不能干（low-competence and low-warmth）的群体很少。

系，也可能与人们讲话时的语言规律有关（Kervyn 等，2012）。从该实验与 Judd 等（2005）的实验比较来看，后者的可能性更大。由于内部心理机制不明确，因此很难武断地认为热情与能力之间一定是一种负向关系，研究者们也只是温和地认为热情与能力的关系并非完全像晕轮效应所认为的正向关系。

4.2.3 正交关系

热情与能力之间还有可能是一种正交关系（Kervyn 等，2010），即表现高能力或低能力的知觉对象都可能是高热情或低热情的。Fiske 团队关于刻板印象以及群际关系的研究也表明，不同的社会群体可以被纳入不同的热情—能力组合中，从而形成四种不同的评价类型（如表 4-1）（Fiske 等，2007；Fiske 等，2002）。管健和程婕婷（2011）让中国大学生被试对 32 个典型的大陆群体进行评价，结果发现这些群体也可以被划分为四种不同的类型。与此类似的 Wojciszke（1994）的道德和能力两维度的目标导向理论也认为这两维度之间是正交关系，即一个“成功者”既可能是善良的，也可能是罪恶的，而一个“失败者”同样既可能是善良的，同样可能是罪恶的。

表 4-1 热情与能力组合的四种类型

热情	能力	
	低	高
高	怜悯偏见型 （如老年人、残疾人、家庭主妇）	钦佩型 （如内群体、亲密同盟）
低	贬损偏见型 （如穷人、社会救济对象）	嫉妒偏见型 （亚洲人、犹太人、富人、男女平等主义者）

如果粗略地将典型目标群体划分为四种不同的类型，热情与能力是一种正交关系。但是这四种评价类型的群体并非均等分布，混合评价假设提出的“大部分目标群体留下的印象是混合的”这一观点得到不同实证研究的证实，两维度更多地表现为高热情/低能力和高能力/低热情的负向关系组合。如美国大学生对本地若干群体的刻板印象大多属于“嫌弃类”或“嫉妒类”，东亚被试对本地 59%的群体的刻板印象是混合的，而中国大学生对 32 个典型群体中的 22 个群体的刻板印象是混合的（Fiske 等，2002；管健、程婕婷，2011；佐斌、张阳阳、赵菊、王娟，2006）。这说明热情与能力的正交关系可能受到多种因素的影响而具有一定的偏向性。

综合来看，热情与能力的关系也许并非简单的正向关系或负向关系，大量的研究也表明，这两种关系都是存在的，因此，热情与能力的正交关系也许更具有说服力。但这种正交关系却表现出一定的偏向性，更多地表现为一种负向关系，其原因仍需要进一步探索。所以，与其追问热情与能力到底是何种关系，不如探讨出现各类关系的条件，例如在比较两个目标时会出现补偿效应，在评价单一目标时既可能出现晕轮效应，也可能出现影射效应等。只有通过探讨各类关系的存在条件，明确其适用范围，才能解决这一难题。

4.2.4 其他关系

热情与能力之间除了正向关系、负向关系和正交关系等可能的线性关系外，还存在热情优先效应（the primacy of warmth）和消极忽略效应（negativity omission）[①]。虽然热情优先效应和消极忽略效应并没有直接表明热情和能力存在某种线性关系，却也是考察热情与能力关系时必须考虑的因素之一。

热情优先效应就是说，在知觉过程中，知觉者会优先对热情做出评价，并且对热情评价比对能力评价在情感和行为反应中占有更加重要的地位（Fiske 等，2007）。人们会优先对热情维度做出判断（Mascaro、Sperber，2009；Todorov，2011），更倾向于利用热情信息对他人进行分类和评价（Ybarra 等，2008），能更加稳定和精确地知觉到热情维度的信息（Kenworthy、Tausch，2008）。该理论解释主要有两种：一种是目的/能力解释，即认为对他人是敌是友的热情判断对人类生存具有更加重要的意义；另一种是双重收益解释，即认为人们更容易知觉到那些能带来利益的热情特质（张庆、王美芳，2011）。虽然研究者一再强调热情在两维度中的重要性，但目前并没有研究发现热情优先效应对补偿效应、影射效应和晕轮效应等产生何种影响。

消极忽略效应是指信息传递者在描述个体印象、群体刻板印象以及那些具有热情和能力混合评价的对象时，出于策略化的自我陈述的动机，会选择忽略那些消极的内容（Bergsieker、Leslie、Constantine、Fiske，2012）。因此，当知觉对象被评价为具有高能力/低热情或低能力/高热情时，知觉者会有意减少对其消极维度的描述。Bergsieker 等（2012）发现过去 75 年人们对种族和民族的刻板印象发生了变化，对它们的消极刻板印象的描述减少了，但是对积极刻板印象的描述却保持恒定。由此推断，人们对种族和民族的消极刻板印象也许并没有减少，只是选择了忽略对消极维度的描述。消极忽略效应实际上间接为热情与能力的负向关系提供了证据，即一个被描述为高热情或高能力的对象，在另一维度上的评价极有可能是消极的。

---

① 热情优先效应和消极忽略效应虽然并不直接表明两维度具有某种线性关系，但它们都是考察两维度关系时必须加以考虑的因素，否则有可能会对研究结果进行错误解读。

4.3 影响热情和能力关系的因素

影响热情与能力的关系的因素有很多。从知觉者条件来看，知觉者的预期、性别以及所持的文化价值观都会对热情与能力的感知产生影响，从而出现不同的关系类型；从知觉对象来看，知觉对象的水平、数量和性别也会影响知觉者的感知。另外，知觉者和知觉对象的关系以及他们所处的情境也是影响热情与能力关系的重要变量。

4.3.1 知觉者条件

首先，知觉者的期望不同，对知觉对象热情与能力关系的感知也不同。当知觉者对知觉对象存在高能力/低热情或低能力/高热情的刻板印象预期时，会更倾向于做出混合评价（Kervyn 等，2010）。还有研究表明，在高预期重要决策情况下，评价者的晕轮效应也较少（刘耀中，2009）。其次，知觉者的性别可能会影响热情与能力的关系。例如，在人员选拔面试中，无论应聘者是男性还是女性，女性评价者都比男性评价者更少受晕轮效应的影响（刘耀中，2009）。最后，热情与能力的关系也可能受知觉者文化价值取向的影响。具有高集体主义文化价值认同的个体更容易产生晕轮效应（Ng、Koh、Ang、Kennedy、Chan，2011），因此更有可能对知觉对象形成高热情/高能力或低热情/低能力的晕轮评价。

4.3.2 知觉对象

知觉对象是个体水平还是群体水平会对热情与能力的关系产生影响，并且这种关系受到比较情境的调节（张庆、王美芳，2011）。当知觉对象为个体水平时，热情与能力更多地出现正向的关系（Rosenberg 等，1968）；当知觉对象为群体水平时，热情与能力更多地出现负向的关系（Yzerbyt 等，2005）。在比较情境下，无论知觉对象是个体水平还是群体水平，热情与能力之间都会出现明显的补偿效应（Judd 等，2005），即两者存在一种负向关系。然而，新近的研究发现，即便是在非比较情境下，知觉者也会对在一个维度上表现高的知觉对象的另一维度进行消极推断（Kervyn 等，2012）。无论是在社交情境还是工作情境，当知觉者只接收到知觉对象在能力或热情一个维度上的积极信息时，会形成对另一维度的消极推断，并且当知觉对象为女性时，这种效应可能更明显。

4.3.3 知觉者与知觉对象的关系

知觉者是否为知觉对象的内群体，以及他们之间的相互依赖关系都会影响热情和能力的关系。知觉者对内群体更容易做出高热情/高能力的正向评价，而对外群体更容易做出低热情/高能力或高热情/低能力的混合评价（Judd等，2005）。例如，学生认为学生内群体是高能力/高热情的，而某些外群体（如老年人和残疾人）被认为是高热情/低能力的，而另外的外群体（如亚洲人和犹太人）被认为是低热情/高能力的（Fiske等，2002）。Fiske等（2007）认为相互依赖关系可以很好地预测热情评价，社会地位能很好地预测能力评价。相互依赖关系和社会地位共同决定了热情和能力的关系走向。知觉者对处于非竞争关系的高地位群体给予高能力/高热情的评价，对处于竞争关系的低地位群体给予低能力/低热情的评价，此时热情与能力为正向关系，反之，则为负向关系。

4.3.4 外部情境

情境因素一直是社会认知研究必须考虑的因素之一，它也是影响热情与能力关系的重要变量。Judd等（2005）在比较模糊的情况下让被试评价表现高能力或低能力的群体，结果发现热情与能力之间是一种正向关系。Yzerbyt等（2008）在欧洲重复了这个实验，得到了相同的结论。但是，Kervyn等（2012）在设定“社交”或“工作”情境的条件下却出现了相反的结果。该研究设定了旅游和课堂报告两种具体情境，然后由第三者向被试转述一定的描述知觉对象的信息，结果发现，热情与能力之间出现明显的负向关系，即影射效应。虽然影射效应的内部心理机制仍不明确，但情境因素毋庸置疑在热情与能力的关系中起着至关重要的作用。

4.4 研究展望

4.4.1 热情和能力的关系仍需探讨

热情与能力的关系问题一直受到社会心理学者们的关注，研究者在不同的实验条件下对其关系进行了大量的探讨，并发现它们之间存在晕轮效应、补偿效应和影射效应等多种认知偏向。这些研究都为人际认知中的印象形成和印象管理研究提供了独特的视角，也为群际认知中的认知偏差的研究提供了思路。但是，热情与能力的关系问题仍未达成统一意见，并且分别得到了不同研究证据的支持。出现这种局面，很大程度上是因为热情与能力关系的影响因素较多，各个研究者的实验条件设定存在差异，如知觉者条件、知觉对象的特点、知觉者和知觉对象的关系以及外部情境因素等不同，从而出现正向关系、负向关系和正交关系等不同观点之间的分歧。因此，今后需要从整体上考察和比较不同实验条件下的差异，寻找改变热情和能力关系的关键点，更好地解决这一分歧。

事实上，热情与能力的关系的内部机制不明确是导致其关系出现争议的根本原因。Cooper（1981）认为产生晕轮效应的原因是知觉者没有区分各个评价维度之间的真正相关，而倾向于夸大维度间的相关。根据这种解释，当知觉者不能区分热情和能力维度的相关时，会出现热情与能力的正向关系评价。那么对表现热情和能力的特质词和行为进行评定时，是否是由于知觉者未能区分热情与能力的相关呢？目前并没有实验证实这一点。另外，补偿效应的心理机制也仍需进一步探讨。Kervyn等（2010）认为系统公正理论并不能很好地解释补偿效应两维度上的差异，而可能作为解释的刻板印象预期理论也未得到完全证实。Kervyn等（2012）提出的影射效应也没有给出明确的解释。总之，出现热情与能力不同关系的原因仍不清楚，其关系的内部机制仍然是一个难题，也是学者们产生分歧的根本原因。

虽然研究者一直声称热情与能力存在某种特殊关系，但新近的热情与能力的具身研究却没有为两者的关系提供证据。热情和能力的具身研究表明它们来源于不同的身体线索，但并未发现两者存在正向或负向的关系。例如，Freddi等（2013）发现能力评价与身体的垂直（上下）运动有关，热情评价与身体距离（趋近和回避）有关，但是在垂直运动状态下，热情评价并不存在显著差异，在趋近和回避状态下，能力评价也不存在显著差异，热情与能力之间并未发现特殊关系。Todorov（2011）关于面孔的研究表明，对热情的评价来源于对面部表情的判断，对能力的评价来源于对面部特征所表现出的身体强壮、阳刚性和成熟程度等的判断，这也只能表明热情和能力来源于不同的身体线索，没有为热情与能力的关系提供证据。可见，虽然有很多研究者声称热情与能力存在正向或负向的关系，然而新兴的具身认知研究却没有提供证据支持，并且几乎没有生理或神经方面的证据表明这两者存在正向或负向的关系，这也是热情与能力的关系研究需要进一步拓展的。

4.4.2 未来的研究方向

4.4.2.1 探讨热情与能力关系的内部机制

鉴于热情与能力的关系问题仍不明晰，首先需要进一步探讨热情与能力关系的内部机制，明确其关系类型。一是要继续挖掘晕轮效应、补偿效应和影射效应等不同关系类型的心理机制，寻找更加合理的解释。例如，对可能解释补偿效应的刻板印象预期理论进一步完善，对于影射效应与晕轮效应的冲突，需要进一步验证是由情境因素导致的差异，还是热情与能力本身的关系导致的。二是从具身认知的角度寻找热情与能力的关系证据。具身认知虽然暂时没有为热情与能力的关系提供证据，但它也有可能表明热情与能力的身体线索存在某种内在关联，如权力词与能力是紧密相关的，启动权力词会促进趋近行为（Maner、Kaschak、Jones，2010），而趋近行为会影响热情认知（Freddi 等，2013），这表明趋近行为可能同时影响热情和能力，这也许可以为热情与能力的关系的研究提供一种思路。三是鉴于热情与能力关系的生理研究较少，今后可以尝试采取认知神经科学的方法来研究热情与能力的生理机制，为其关系提供一些生理证据。

其次，探讨热情与能力维度内各个层面间的关系以及与其他维度之间的关系。越来越多的研究者将热情维度划分为社交性和道德两个层面，并认为它们在总体的印象形成中具有不同的预测作用（Brambilla、Rusconi、Sacchi、Cherubini，2011），也有学者直接用能力、热情和道德三个维度来进行研究（Heflick、Goldenberg、Cooper、Puvia，2011），新近的研究也认为道德在对人知觉中比热情占据着更加重要的位置（Goodwin、Piazza、Rozin，2014）。新的层面的划分或者新的维度的加入也许会改变当前对热情与能力的关系的看法，这些不同维度和不同层面之间的关系是否存在差异，需要今后的研究来验证。另外，研究发现热情与能力两个维度与其他维度如健康之间出现正向的晕轮效应，而不是补偿效应（Holoien、Fiske，2013；Yzerbyt 等，2008），这说明热情和能力与其他维度之间的关系不同于两者间的关系。因此，可以通过研究热情和能力与其他维度之间的关系来检验其关系是否具有特殊性。

4.4.2.2 进行跨文化检验和比较

热情和能力的各种认知偏向需要在不同的文化样本中进行检验。研究认为具有集体主义文化价值认同的人们更容易出现晕轮效应（Ng 等，2011）。中国是典型的集体主义文化价值观，而关于影射效应和补偿效应等表明热情与能力之间存在负向关系的认知偏差还没有在中国文化样本中得到证实。有研究认为，中国人倾向于整体思维模式，而非分析性思维模式（Shiraev、Levy，2012）。那么，中国人在人际知觉中是否也是更加注重整体评价，而非在某个维度上的单独评价？此外，新的研究认为道德才是对人知觉中最重要的维度（Goodwin 等，2014）。中国人自古就强调修身，强调“以德服人”，看重个人的道德境界，排斥那些有“道德污点”的人，并且也更加看重人际关系，与西方文化下的交往和认知模式不尽一致，因此，热情与能力的关系需要在中国文化样本中进一步检验。

4.4.2.3 建构热情与能力的关系模型

若要解决热情与能力的关系问题这一难题，需要从不同的角度切入，探索和整合其关系的影响因素，最终建构出热情与能力的关系模型。热情和能力认知的影响因素非常广泛，除了上述介绍的影响因素外，还有许多变量会影响对热情和能力的认知。例如，社会学变量如受教育程度和收入水平会影响热情和能力的评价（Lin等，2011；Bennett、Hill，2012），自我卷入也是重要的影响因素之一（de Paula、Koller，2012；Toma、Yzerbyt、Corneille，2012），它们都会对热情和能力的评价产生影响，但是否会导致其关系发生变化需要进一步研究验证。对已经确定的影响因素，需要对其影响力以及相互之间的关系进行探索，找到改变热情与能力关系的关键点，然后通过整合这些因素，建构出热情与能力的关系模型。

第二篇　刻板印象的测评方法

刻板印象作为对特定群体及其成员固定的信念，在人们的社会生活中发挥着重要的作用。刻板印象有利有弊，缺点是显而易见的。作为一种共识性的、固定的信念，刻板印象倾向于将群体成员看成是同质的。这种简单化和绝对化的处理方式，带来的是在人际知觉过程中的偏差。但是，刻板印象的有利之处则是能够简化人们的认知过程，使得认知过程更有效率。在初始的研究阶段，刻板印象往往通过质性研究的方式分析广告、小说中对特定人群的描述。

随着研究的进展，研究的重心从对社会媒体的分析转向了社会群体和个人。以个体为被试的特质词调查，成为刻板印象测量的主流。在方法层面上，通过分析对特定群体特质词的描述总结出被试对该群体描述的共识，成为新的测量思路。特别是，Katz 和 Braly（1933）提出的典型特征指派法，为之后的刻板印象测量提供了重要的范式。

随着研究的深入，社会心理学家发现问卷或访谈等方法往往受到个体动机、社会赞许性等因素的影响，结果可能不能真实地反映个体内在态度或心理倾向。外显测量方法存在两个方面的局限性（Greenwald、Banaji，1995）。首先，外显测量容易受到自我表现策略的影响。其次，外显测量受到内省的局限。大脑信息加工存在两种历程：命题加工和联想加工。命题加工过程相当于外显逻辑推理过程，经由意识加工并且比较慢。联想加工过程相当于激活扩散的过程，速度快但意识可达性有限（Strack、Deutsch，2004）。心理学家为了探索先前尚未发现的认知与情感，开始着手发展新的测量方法，在此基础上重新审视传统的社会心理学概念，如态度、偏好、信念、刻板印象、自我概念和自尊等。

过去 20 年来，心理学家越来越多地认识到许多社会认知发生在意识知觉或意识控制之外。有关刻板印象的社会认知研究表明，个体对群体或社会信息的加工不仅是一个外显的过程，而且还有一个内隐的无意识的自动化的加工过程，即在传统的外显的社会认知之外，还有一个内隐的社会认知。心理学家目前已经掌握了大量的以联想为基础的内隐社会认知的测量工具，随着内隐测量技术的突破，刻板印象的测量开始向内隐层面拓展。

本篇的内容包括四章。第 5 章主要介绍刻板印象传统的外显测量方法，主要包括图片法、社会距离测量、典型特征指派、诊断性比率等方法。这些测量方法都是在早期刻板印象的研究中提出的，至今仍有部分方法会在研究中得到使用。第 6 章介绍了 Greenwald 等提出的内隐联想测验（简称 IAT）及评价单一对象的内隐测验方法，如命中联系任务、外部情感西蒙任务、单靶内隐联想测验和单类内隐联想测验等。第 7 章介绍了投射型内隐研究的范式情感错误归因程序。第 8 章介绍了具有高生态效度的刻板印象解释偏差范式。

5 刻板印象的外显测量

刻板印象（stereotype）由希腊单词 stereos 和 túpos 组成，它们原来的意思分别是 rigid（坚硬的）和 trace（痕迹）。1798 年这个词生成时，指的是刻印铅字的模板，1922 年李普曼（Walter Lippmann）第一个把刻板印象引入社会科学研究领域。此后，刻板印象在社会心理学中获得了自己的定义及其特有的测量方法。

5.1 图片法

李普曼把刻板印象看成是头脑中的图景（pictures in our heads）。据此，莱斯(Rice，1926—1927）认为，如果刻板印象塑定了人的社会知觉的话，那么它们能通过对属于不同社会群体的人的图片的再认而被测查。如果再认水平超过或低于随机水平，那么必定存在刻板印象的作用。在实验中，Rice 采用图片法（pictorial material）来测查刻板印象。他先给 141 名大学生，后给一群农民展示了 9 张照片。他告诉被试照片上的人分别是一名非法经营者、一名欧洲的首相、一名工运领袖、两名制造商、一名政治评论家、一名激进的社会党人、一名美国参议员、一名金融家。研究结果表明，前六个人被再认的水平远高于平均概率。其中，被试对非法经营者的再认率最高，他是唯一穿着户外服、叼着一支雪茄的人；对激进的社会党人的再认率最低，他没有像刻板印象里所期望的那样长着胡子、手里牢牢地抓着手榴弹。图片法的缺点是，它不能给研究者理解实际的刻板印象内容提供多少有效的具体信息。

5.2 社会距离量表法

由于很多人认为刻板印象与偏见密切相关，甚至将偏见等同于刻板印象，那么通过对偏见的测量可以推论出相应的刻板印象。博加德斯（Bogardus，1925）的社会距离量表（social distance scale）正是依据这一观点编制而成的。在这种方法中，被试被问到他们容许国籍不同的人与他们之间关系的亲密程度。博加德斯编制的原表中将关系划分为以下几个水平：（1）容许接纳他通过婚姻而成为自己的亲属；（2）接受他作为个人好友加入自己参加的社团；（3）接受他作为街坊邻居；（4）可以接受他为本国同样职务的雇员；（5）接受他为本国的国民；（6）仅接受他为来本国的访问者；（7）仅接受他为外国人。这种方法的缺点是，一旦被试拒绝了某一个水平的关系，那么理论上他就应该拒绝所有更高水平的关系，但有时情况并非如此简单。另外，该方法假定各个水平之间是等距的，这一假定也不一定符合实际情况。当然，更重要的是博加德斯把刻板印象与偏见相等同①。

5.3 典型特征指派法

对人格特征进行评定的"典型特征指派法"（typical traits assignment），是由 Katz 和 Braly（1933）提出来的。这种方法的目标在于找出那些普遍存在的刻板印象。Katz 和 Braly（1933）的研究是这样进行的：首先要求一些大学生将 10 个民族（见表 5-1）按偏好排序，然后要求被试写出描绘这 10 个民族人群一般特征的形容词，得到 84 个特征的形容词后再分别计算每一个民族的形容词支持数（score of favorability）和每个群体的组合合意性分数（desirability），结果显示这些组合分数和偏好评定率有相当高的相关。"偏见"是用博加德斯的社会距离量表测查的。最后要求另外 100 名大学生为每一民族组选出 5 个最具代表性的特征。每个特征随机选出的概率约为 6%（100×5/84），而实际数据远远高于随机水平，这表明被试对某一群人的特征评价具有一致性。

Katz 和 Braly 还计算了每一个民族组形容词的同质性，如果为超过一半的次数以上即 250 次以上（5×100）就应该是同质的（uniformity）。计算出特定组分布最多的形容词数量，把这个数量加上下一个项目出现的频率直到 250 为止。这种方法计算出来的叫同质序列（index），这样同质性可以从 2.5 到 42 之间变化。如果每个被试都选择相同的 5 个特征，那么它等于 2.5；如果每个特征选中的机会相等，那么它等于 42。之所以除了测量一致性、同质性、偏见外还测量合意性，是由于不合意的特征会引起更多的偏见（见表 5-1）。

① 前文提到过这个问题，早期学者并不太区分刻板印象和偏见。现在西方社会心理学者一般将刻板印象当成一种认知偏差，将偏见视为一种情感反应偏向。

表 5-1 对 10 个民族与种族群体主要特质描述的一致性程度、偏见、合意性及同质性的水平

民族组	主要特质的一致性（%）			偏见	合意性	同质性
美国人	勤劳的（48）	聪明的（47）	物质至上的（33）	1.15	6.77	8.8
英国人	运动员式的（53）	聪明的（46）	保守的（34）	2.27	6.26	7.0
德国人	科学的（78）	勤劳的（65）	冷漠的（44）	3.42	6.02	5.0
爱尔兰人	好战的（45）	易发脾气的（39）	机智幽默的（38）	3.87	5.42	8.5
意大利人	艺术的（53）	冲动的（44）	感情强烈的（37）	5.64	4.4	6.9
日本人	聪明的（48）	勤劳的（46）	进步的（25）	5.78	5.89	10.9
犹太人	阴险的（79）	图利的（49）	勤劳的（48）	7.10	4.96	5.5
中国人 *	迷信的（35）	狡猾的（30）	保守的（30）	7.94	4.52	12.0
土耳其人	残忍的（54）	信教的（30）	背叛的（24）	8.52	3.05	15.9
黑人	迷信的（84）	懒惰的（75）	乐观的（38）	9.35	3.55	4.6

* 这一结果典型地反映了 1933 年美国大学生对中国人的偏见。

5.4 共享归因百分比法

Katz 和 Braly 的典型特征指派法经常碰到的问题是，有的被试不愿意给不同种族的群体指派人格特质，尤其是对那些他们几乎没有遇见过的。Brigham（1971）采用共享归因百分比（percentages of shared attributes）的办法来解决这个问题。他要求被试给出群体中具有这种特质的成员的百分比。首先他给被试呈现一个 Likert 量表，上面提供了从 0%～100%之间十个等级可能的答项。如果被试选择“90%”的葡萄牙人是友好的，那就说明“10%”的葡萄牙人是不友好的。“典型特征指派法”的另一个问题是不能计算个体刻板程度的分数，而 Brigham 的技术可以。Brigham 认为刻板是一种不合理的推断，由此可以把个体极端的归因看成是刻板印象的反映。例如，实验者可以把高于 70%和低于 30%的部分作为刻板处理。这种归因的数量说明了刻板的程度，群体水平的平均百分比说明了对于特定样本的哪种归因是刻板的。Brigham（1971）认为 Katz 和 Braly 所得到的所谓典型特质，并不一定是大多数被试认可的结果，因此他把被评价者的一致性看成是错误知觉。

与 Brigham 的研究思路相类似，Gardner、Wonnacott、Taylor（1968）提出了另外一种方法——刻板分化（stereotype differential）。这一技术把刻板印象定义为语义

区分量表的两个极端。要求被试使用一系列包含双极（bipolar trait）描述形容词的语义区分量表来评价种族和民族群体。当被试的某个平均数严重偏离了假设的量表中间值（平均数），就认为是刻板的，然后把评价中的变异性（variability）按标准差排序。这种方法，类似于经典的 t 检验（t-test），保持了 Brigham 的方法的两极性，同时用集中趋势的测量描述了评价者的一致性。

5.5 诊断性比率法

一些研究者批评上述方法没有考虑到这种可能性：某一种特质在其他组同样占优势，如 90%的葡萄牙人友好并不意味着只有葡萄牙人是友好的，因为西班牙人、中国人、意大利人、美国人……也可能是友好的，也许有过之而无不及。为解决这个问题，McCauley 和 Stitt（1978）提出了诊断性比率法（diagnostic ratio），用某个体对一个群体特定特质的归因比率除以群体成员相同归因的比率所得之商来判定个体的刻板印象。商值越大就越能说明个体是刻板的，小于 1 说明它是反刻板的(counter-stereotypical)。

5.6 内隐人格及亚分类法

丰富的资料有利于研究者判断人们对他人进行评价时是否依据一个内隐的结构性线索，即是否存在内隐人格的亚类别（sub-typing）。例如，人们可能认为热情和可靠、冷漠和不可靠之间有密切的关系，认为热情的人更加可靠，冷漠的人则不太可靠。Rosenberg 和 Jones（1972）提出了研究刻板印象的内隐人格论。他们分析了一本小说《女性画廊》(*A Gallery of Women*)，虽然小说作者成功地将 241 个人物归于一种稳定的顺从特质，但通过他们的分析发现了三个潜在维度：顺从、聪明和性感。

运用内隐人格论可以区分出诸如男性和女性分类之下的子类别和一些更为宽泛的社会类别。Cantor 和 Mischel 曾经通过实验为人格特征的亚分类提供了证据。先把“老年人”区分成“祖母型”、“老年政治家”、“年长市民”三种子类型。发给被试六套（三张一套）照片，每套照片来自同一个子类群体或者来自三个不同的子类群体。然后，被试用形容词量表评价这些照片，结果发现被试对子类型的特质归因更为一致。这说明子类别引起了被试更多的推测，而且这些推测是人们普遍会有的。对各种具体的子类别，人们往往保持一种更加稳固的刻板信念，这些信念也可能来自一些不确切的消息。当然，人们通过接触更多的信息会逐渐改变这种刻板印象。

5.7 关联特征聚类法

Anderson 和 Sedikides（1991）从联想的、维度的、类型学的观点（associationistic, dimensional and typological perspectives）出发，认为刻板印象的种种特征具有共变和联系的关系，这与内隐人格和亚类型刻板效应是一致的。他们认为子类型的存在对于特定子类型中特质之间的关系是重要的。

Anderson 和 Sedikides 要求被试用 108 个特质形容词评价两个不同的靶子。计算 108×108 的相关矩阵。用多维评定方法（multidimensional scaling）检查 108 个特质形容词，发现了总体评价和动力性两个维度。通过进一步的分层聚类分析，得到了 11 个群集。这表明描述的特质之间的关联（特质的交互作用）。

5.8 同质性评定法

早期的测量方法给人们的印象是刻板印象不存在内部差异性，但现在的一些研究认为在一个群体内占领导地位的刻板印象趋势也是存在例外的，即使与总趋势一致也会存在程度上的差异。比如，如果认为“葡萄牙人是友好的”，那么在“葡萄牙人”内部的“友好”的变异性有多大呢？

关键的问题是人们对某个群体印象的变异程度的基础是什么？根据 Linville、Fisher 和 Salovey（1989）的研究，人们每遇到一个群体的成员就会储存一定的印象特征，这些特征组合进而建构人们关于这个群体的基本轮廓。在研究中，当问及被试有关特定群体的印象时，被试抽取贮存在记忆中的印象特征样例，然后进行一定的信息加工。从这个观点看，已知的印象特征样例成了人们推理变异性的主要因素。这些样例可能是某一类别群体的具体实例，也可能是较抽象的群体子类型。Linville 和同事（1986）用一个公式来评价组内成员的分化程度：$p_d=1-(p_1{}^2+p_2{}^2+\cdots+p_i{}^2+\cdots+p_m{}^2)$。一个特定的归因可以从 1 到 m 个水平，$p_i$代表在 i 水平上被试描述某类群体成员形象的被知觉比例。p_d 表示归因分化的概率。如果所有的成员都在同一个水平，那么 $p_d=0$；如果 10 个水平中每个水平有 10%的成员，那么 $p_d=0.90$。这种测量方法叫 PDIST 模型，目的在于发现刻板印象在群体内的分化和变异性。运用 PDIST 模型，Linville 解释了外群体同质效应（outgroup homogeneity effect）这一非常重要的现象。

5.9 总结和评价

刻板印象早期测量的主要目标是揭示刻板印象中主要特征的描述和评价方面，强调评价者和被评价者的刻板印象的一致性本质。后来刻板印象测量转向了刻板印象特异性和异质性的研究，这一变化非常清楚地反映了研究者对刻板过程关注的增加。总的来说，刻板印象的测量方法为研究刻板印象提供了一条具体的途径，用来检验已有的理论假设，同时也为更进一步了解刻板印象开路。

不同的测量方法实际上反映了研究者对刻板印象的看法不同，注意到了刻板印象的不同方面。如图片法的应用是由于 Rice 坚持了 Lippman 对刻板印象的看法，把所期望的典型形象一致与不一致的图片的再认率进行对比，从而证明刻板印象作用是存在的；Bogardus（1925）则完全把刻板印象等同于偏见，用偏见的水平作为刻板印象的指标；Katz 和 Braly（1933）把焦点放在刻板印象的普遍性这一特征上；Brigham 和 McCauley（1971）等又针对典型特征指派法的不足之处给出了他们自己的方法；内隐人格及亚类别则认为在作出评价前，个体已经存在着一种内隐的分类理论；Anderson 和 Sedikides（1991）用统计学方法对刻板印象进行了分析；Linville 和同事（1986）考虑的是被试对群体印象的期望的变异程度。

刻板印象的测量方法可能存在文化差异和时代性。很明显，刻板印象的内容和过程在不同地域、不同时代背景下可能会有不同的结果。刻板印象与态度有着紧密的联系，而对群体的态度会影响相应的刻板印象（Leyens、Yzerbyt 和 Schadron，1994）。如美国经济持续低迷而日本经济迅猛发展、曾一度对美国经济造成威胁的时期，美国人对日本人的刻板印象是阴险、狡诈等消极内容，但当日本经济滑坡而美国经济恢复时，美国人又把日本人看成是聪明的、勤劳的、进步的。从美国人对中国人的评价中也不难发现时代的烙印和他们对中国人的偏见。同样由于历史背景不同，中国人也没有形成“长着长胡子、握着手榴弹的社会党人”的刻板印象。

关于刻板印象测量的结果，也不一定可引以为据，因为在他们的测量过程中存在取样的偏差。例如，Katz 和 Braly（1933）的测量被试是普林斯顿大学的学生，而在 20 世纪 30 年代早期，只有极少数黑人能进入这样的大学，而且参加测量的学生对黑人根本无所了解。所以刻板印象的同质性结果，几乎就是偏见。

当然，刻板印象的测量方法各有自己的长处和短处，研究者可以根据自己欲研究的内容对方法进行选择。如果不明白这些方法分别暗含的刻板印象的观点，就很难知晓他们选择的方法测量的刻板印象到底是什么含义。总之，现在没有一种理论能给出一个公众认可的刻板印象的定义，也还没有一种测量方法能准确测量出刻板印象的各个方面。

6 内隐联想测验

基于内隐与外显记忆的思想（Roediger，1990；Schacter、Bowers、Booker，1989），Greenwald 和 Banaji（1995）提出了内隐认知的概念。他们把内隐认知界定为“通过内省无法确定或不能准确确定的过去经验，这些经验包含着对社会对象的喜欢或不喜欢的情感、思想和行为”（Greenwald、Banaji，1995）。他们将这个一般性定义应用于社会心理学的重要领域：态度、刻板印象和自尊。他们强调内隐认知能够揭示人们不愿意或不能报告的意识信息。换句话说，内隐认知可以揭示那些在外显层面与我们的价值观或信念相冲突的过去经验，或者表达出来会产生负面社会影响的态度。更有可能，内隐认知可以揭示通过内省无法达到的经验，即使人们有努力地回忆和表达它（Wilson 等，2000）。内隐联想测验（implicit association test，简称 IAT）是测量内隐刻板印象的有效方法，经过十多年的发展，在成熟的内隐联想测验范式基础上，评价单一目标对象的内隐测量方法也逐步完善。

6.1 内隐联想测验的基本程序

Greenwald 等（1998）提出的内隐联想测验（implicit association test，简称 IAT），在心理学研究中应用比较广泛，基本原理是为了克服外显自陈式测量的局限性，通过记录人们认知加工的自动化联想过程来推论人们真实的内隐态度[①]。IAT 方法主要考察被试在一对目标概念（如 me 和 others）和一对属性概念（如 positive 和 negative）之间的自动化联系程度。被试要在电脑上完成一系列的分类任务，并且在确保准确的情况下尽快做出反应。当将联系紧密的目标概念与属性概念安排在同一个反应键时，被试的反应会比较快；反之，反应就会比较慢。

---

① 自动化加工意为无须注意、无须意识参与的加工方式，不占用或只占用极少的认知资源。这种加工方式需要大量练习方可形成，且很难为人们所察觉。

以性别刻板印象 IAT 为例，实验包括 7 个步骤：(1) 练习阶段，当屏幕中间出现男性姓名时按 A 键，当屏幕中间出现女性姓名时按 L 键；(2) 练习阶段，当屏幕中间出现与家具相关的词时按 A 键，当屏幕中间出现与衣服相关的词时按 L 键；(3) 练习阶段，当屏幕中间出现与男性姓名或者家具相关的词时按 A 键，当屏幕中间出现与女性姓名或者衣服相关的词时按 L 键；(4) 正式测试阶段，过程与步骤 3 相同；(5) 练习阶段，当屏幕中间出现女性姓名时按 A 键，当屏幕中间出现男性姓名时按 L 键；(6) 练习阶段，当屏幕中间出现与女性姓名或者家具相关的词时按 A 键，当屏幕中间出现男性姓名或者与衣服相关的词时按 L 键；(7) 正式测试阶段，过程与步骤 6 相同（见表 6-1）。

表 6-1 性别刻板印象 IAT 程序示例

步骤	反应次数	任务	A 键	L 键
1	20	刻板对象辨别	男性姓名（后简称男名）	女性姓名（后简称女名）
2	20	刻板属性辨别	家具（坚硬）	衣服（柔软）
3	20	相容任务（练习）	男名＋家具（坚硬）	女名＋衣服（柔软）
4	40	相容任务（测试）	男名＋家具（坚硬）	女名＋衣服（柔软）
5	20	刻板对象辨别	女名	男名
6	20	不相容任务（练习）	女名＋家具（坚硬）	男名＋衣服（柔软）
7	40	不相容任务（测试）	女名＋家具（坚硬）	男名＋衣服（柔软）

IAT 主要考察步骤 4 和步骤 7 之间的反应时差别。一般将步骤 4 界定为相容任务，步骤 7 界定为不相容任务。如果相容任务的反应时显著小于不相容任务，则表明被试在内隐层面认为“男性”与“坚硬”的联系更加紧密；反之，则表明被试在内隐层面认为“男性”与“柔软”的联系更加紧密（Greenwald、Farnham，2000）。

IAT 效应的分数计算有多种方法，包括平均数、对数、中位数、倒数等。Greenwald、Nosek 和 Banaji（2003）对 IAT 效应的计算方法进行了改进，提出使用 D 分数来计算内隐效应。计算方法是用被试不相容任务的平均反应时减去相容任务的平均反应时，再用这个差除以该被试所有正确反应时的标准差。他们通过对 IAT 在 2000 年大选、性别刻板印象、种族刻板印象和年龄刻板印象中的应用进行多种算法分析，发现改进的分数算法相比传统算法在 5 个方面具有优势：(1) 内隐与外显之间的相关更高；(2) 受个体反应时差异的干扰更小；(3) 受先前 IAT 经验的影响更小；(4) 产生更大的 IAT 效应；(5) 内隐对外显的路径系数更高。

一般来说，当 0.15≤D<0.35 时，则内隐效应较低；当 0.35≤D<0.65 时，则内隐效应适中；当 D≥0.65 时，则内隐效应较强。

6.2 内隐联想测验的机制

目标概念类别和属性类别共享相似属性特征的程度或联系紧密的程度可以很好地解释 IAT 效应（Schnabel、Asendorpf、Greenwald，2008）。相似性的基础可能是概念之间的某种紧密联系，也包括刺激的熟悉性或单词的长度等。如果研究要考察概念之间的紧密联系程度，需要对导致相似性的其他方面进行严格控制。IAT 认为概念类别之间的相似性可以促进这两个类别在同一个反应键时的联结任务（De Houwer、Geldof、De Bruycker，2005）。De Houwer（2003）将这种促进效应归于刺激—反应相容机制，并认为如果具有相似性的类别安排在同一个反应键时，目标与属性信息会产生协同反应倾向；与此相反，如果不具有相似性的类别安排在同一个反应键时，目标与属性类别会彼此发生冲突，从而反应时增加①。

持有类似观点的还有 Mierke 和 Klauer（2001、2003）提出的任务切换解释，认为不相似类别配对需要被试在两个有明显区别的目标和属性之间进行切换，而紧密联系的类别配对只需要考虑与属性相关的信息，因此任务切换会造成反应时变长。另外，有研究显示任务切换能力存在个体差异，这种差异只占 IAT 效应的一小部分，并独立于测量到的类别之间的联系（Back、Schmukle、Egloff，2005；Teige-Mocigemba、Klauer、Rothermund，2008）。

除此之外，还有一些类似的解释都指出类别标签和个别刺激构成了整个 IAT 效应（Steffens、Plewe，2001）。近年来有学者使用 IAT 实验的反应时和错误数据去评估内隐认知加工的不同成分，并建构数学模型。IAT 扩散模型分析分离了三种不同的成分：(1) 两个联合任务中信息积累的容易度和速度，该成分与外显态度测量显著相关；(2) 反应速度与准确性情况，与因任务切换而产生的方法变异显著相关；(3) 导致 IAT 效应的非决策成分（Klauer、Voss、Schmitz、Teige-Mocigemba，2007）。

---

① Greenwald 认为，知识的基本单元是概念，概念按语义关系形成语义网络，联结强度反映出概念间联系的紧密程度。研究者通过考察个体在相容和不相容任务中操作成绩（如反应时或者错误率）的差异，以 IAT 效应作为指标来考究概念联结是否存在以及概念联结间的紧密程度。研究者假定，如果个体在配对呈现的目标样例和属性样例的联合分类任务中反应较快，意味着该目标—属性概念在知识结构中的联结较为紧密，如果反应较慢，则意味着目标—属性概念联结不存在或者存在冲突。

内隐加工过程的四成分模型（Conrey、Sherman、Gawronski、Hugenberg、Groom，2005）认为 IAT 效应中包含四种心理过程：（1）联想激活的自动过程；（2）刺激区分的能力；（3）克服自动联系的能力；（4）猜测偏差。为了评估四成分模型和扩散模型的实用性，还需要更进一步的研究来显示不同心理成分的可信度。

6.3 内隐测量的多成分分离

Schneider 和 Shiffrin（1977）巧妙地将多种不同的认知过程组织成两个类别：自动化加工过程和控制加工过程。根据他们的理论，自动化加工过程指对记忆中已经存在的信息进行自发的激活。这个过程是不需要意志努力的，并不可避免地被诱发刺激所启动。在控制加工过程中，为了完成某项特定任务，会暂时地建立信息联结。这个过程受到认知资源的局限，但优点是容易被警觉、使用和终止（Bargh，1994；Smith、De Coster，2000；Strack、Deutsch，2004）。在社会心理学的很多领域都对自动加工和控制加工进行了区分，并且反映在当前的偏见和刻板印象的双重加工过程理论（Devine，1989）、态度—行为一致性（Fazio，1990）、性格归因（Gilbert，1989）、说服（Chen、Chaiken，1999）以及个体知觉（Fiske、Neuberg，1990）等领域之中。

在社会心理学中，考察自动加工和控制加工的影响最常见的方法就是分别进行两个独立的测量，一个关注自动过程，一个关注控制过程。比如，在大多数偏见领域的研究中，自动偏见反应是通过内隐测量来实现的，比如情感启动实验（Fazio等，1995），或者内隐联想测验（Greenwald 等，1998）。对于意识控制倾向，则采用外显测量，如现代种族偏见量表（McConahay 1986），或者感觉温度计量表（Haddock、Zanna、Esses，1993）。目前，大多数社会心理学家都采用这两种途径来分别测量自动加工过程和控制加工过程。

虽然任务分离方法使社会心理学有了很大的发展，但这种方法有一定局限性。首先，在测量任务中混杂了不同的加工模式（自动的和控制的）。在内隐过程中可能既存在自动加工又存在控制加工过程。更准确地说，没有哪个任务是仅存在单一加工过程的。不可能存在哪个反应任务是完全建立在自动加工过程上的，也不可能存在哪个反应任务是完全建立在控制加工过程上的。IAT 过程也不是仅有自动联结过程（Brendl 等，2001；McFarland、Crouch，2002；Mierke、Klauer，2003；Rothermund、Wentura，2004）。并且，大多数行为研究者希望能揭示任务中存在的同时发生的自动加工过程和控制加工过程（Wegner、Bargh，1998）。

Jacoby 的 A-first 模型能够在一定程度上解决这一问题。A-first 模型包含两个参数：自动加工成分（A）和控制加工成分（C）。以 Stroop 颜色命名任务为例(Stroop，1935)。当单词和字体颜色不一致时（如 red 的字体颜色为蓝色），相比于单词和字体颜色一致时（如 red 的字体颜色为红色），作出正确反应就比较难。这种干扰效应可以用 A-first 模型表示，见图 6-1。

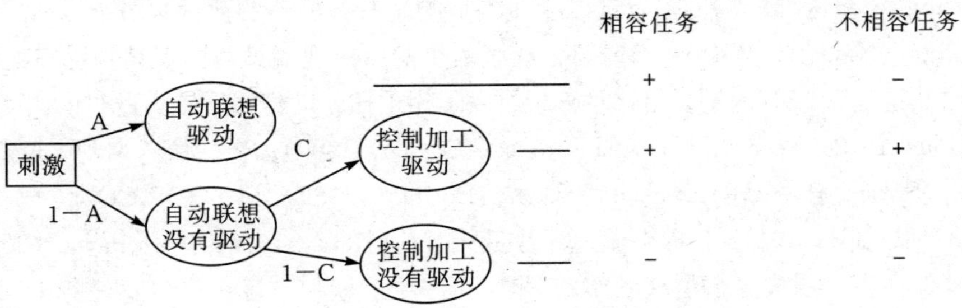

图 6-1　认知加工的 A-first 模型

当自动地阅读单词的习惯驱动反应时（A），如果单词与字体颜色一致，就会作出正确回答；如果不一致时，就会产生错误回答。如果自动地阅读单词的习惯没有驱动反应时（1－A），对字体颜色的外显知识就会驱动反应（C），不管是不是相容任务都会产生正确回答。最后，如果控制没有驱动反应（1－C），那么就会得出错误回答。

A-first 模型也存在局限性。A 参数不能解释任务中可能存在的自我调节的作用。比如在 Stroop 实验中，模型不能区分这两种被试：没有阅读习惯的不识字的儿童和能够很好地克服习惯影响的成人。在内隐偏见研究中，如果发现内隐偏见减少了，是因为偏见真的减少了，还是克服自动产生的习惯的能力提高了呢？该模型不能解释。另一个局限是，该模型没有考虑这种可能：在自动激活习惯没有发生，也不能判定正确答案时，猜测也可能产生正确答案（Buchner、Erdfelder、Vaterrodt-Pluennecke，1995）。

在 Jacoby 的认知加工过程分离方法基础上（Jacoby，1991；Jacoby、McElrce、Trainham，1999；Lindsay、Jacoby，1994），Conrey 等（2005）提出四成分模型，认为在复杂的认知加工过程中存在四种类型的加工过程：联想激活（association activation），即自动地激活联想过程；区别能力（discriminability），即作出正确区分的能力；克服偏差（overcoming bias），有意识地克服自动联想激活；猜测(guessing)，在没有可用的反应指导时采用的随机、猜测反应。

比如，在黑人—白人 IAT 中，自动激活可能解释不快乐与黑人面孔之间的自动激活(association activation)。根据按键分配规则，区分不同刺激按不同的键（discriminability)。在相容任务中，联想激活和区分能力能形成正确判断。但在不相容任务中，联想激活会产生错误判断，这时需要克服自动联想激活从而形成正确判断（overcoming bias)。最后，如果没有联想激活，也没有正确的反应可以采用，那么被试就会猜测(guessing)。在这种情况下，被试可能随机猜测左右。另外，被试也可能出现无意的右手偏好（Nisbett、Wilson，1977)，或者为了避免出现偏见而出现某种反应策略①。

虽然这里以 IAT 为例，但这种分析可以运用于任何以相容反应为逻辑的内隐测量(De Houwer，2003；Komblum、Hasbroucq、Osman，1990)，包括情感启动（Fazio 等，1995)，Stroop 任务（Kawakami、Dion、Dovidio，1999)、GO/NO-GO 联结任务(Nosek、Banaji，2001)，以及其他基于反应相容任务的连续启动实验（Payne，2001)。

具体而言，四成分模型（图 6-2）是一个多维度模型，旨在将内隐任务中四个不同的认知加工过程区分开：联想激活（association activation，简称 AC)、区分能力(discriminability，简称 D)、克服偏差（overcoming bias，简称 OB)、猜测（guessing，简称 G)。在树图中，每一个路径代表了一种可能性。箭头旁的参数是认知加工过程中的条件。例如，OB 以 AC 和 D 为条件；同样，G 以 1－AC 和 1－D 为条件。

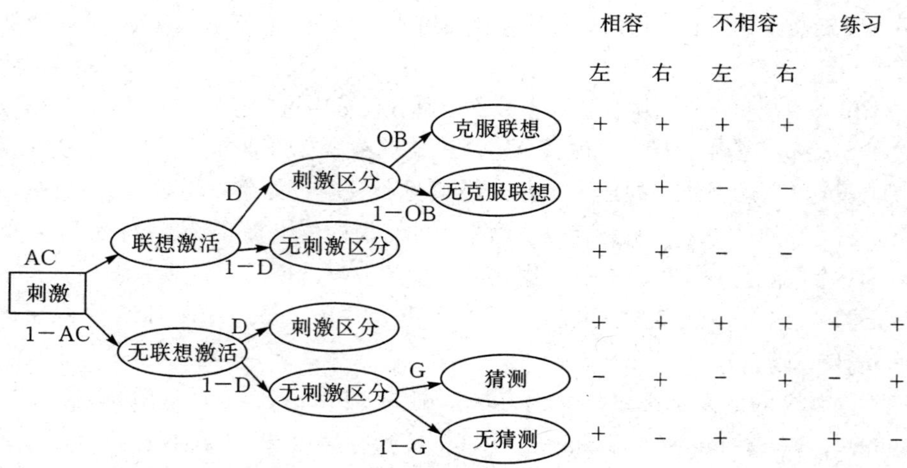

图 6-2　内隐实验四成分加工模型（Conrey 等，2005)

① 为避免偏见而采取某种反应策略，最常见的如社会赞许效应，个体为了避免社会压力而有意做出符合社会规范的行为。

AC 参数即联想激活参数，概念被刺激自动激活的可能性。相反的可能性，1－AC 代表联想没有被激活的可能性。AC 越大，概念被自动激活的可能性越高。该参数直接反映了内隐社会认知要测量的内容。

D 参数测量的是刺激区分能力，个体需要意志努力来判定正确反应。例如，在个体知觉中，需要从一般群体成员中识别出个体。需要强调的是，D 代表的是答案潜在能被决定的可能性，而不是答案实际上被决定的可能性。D 以已有知识经验为基础，对记忆中可用的相关信息比较敏感。并且，D 也和对刺激的注意力以及认知能力有关。那么，如果一个人注意力被分散，D 就比较低。最后，D 也与动机有关。成功完成任务的动机越强，D 值越高。

OB 参数代表了一种不同于 D 的控制加工过程，是一种对自动联想激活的抑制。当自动联想激活时（AC），并且环境和记忆中的外显信息能被用于进行有意判断(D)，联想和基于规则的加工会共同竞争驱动反应，尤其是在不相容任务中。OB 调节着这两个过程。如果自动联想被克服（OB），那么区分能力（D）驱动反应。然后，如果自动联想没有被克服（1－OB），那么自动联想驱动反应。由于 OB 代表的是控制过程，所以它被认知能力和动机共同影响。

G 参数代表了一种类似信号检测理论的普遍性偏差（Green、Swets，1966）。G 不一定反映了一种纯粹的偏差。在 IAT 中，G 既反映了无意识地用右手反应的偏差，也反映了某种策略的使用。

在四成分模型里，采用反应错误率来进行数据分析，而不是通常使用的反应时。具体来说，四个参数的评估是对一个观察到的正确反应的概率进行分析得来的。在图 6-2 中，从左到右的每一条路径都代表了一种复杂的可能性。与某个反应相关的所有可能性之和就是那个反应的总概率。

例如，在黑人—白人 IAT 中的不相容任务里，白人面孔分配到正确按键的概率是：$p=AC\times D\times OB+(1-AC)\times D+(1-AC)\times(1-D)\times(1-G)$。这个方程包含了三个可能产生正确答案的路径。第一部分，$AC\times D\times OB$，指自动联想被激活，正确答案能被区分以及为了控制反应而克服联想的概率。第二部分，$(1-AC)\times D$，指自动联想没有被激活，正确答案能被区分的概率。第三部分，$(1-AC)\times(1-D)\times(1-G)$，指自动联想没有被激活，正确答案不能被区分以及被试猜测左手反应的概率。这些概率之和就是在不相容任务中白人面孔正确判断的概率。

针对每个项目在正确反应和错误反应的情况下，建立方程，并进行参数估计。使用观测到的错误率与模型提供的期望错误率，通常可以计算出 χ^2 值。很明显，χ^2 值越小越好，那么通过最大似然估计（maximum likelihood estimation）对参数进行迭代，直到返回最小的 χ^2 值。如果 χ^2 值不显著，那么说明模型能拟合数据。

Conrey 等（2005）的内隐过程成分分离研究，使用数学模型揭示了 IAT 中自动联想激活对内隐效应起到非常重要的作用，为 IAT 的心理测量属性提供了很好的证据支持，也为国内外学者广泛使用 IAT 起到推动作用。

6.4 内隐联想测验的心理测量属性

判断 IAT 方法是否适于评估个体的心理特点，关键要看它是否符合相关的心理测量学标准以及能否有效预测行为。下面将介绍 IAT 测量的心理测量学属性，尤其是涉及 IAT 测量是否优于直接地自我报告的测量的问题。

6.4.1 内隐联想测验的信度

IAT 测量的内部一致性系数一般在 0.70 到 0.90 之间（Hofmann 等，2005；Nosek 等，2007），具有良好的心理测量学指标，比其他基于反应时的测量要高很多(Bosson 等，2000)。相比较而言，IAT 的再测信度就差一些，大概在 0.56 左右(Nosek 等，2007)。再测信度似乎不受再测时间间隔的影响，不管是立刻再测还是间隔 1 年再测（Egloff、Schwerdtfeger、Schmukle，2005)。较好的内部一致性与较差的再测信度之间的不一致性说明 IAT 具有某种稳定性和特定场合变异性。目前这种系统的特定场合变异性的来源尚不清楚。

6.4.2 内隐联想测验的效度

IAT 与外显测量的相关。有两个针对各种不同内容领域的 IAT 元分析研究（包括自我概念、态度和刻板印象 IAT）显示 IAT 测量与外显自我报告测量之间的相关系数平均值为 0.24（Hofmann 等，2005）和 0.37（Nosek 等，2005）。Nosek 等的数据结果有点高可能是因为研究的主要是内隐与外显的一致性较高的态度领域；另外，他们使用的是相对感觉温度计量表作为外显测量，这种测量与 IAT 都与个体的情感成分有关。为了更好地分析内隐与外显一致性的调节变量，Hofmann、Gschwendner、Nosek 和 Schmitt（2005）提出了五因素加工模型：（1）内隐与外显表征的翻译，如表征强度、维度、社会区别性和意识等；（2）外显表征的额外信息整合，如认知需要；（3）外显测量的属性，如社会赞许关注；（4）内隐测量属性，如情境延展性；(5) 研究设计因素，如取样偏差、测量一致性等。

IAT 与外显行为测量的相关。元分析通过大量证据显示 IAT 测量具有良好的预测效度（Greenwald 等，2009）。有点不同的是，在社会敏感性强的领域，IAT 测量具有比外显测量更高的预测效应，如刻板印象和偏见。相比较而言，在研究品牌偏好或政治态度上，IAT 测量的预测效度比外显测量要小。为了更好地整合内隐与外显测量的预测效度的不同模型，Perugini（2005）区分了三种类型：加法的、乘法的和双重分离模型。三种模型都假定内隐测量具有增值效度，可以增加对行为的预测。加法模型认为内隐和外显测量解释了相关变异的独立部分（Schnabel、Banse、Asendorpf，2006）。乘法模型认为内隐与外显测量在预测相关行为中起着交互作用（Schröder-Abé、Rudolph、Schütz，2007；Schröder-Abé、Rudolph、Wiesner、Schütz，2007）。双重分离模型认为内隐测量预测自发行为，而外显测量预测控制行为（Egloff、Schmukle，2002；McConnell、Leibold，2001）。

以害羞为例，Asendorpf、Banse 和 Mücke（2002）证实了一个完全且显著的双重模型。外显自我报告唯一地预测了受控制的而非自发的害羞行为；IAT 唯一地预测了自发的而非控制的害羞行为。这个模型很好地显示了 IAT 测量对预测自发行为具有独特的有效性，并且指出了相对应的外显测量的局限性。

IAT 提供了一种了解个体内隐认知差异的独特方法，能够测量外显测量所无法达到的内隐认知加工过程。因此，很多心理学研究人员对 IAT 投注了大量的研究热情。一项大的国际科学研究项目（http：//implicit. harvard. edu）在线提供了包括世界上十几种语言的 IAT 实验及结果，为内隐偏好和刻板印象的普遍性提供了进一步的证据①。

6.5　单一评价对象的内隐测量

时至今日，IAT 已经成为当代社会心理学中应用和讨论最多的测量方法之一。随着它的流行，它的不足之处也被人们逐步认识。有研究者指出 IAT 只是一个相对的测量指标，因为 IAT 使用了概念和属性的互补对，所以它局限于测量联想的互补对之间的相关程度，而不是单个联想的绝对强度（Greenwald、Farnham，2000）。在它的初始形式，IAT 总是将一个目标对象的内隐联想与另外的目标对象进行比较。特别是在偏见领域，IAT 的这种相对的本质可能导致混淆（Wigboldus、Holland、van Knippenberg，2005）。比方说，在黑人—白人名字的 IAT 中，当对白人名字的评

① 美国哈佛大学建立了包括世界上主要语言的 IAT 实验资料库，这些 IAT 实验信息发布在网站：http：//implicit. harvard. edu。

价比对黑人名字的评价更积极（或更少的消极评价），这意味着一个人对黑人暗中存在着内隐偏见，还是象征着对白人名字的积极评价和对黑人名字的中性评价呢？

另外，在只有一个目标对象的研究中，IAT 的适用性同样存在疑问。例如一个对布什总统工作的赞成度进行预测的研究可能想获得被试对布什总统评价的联想状况，但是和谁相对比则成了关键问题。当研究这些单一目标的内隐联想时，比较类别的选择可能会受到目标对象外貌方面的内隐评价的影响（Karpinski、Steinman，2006）①。

最近，针对 IAT 的相对性问题，一些学者发展了其他几种内隐联想测验工具来评定和一个单一态度对象之间的可估价的联想，如命中联系作业 GNAT（GO/NO-GO association task）、外部情感西蒙作业 EAST（extrinsic affective simon task）、单靶内隐联想测验 ST-IAT（single target implicit association test）和单类内隐联想测验 SC-IAT（single category implicit association test）等。这些方法被统合到内隐联想测验中，是对 Greenwald 提出的 IAT 的继承和发展。

6.5.1 命中联系作业

命中联系作业（GO/NO-GO association task，简称 GNAT）是 Nosek 和 Banaji（2001）提出的测量内隐社会认知的研究方法。这一方法吸收了信号检测论的思想，实验中包括目标刺激（信号）和分心刺激（噪音）。以性别刻板印象为例，GNAT 包括两个实验阶段。在阶段 1 中，被试对目标类别（女性）与属性类别（积极的）做出反应，对男性和消极的则不做出反应；在阶段 2 中，被试对目标类别（女性）和属性类别（消极的）做出反应，对男性和积极的则不做出反应（如表 6-2 所示）。实验中采用 d 指标，将正确的 GO 反应称为命中率，将不正确的 NO-GO 反应视为虚报率，将命中率和虚报率转化为 z 分数后，其差值即为 d 分数，表明从噪音中区分信号的能力，如果 d 分数低于 0，表明被试不能从噪音中区分出信号。实验中以两个阶段 d 分数作为考察指标，其原理在于如果信号中的目标类别和属性类别概念联系紧密，相比较于联系不太紧密或者没有联系的联结，被试的反应更为敏感，从而更容易从噪音中分辨出信号②。

---

① IAT 仅能测量联想的互补对之间的相关程度，而不能测量单个联想的绝对强度。

② 该测量方法将目标类别和积极评价作为信号，而将目标类别和消极评价作为噪音。考察的是目标类别和属性维度概念之间的联结强度，弥补了 IAT 实验设计中需要提供类别维度，不能对某一对象做出评价的限制。被试对代表目标种类和属性种类的刺激反应“good”（称为 Go），而对呈现的其他刺激不反应（称为 NO-GO）。

表 6-2 GNAT 对性别态度测量的实验程序

实验阶段	反应	
	按空格键（GO）	不反应（NO-GO）
1	女性＋积极的	男性＋消极的
2	女性＋消极的	男性＋积极的

6.5.2 单类内隐联想测验

单类内隐联想测验（single category implicit association test，简称 SC-IAT）是 Karpinski 提出的对内隐联想测验的一种改进，用来测量和单一态度对象之间的联结强度。以对女性的态度为例，来说明 SC-IAT 的设计程序。女性 SC-IAT 由两个阶段组成，每个阶段都由 24 个练习测验和紧接着的 72 个试验测验（24 个测验为 1 块，共 3 块）组成。在第一个阶段（女性＋积极的词），将女性的词和积极的词分类在左键上，将消极的词分类在右键上。为了预防形成反应偏差，女性的词、积极的词和消极的词不以相等的频率呈现，而是以 7∶7∶10 的比率呈现，以至于有 58％的正确反应在左键上，42％的正确反应在右键上。在第二个阶段（女性＋消极的词），积极的词被分类在左键上，女性的词和消极的词被分类在右键上。女性的词、积极的词和消极的词以 7∶10∶7 的比率呈现，以至于有 42％的正确反应在左键上，58％的正确反应在右键上（如表 6-3 所示）。靶子词在被试做出反应之前一直呈现在屏幕上，或者呈现 1500ms。如果被试在 1500ms 之内不能做出反应，一个“请更快回答”的提醒将出现 500ms。这个 1500ms 的反应窗产生了一种紧迫感，可以减少被试在任务中从事控制性加工的可能性。

表 6-3 IAT 和 SC-IAT 的程序比较

IAT（测量女性和男性）					SC-IAT（只测女性）				
组块	刺激数	功能	反应		组块	刺激数	功能	反应	
			按左键的词	按右键的词				按左键的词	按右键的词
1	30	练习	积极的	消极的	1	24	练习	积极的＋女性	消极的
2	30	练习	女性	男性					
3	30	练习	积极的＋女性	消极的＋男性	2	72	测验	积极的＋女性	消极的
4	30	测验	积极的＋女性	消极的＋男性					
5	30	练习	男性	女性	3	24	练习	积极的	消极的＋女性
6	30	练习	积极的＋男性	消极的＋女性					
7	30	测验	积极的＋男性	消极的＋女性	4	72	测验	积极的	消极的＋女性

6.5.3 单靶内隐联想测验（ST-IAT）

单靶内隐联想测验（single target implicit association test，简称 ST-IAT）是 Wigboldus 提出的关于 IAT 的一个修正版本，目的也是测量单一目标类别的内隐评价联想。ST-IAT 和 SC-IAT 在概念上是同一的，和 SC-IAT 只有较小的程序上的差异（表 6-4 所示）。和 SC-IAT 相比，ST-IAT 包括一个只有积极的和消极的靶子词的初始的练习阶段，在每个阶段有更少的靶子词数目，并且不使用反应窗。

表 6-4　ST-IAT 对性别态度测量的程序

组块	刺激数	功能	反应	
			按左键的词	按右键的词
1	20	练习	积极的	消极的
2	20	测验	积极的	女性＋消极的
3	20	测验	女性＋积极的	消极的
4	20	测验	积极的	男性＋消极的
5	20	测验	男性＋积极的	消极的

6.5.4 外部情感西蒙作业

外部情感西蒙作业（extrinsic affective simon task，简称 EAST）是 De Houwer 在 IAT 基础上发展出来的测量内隐社会认知的实验方法，它结合了 IAT 和 De Houwer 提出的情绪性 Simon 作业的特点。下面用性别刻板印象为例来介绍 EAST 的实验程序。

在性别 EAST 中，积极的词和消极的词都用白色、蓝色和绿色呈现。被试依照所呈现的白色词汇的归因属性（积极或消极）做出判断，并分别做出反应（比如按左键或右键），使得原先中性的按键反应获得了积极（左键）或者消极（右键）的意义；对于彩色目标词汇（蓝色或绿色），男性和女性的词都用蓝色或绿色的彩色词汇呈现。被试则依据其颜色反应，看到蓝色（无论是男性的词还是女性的词）按左键，看到绿色（无论是男性的词还是女性的词）按右键（如表 6-5 所示）。实验后记录被试对不同颜色词汇的反应时，不记录白色词汇的反应时。比方说，当彩色词汇女性和白色词汇积极的性质一致，且个体对这两个词汇共同按键做出反应时个体反应较快，据此可以推断出个体对女性的联想与判断。此外，EAST 还可以同时对不同目标对象做出评价，只需在实验中设计彩色词汇来包括这些不同态度对象，因此 EAST 又表现出高效性（梁宁建、吴明证、高旭成，2003）。

表 6-5 EAST 对性别态度测量的实验程序

组块	刺激数	功能	反应	
			按左键的词	按右键的词
1	20	练习	白色积极的	白色消极的
2	20	练习	蓝色	绿色
3	30	测验	白色积极的＋蓝色	白色消极的＋绿色
4	30	测验	白色积极的＋蓝色	白色消极的＋绿色
5	30	测验	白色积极的＋蓝色	白色消极的＋绿色
6	30	测验	白色积极的＋蓝色	白色消极的＋绿色

6.5.5 对单一评价对象内隐测量方法的评价

IAT 是在测量和理解内隐社会认知能力上的一种突破，对内隐社会认知的研究与应用产生了很大影响。GNAT、EAST、ST-IAT 和 SC-IAT 等方法是对 IAT 的继承与发展，能够被单独使用或与 IAT 相结合来使用。不断发展和完善内隐社会认知的这些测量方法，对研究刻板印象具有重要的意义。

GNAT、ST-IAT 和 SC-IAT 的使用都较为灵活，适用范围非常广，可以对单一态度对象进行评价，对那些包括不同特征而没有明显比较类别的对象也同样适用。例如，可以考察被试对吸烟、酗酒、高脂肪食物、女权主义、形体意向、体重等的态度。其中，GNAT 可以用来考察个体对不同对象的偏好，而保持反应竞争任务的优点（梁宁建、吴明证、高旭成，2003）。近期的研究通过多样的领域表明了 ST-IAT 具有预测效度，这些领域包括态度—行为的关系（Hermsen、Holland、van Knippenberg，2006）和偏见—行为的关系（Dotsch、Wigboldus，2006）等。SC-IAT 能够被修正用来提供对内隐刻板印象和内隐社会认知的其他方面的测量，如对内隐性别态度、性别同一性和自尊的测量（Karpinski、Lytle，2005）。另外，对于希望降低环境的或额外的个人联想的污染效应（Olson、Fazio，2004）的研究者来说，能够通过使用“我喜欢”和“我不喜欢”来替代“好的”和“坏的”类别标签，来构建一个人格化的 SC-IAT。

比较而言，EAST 的主要优势是：(1) 因为 EAST 效应是基于对单一任务的刺激反应的比较，所以基于任务编码的混淆在 EAST 中很少可能发生；(2) 能够测量单一的态度；(3) 在一个任务中，能够考察多个态度对象。同时，EAST 和 IAT、GNAT 等方法一样，具有使用的灵活性（Greenwald、Nosek、Banaji，2003）。例如使用 EAST 研究态度时，白色词语需要积极的和消极的刺激，但是彩色词语却可以代表研究者想评估的任何态度对象。EAST 也能够用来测量更具体的、不具评价性的观念。比方说，如果研究者想考察是否“聪慧”这一概念和“自我”要比“他人”概念联系更紧些，他就可以把白色词汇分为自我和他人相关的词，而与聪慧相关的词则以彩色词呈现。从原则上讲，研究者也可以用刺激（图片）而不是词语来使用 EAST（见表 6-6）。

表 6-6　四种测量方法的比较

	来源	优点	不足
GNAT	Nosek、Banaji（2001）	以反应准确率来计算；借鉴信号检测论的思想，计算辨别力 d'	平均分半信度为 0.20
EAST	De Houwer（2003）	概念类别以颜色的方式进行呈现；可以评价多个目标对象的内隐态度；使用反应时和错误率来进行数据处理；一个组块中就会同时出现相容任务和不相容任务，并且是随机的	内部一致性系数并不高，从－0.21 到 0.55，平均值为 0.25；被试要进行词义辨别、单词颜色辨别以及按键辨别等任务，难度较大
SC-IAT	Wigboldus、Holland、van Knippenberg（2005）	可以评价多个目标对象的内隐态度	正式的测试并没有给予一个先前的练习阶段，并且内部一致性较低
ST-IAT	Karpinski、Steinman（2006）	内部一致性系数从 0.55 到 0.85，与以往 IAT 研究的内部一致性系数相似，比其他内隐测量方法要高	国内外使用不多

根据研究报告，除了 IAT 以外（梁宁建、吴明证、高旭成，2003；Olson、Fazio，2003），内隐社会认知测量的信度相对较低。虽然 GNAT、EAST 和 ST-IAT 等这些测量工具中的每一个都可以被用来评定和一个单一目标之间的联想强度，然而，这些测量工具的信度也比较低（Nosek、Banaji，2000；De Houwer，2003；Olson、Fazio，2003；Bosson、Swann、Pennebaker，2000；Teige、Schnable、Banse、Asendorpf，2004）。对 SC-IAT 的研究表明，SC-IAT 的信度相对较高，为其作为一种内隐社会认

知的测量工具提供了强大的证据。

因为SC-IAT是对IAT的一种修正，所以IAT被提出的多种多样的限制和解释可能也同样适用于SC-IAT。关于IAT得分的许多解释有一个共同的主题就是，IAT效应的产生可能至少部分由其他因素引发而不是完全源于情感的正负价值。比方说，观察到的IAT效应可能是因为任务转换的成本，在不同的任务组上判断标准的变化和态度对象的突显性（Mierke、Klauer，2001；Brendl、Markman、Messner，2001；Rothermund、Wentura，2004）。另外，Arkes等认为IAT反映了社会文化中两个概念的联结强度而非个体的倾向性，是在测验个人所掌握的社会背景知识而非个人真实的信念（Arkes、Tetlock，2004；Karpinski，2001；Olson、Fazio，2004）。这些多样的解释中的一些可能也适用于SC-IAT。比方说，SC-IAT可能揭示更多的某人的关于环境的联想，而不是那人的个人可估价的信念。

此外，SC-IAT被小心地描述成一个和单一态度对象之间的联结的测量，而不是被描述成对一个态度对象的态度的绝对的测量，可能没有态度能够以绝对的术语来测量，并且可能所有的态度都需要某类比较的判断（Festinger，1950）。比方说，为了确定某人喜欢喝百事可乐，那么我们必须知道那人喜欢喝其他饮料的程度或其他人喜欢喝百事可乐的程度。尽管在SC-IAT中，没有指定一个对照种类，并且SC-IAT与IAT（明确地需要一个比较种类）相比有更少的比较性，但是，从纯粹意义上讲，SC-IAT也可能不是一个绝对的联结测量。而且，尽管SC-IAT避免使用一个和目标相对照的种类，但它仍然比较性地测量了可估价的维度（Blanton、Jaccard、Gonzales、Christi，2006）。这些关于SC-IAT效应的可能的多样的解释和关于SC-IAT方法的问题的呈现，并不表明SC-IAT不应该被用作一个联结的测量，而只是表明SC-IAT得分应该被慎重地解释，并且在使用SC-IAT的过程中时刻注意这些潜在的局限性。

内隐社会认知测验方法的多样性，为研究者在对内隐的社会认知进行测量时，提供了更大的选择空间。其次，尽管每种方法各有优势，但各种方法的结合、相互补充和验证，可提供正确而科学的研究工具，让结果更精细和更深入。应当注意，四种单一对象的内隐测验方法都有其适用的条件，进行心理测量时应根据研究的具体情况选择适当的方法，提高测量效果。我国心理学者除了介绍和使用IAT方法较多外（佐斌、刘晅，2006），对GNAT、EAST、SC-IAT和ST-IAT这四种新方法的应用相对较少，我们可以在验证性使用的基础上进一步发现其局限性，并加以改进和完善。

7 情感错误归因程序

近二十年来，心理学家们在社会认知方面的探索取得了突飞猛进的发展，而这些进步与新颖独特的内隐社会认知研究方法的不断发展可谓紧密相关。陈启山（2009）把内隐社会认知的研究方法归类为内隐记忆范式（implicit memory paradigm）、反应时范式（response-time paradigm）、启动效应（startup effect）、判断潜伏期测量（judgment latency measures）、投射测验（projective measures）等。其中情感错误归因程序（affect misattribution procedure，简称 AMP）是近年来比较有影响的投射测验类型的内隐研究范式，是 Payne 等人（B. Payne、Cheng、Govorun、Stewart，2005）在 Murphy 和 Zajonc（1993）的实验程序基础上发展与完善的内隐刻板研究方法。

7.1 情感错误归因程序的原理

投射测验使用意义含糊的图片引出被试内心的观念、想法等，如主题统觉和罗夏墨迹测验。Payne 等（2005）把投射测验原理与计算机实验控制技术相结合发明了情感错误归因程序，用这种方法探测被试对某一社会对象的内隐态度。AMP 与评价性启动任务（evaluative priming task）有类似之处（Fazio、Jackson、Dunton、Williams，1995），都属于启动范式。首先向被试呈现启动图片，然后呈现一幅对西方被试来说毫无意义的中文字图片即目标图片，最后呈现一幅灰方块图片掩盖住的中文字图片。被试的任务是在中文字图片呈现之后尽可能快地通过按键来判断中文字是令人愉快的还是不愉快的（图 7-1）。图中的时间是 AMP 范式中比较常用的呈现时间。被试在目标图片呈现之后就可以做出反应，因此反应可以在掩蔽出现之前，也可以在掩蔽呈现期间。

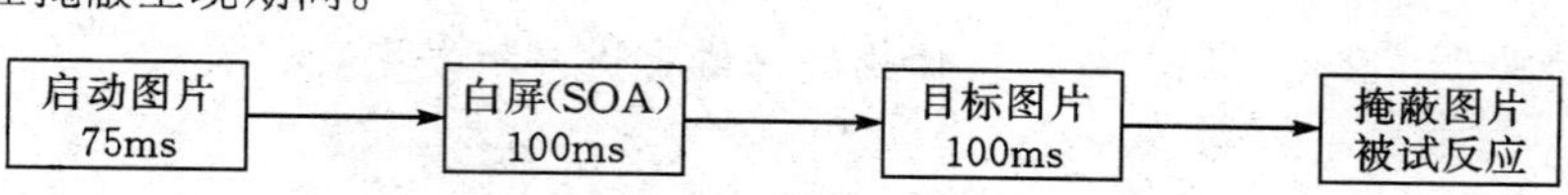

图 7-1 AMP 的典型实验程序

在 AMP 中，错误归因这一概念是指把一个目标或客体所引发的情感效应错误地归因于另一个目标。精神分析中的“投射”就是这样一个错误归因的例子。罗夏墨迹测验正是基于这一理论建立起来的——当给人们呈现一幅无法确定其意义的模糊刺激图时，因为要对刺激图进行说明，人们就必须依赖自己的经验进行组织、诠释。在这样的过程中，他们会不自觉地给这些刺激带上独特的主观色彩。这也就是说，模糊刺激引发了人们内心世界的投射。AMP 也正是这样，积极或消极启动刺激会引发人们相应的情感。但人们意识不到这样的过程，当遇到没有明确意义的目标刺激时，就会把由启动刺激引发出的情感无意识地投射到对目标刺激的判断中去。

AMP 不要求被试报告他们的态度，而是从他们的行为（也就是做出愉快或不愉快判断的比例）推断其态度，因此它是一种间接测量范式。AMP 的内隐性质已经得到普遍认可（De Houwer、Moors，2010；De Houwer、Teige-Mocigemba、Spruyt、Moors，2009）。

7.1.1 情感错误归因程序的基本假设

这个实验范式的基本假设是，第一，人们看到美的、好的事物会产生积极情感，相反则会产生消极情感；第二，这种被激发出来的情感会在行为中有所表现，也就是说可以通过一些手段探测出来；第三，人们意识不到自己的判断已经受到自己情感的影响。

具体到 AMP，首先呈现的启动图片会引发被试的愉快或不愉快的情感反应。虽然有明确的指导语要求被试避免受到启动图片的影响，但当要求被试判断没有意义的象形文字目标图片时，被试的这种情感反应依然会被无意识地投射进去，导致不同的启动图片引发不同的反应这一结果。因此通过统计对比不同启动图片所引发的愉快或不愉快反应的比例，就可以判断被试对这个启动对象的态度是相对积极的还是消极的。

简而言之，AMP 的基本原理在于投射，这与前面提到的一系列内隐社会认知研究方法有着本质的不同。例如中国台湾研究者（林思贤，2009）总结了以 IAT 为代表的，包括 GO/NO-GO association task 和 evaluative priming task 在内的常见内隐社会认知研究方法的基本假设为：首先人们对不同态度对象具有积极或消极评价，并且态度对象与评价反应倾向之间有自动化联结；其次这种自动化的联结会加速与其一致的反应，抑制与联结不一致的反应，延长其反应时。

7.1.2 情感错误归因程序的机制

林思贤（2009）提出的激发后校正模式把被试在 AMP 中经历的认知处理分解成

三个部分，并用三个参数表示其概率。首先评价性启动图片激发情感的概率用“AC”表示。如果启动图片没有激发情感，那么处理过程与中性图片是一样的。如果被试的情感被激发，则进入第二个过程——归因，被试有可能把被评价性启动图片激发出的情感错误地归因到目标图片，产生与启动图片评价性一致的反应，这也是 Payne 等（2005）所认为的最主要机制，这个概率用“MA”表示。但如果这种被激发出的情感被压抑而不产生错误归因时，就会进行校正后的判断（1－MA）。最近 Payne 等人（B. K. Payne 等，2010）也做了一个解释 AMP 的模型，原理与这个模型非常接近。

7.2 情感错误归因程序的测量特性

7.2.1 情感错误归因程序的信度和效度

AMP 是一种值得心理学研究人员关注和推广的内隐实验范式。在 Payne 的一系列实验中，AMP 表现出非常好的内部一致性系数，α 分布在 0.85 到 0.95 之间 (B. Payne 等，2005；B. Payne 等，2007)。

AMP 的效度也得到了许多研究的支持。首先，它在 Payne 的系列研究以及其他学者所做的相关研究中都得到了显著的情感错误归因效应（Maner、Miller、Rouby、Gailliot，2009；B. Payne 等，2010；B. Payne 等，2007；B. Payne 等，2008）。另外，他人的研究（Greenwald，2009）同样证明了它可以很好地预测对政治候选人的投票行为和外显态度。

值得强调的是 AMP 的敏感性指标——效应量[①]。根据传统标准通常效应量达到 0.8 就可以认为是比较高的（B. Payne 等，2010）。效应量是与实验工具的敏感性联系在一起的，高效应量使得实验在较少的观察次数中也能探测到显著的差异。

7.2.2 抗警告性

抗警告性（resistance to warnings）即对警告的免疫，是 AMP 非常值得关注的特点。Payne（2005）等连续设计了两个不同的实验来探索警告对 AMP 实验效应的影响，结果令人十分惊讶，不论一般的警告，还是非常明确醒目的警告，诸如“有时积极的图片会使你做出更积极的判断”、“我们感兴趣的是人们如何避免偏差”、黑

① 效应量是衡量实验效应强度或者变量关联强度的指标，与研究设计和研究目的有关，它不受样本容量大小的影响（或者影响很小）。计算和报告效应量主要有三个好处：区分统计显著性和实际显著性；通过元分析方法累计或比较以往的研究结果；估计统计检验力。

体字的“请你尽你最大的努力避免真实生活图片给你的判断造成的偏差”，都没有显著的主效应。这也就是说，有警告和无警告组的启动效应没有差异——所有的被试都倾向于把令人愉快的图片后面的中文字判断为“愉快”，把令人不愉快的图片后面的中文字判断为“不愉快”。

或许这些警告所起的作用在于当被试注意到这些鲜明的警告并在实验中时时刻刻提示自己“不要”受到启动的影响，反而会使他们把更多心理能量灌注到启动图片上，从而受启动图片的影响更大。

7.2.3 典型情感错误归因程序的相对性

AMP 是一种相对的测量，它无法确定人们对某个态度对象的绝对喜好程度，必须要与一个与之对照的目标进行对比才有意义。这与当前流行的 IAT 类似，也就是说，如果要对某一态度对象进行研究，使用这两种方法都需要一个“态度伴侣”。例如要了解人们对女性的态度，就必须将男性作为参照。而 IAT 作为一种十分成熟的内隐研究技术，有许多在其基础上发展起来的类似工具可以弥补这一不足，如命中联系作业（GO/NO-GO association task)、外部情感西蒙作业（extrinsic affective simon task)、单靶内隐联想测验（single target implicit association test)、单类内隐联想测验（single category implicit association test）(温芳芳、佐斌，2007)。

虽然如此，研究者依然可以使用 AMP 研究单一态度对象。Scherer 和 Lambert (2009) 在研究人们对老年人的内隐态度时，把老年人图片分别与积极、中性和消极图片放在一起后发现，年老启动引发的效应稳定地依赖于年老启动出现的情境的性质。当年老启动被镶嵌在积极启动中时，年老启动引发了强烈的消极偏差，也就是说比起积极启动，年老启动后面的不愉悦判断更多；而在消极启动中，年老启动则引发出强烈的积极偏差；中性启动下，偏差不显著，被试在两种图片后面对中文字的愉悦判断并没有显著差异。由此，Scherer 和 Lambert 认为，“年老”并没有“本质上的消极”，年老启动引发消极偏差只是因为以往的研究总是把年老启动与非常积极的“年轻”启动放在一起，出现了强烈的对比效应所致。

事实上在使用 AMP 范式研究单一态度对象时还可以简单地使用无启动或灰方块启动（中性）作为对比。中性启动可以是一种情感“基线”，如果被试对目标启动的内隐态度更积极，就会比中性启动做出更多积极判断，相反则更少。

7.2.4 启动呈现时间、SOA 与目标呈现时间

AMP 是 Payne 等在 Murphy 等使用的实验程序基础上发展完善的（Murphy、Zajonc，1993)。在 Murphy 的研究中，只有小于 4ms 的启动才会影响到象形文字

(2000ms) 的评判。当启动呈现是阈上的（1000ms）时，这种稳定的启动效应消失了。Payne 等（2005）的研究再一次细致地考察了这一问题。他发现启动时间主效应不显著，也就是说，与启动图片呈现 75ms 相比，呈现 1500ms 时情感错误归因效应并没有显著减少。启动的主效应和启动与 SOA[①] 的交互效应显著。在启动时间 75ms 情况下，1500ms 的 SOA 中实验效应虽然显著小于 500ms 和 100ms SOA 情况下，但启动的效应仍然显著。

在后续实验中，Payne 考察了目标图片呈现时间，结果表明，与 100ms、750ms 相比，2000ms 的启动效应会显著降低，但愉快与不愉快启动之间的区别依然显著。这说明，情感错误归因发生得非常迅速，在最初的 100ms 就已经出现了，且至少持续 2000ms。

这些结果说明，启动呈现时间、目标呈现时间、启动与目标之间的时间距离只能对情感错误归因的程度产生比较小的影响。尽管被试有时间、有机会充分了解自己所看到的图片性质，意识到自己所做的判断，但依然会稳定地表现出情感错误归因过程。

7.3 情感错误归因程序的应用及变式

自从 Payne 等 2005 年发表了关于情感错误归因程序的研究之后，AMP 就得到了广泛的关注。结合自己的设想，许多学者把这种简洁便利的研究范式运用到自己的实验中，并取得了显著的实验结果。有些学者使用了典型的 AMP，有些学者依据自己的研究目标对 AMP 做了创造性的修改。

Prestwich 等在一项关于自我参照（self-referencing）的研究中（Prestwich、Perugini、Hurling、Richetin，2009），分别使用 IAT 和 AMP 实验范式证明当一个客体（如一种饮料）与一个人的自我联系在一起，那么对饮料的内隐态度就会反映人们对自身的内隐态度。当被试把他们自己与一种特定的饮料 A 联系在一起，把他人与备选饮料 B 联系在一起，通过 IAT 和 AMP 测验分数可以发现这种联系充分增加饮料 A 的内隐偏爱。特别是当一个人的自我评价更积极时，与他们自我联系在一起的饮料 A 会引发更多的内隐偏爱。而在外显测验中并没有发现这种效应。

① SOA（stimulus onset asynchrony）是指从启动刺激开始呈现到目标刺激出现之间的时间间隔。

Payne等人（2008）希望了解为什么外显和内隐测量的结果常常不一致，于是他使用AMP作为内隐测量，将感觉温度计[①]、现代种族主义量表（modern racism scale）和对黑人态度量表（attitudes toward blacks scale）等作为外显测量工具。为了增强内隐测量工具与外显测量的匹配，在几个实验中分别对AMP做了不同修订，例如通过要求被试直接评价启动图片或启动图片后面的象形文字来操纵实验的内隐程度；通过文字与图片启动、两点评价和四点量尺的变换操纵AMP程序与外显测量工具结构上的匹配程度。其中要求对态度对象进行评价的AMP程序可以认为是一种外显测量。Payne（2008）的研究结果表明，随着外显与内隐测量方式结构相似性的增加，两者之间的相关也在上升。

最近，应用AMP最新的研究也出现了一些新动向，如Hofmann和Baumert（2010）的研究计算了积极启动和消极启动后面的积极比例之差，用以表示被试对积极道德启动与消极道德启动的情感反应差异，并且获得了理想的信效度。在Hofmann的另一个研究中（Hofmann、Baumert，2010），他操纵了启动图片与目标图片之间呈现的间隔时间（interstimulus interval，简称ISI），作为对美食刺激的即时积极反应和延迟积极反应的对比。

与上文提到的其他研究对AMP所做的修正不同，Imhoff等人（Imhoff、Schmidt、Bernhardt、Dierksmeier、Banse，2010）深入探讨了Deutsh和Grawronski（2009）的研究中实验4对AMP所做的修改。Imhoff等在他们的研究中要求被试从积极/消极之外的角度对目标象形文字进行评价，提出了语义错误归因程序（semantic misattribution procedure，简称SMP）。他们要求被试评价目标象形文字是与“human sphere”有关，还是与“animal kingdom”有关，用以评价被试对吉普赛人的非人化（dehumanize）态度倾向。国内学者也做了类似的尝试（陈苗苗，2010）。这种方法将大大扩展AMP的研究范围。

7.4 评价与展望

AMP的适用范围比较广，从已有的研究来看，种族、性别、年龄、政治候选人、酒精、吸烟、浪漫关系、社会地位（Greenwald、Smith、Sriram、Bar-Anan、Nosek，

① 感觉温度计可以用于测量被试外显的刻板印象，如测量被试相貌外显偏见态度，让被试分别对“长得好的人”与“长得不好的人”进行情感温度打分（0度表示令人不快的，99度表示令人喜欢的，50度表示一般），也可以用于其他刻板印象的测量。

2009；Guinote、Willis、Martellotta，2010；Hofmann、Friese、Strack，2009；Maner 等，2009；B. Payne 等，2008；Shariff、Tracy，2009；Sweldens、Van Osselaer、Janiszewski，2010）等方面的态度都可以被考察。

与 IAT 等通常一次比较两种态度目标的内隐测验相比，尽管还没有研究实例，但从理论上说 AMP 可以在一个实验中对比多个态度目标，并排出相对顺序。例如 AMP 可以用组内设计同时对比两种以上的种族、职业、商品品牌、球队等不同的态度对象，用被试做出积极选择的比例确定对不同对象的喜好顺序。组内设计不仅更节省被试人数，而且可以更好地分离由个体差异引起的误差变异。

但是 IAT 作为使用语词为材料的实验方法可以比较态度对象的不同特征。例如研究女性的刻板印象时，我们使用 IAT 可以细致地了解人们对女性有哪些具体的印象，如“耐心”、“善良”、“温柔”等属性。而使用图片的 AMP 则只能粗略地测量人们相对于男性，对女性印象的积极与否。但是 AMP 也在不断发展完善，如 Payne（2008）也使用了语词作为实验材料，并且把简单的“愉快”、“不愉快”两级评价拓展为从“非常愉快”到“非常不愉快”的四点评价。而前面提到的关于 AMP 的最新研究（Imhoff 等，2010）中，研究者们发展了 AMP 的新形式——语义错误归因程序 SMP 对这一问题也有了很好的解决。研究者们可以把他们关注的研究目标当作启动图片，意义模糊的图片当作目标图片，要求被试判断目标图片是否与某种特性相关。

AMP 及其变式还有一个非常显著的优势：可以方便地比较同一目标的内隐外显态度。只要修改指导语，要求被试评价启动图片，忽略目标图片，典型 AMP 就变成了外显测量。由于目标呈现方式、反应指标、统计口径等方面的一致，比较起来非常直观、简便。且内隐 AMP 与外显 AMP 排除了测验结构上的差异，同时也排除了影响对比的干扰因素，这使内隐外显态度的相关性更高了（B. Payne 等，2008）。

除了具有良好的信效度之外，AMP 还具有这样一些优势：使用愉快反应的比例，也就是百分数作为因变量，数据易于统计管理；与 IAT 及其类似范式相比，实验过程简洁，便于被试理解、操作；实验完成快，即使有近百个测试，由于每个测试都以毫秒计，整个实验也可以在几分钟之内完成；实验材料简单易得；实验程序都十分相似，因此不同实验程序只需稍加变动。

当然作为一种新近发展起来的实验范式，AMP 还并不完善。例如，虽然积极态度比例是比率数据，但一个被试对某一目标的积极选择比例其实只能反映这个被试对这个目标的内隐态度总体的相对的倾向，而不是被试对这个目标的内隐态度的积极程度。而且研究者需要注意的是，即使积极选择的比例很高，超过 60%也不能说明被试的态度一定是积极的。积极比例一定要有一个作为参照物的比较对象才有意义，或者是一个对应的态度目标（男/女、黑人/白人、年老/年轻），或者是一个中性的刺激（数字、几何图形、灰方块）。因为积极态度比例还会受到其他因素的影响，比如被试本身看待客观事物的积极程度，甚至被试对待自我的态度——AMP 实质上是一种投射测量。

还有一些待解决的问题，如启动是否是影响被试对目标做出评价的唯一因素，AMP 中被试是否会找出目标图片的某些特征，并由此做出判断。此外，修正后的 AMP，如 Imhoff 等人的研究中的 SMP 的机制与典型的 AMP 有何差异等。这些问题还有待更多学者进行研究，在实践中探索发现局限性，在此基础上进一步提高和完善这一实验范式。

8　刻板印象解释偏差

刻板印象和偏见难以被测量，是因为人们通常不愿意承认对社会群体有消极的态度和信念（Fazio、Jack-son、Dunton、Williams，1995）。在社会互动的过程中，人们往往会受到社会环境的影响，当人们对某一社会群体表达自己的看法时，由于受到社会赞许性的影响，人们或多或少会对自己真实的想法加以修正，使其看起来更“正确”。同时，导致刻板印象难以被测量的因素中，还有一个重要的原因是人们可能不能准确地报告出他们真实的想法，在人们思考和感受社会群体的过程中，存在的一些信息是人们无法有意识获取的。因此当研究者试图去测量刻板印象和偏见时，就会面临“意愿与能力”这样一个基本问题。

为了回答“意愿与能力”的问题，研究者们转向与测量内隐的态度和刻板化，试图去获取群体意识所无法获得的态度和信念。大量研究者专注于内隐态度的测量，试图去获取个体与社会群体内隐联系的积极或消极程度，例如前面几章介绍过的IAT，另一些研究关注内隐刻板印象和刻板化的测量。刻板印象解释偏差（stereotypes explanation bias，简称SEB）就是一种测量内隐刻板化的方法。

8.1　刻板印象解释偏差的本质

在现实生活中，当人们面对与自己的期望不一致的行为时，往往会对其进行更多的解释。对这些行为的解释，能减少和消除这种与期望不一致带来的紧张和不和谐感，同时还能维持原有的预期（Hastie，1984）。人们常常会对不符合他们预期的行为给出更多的解释，而对于与其预期相符的行为则较少给出解释，这种现象就被称为解释偏差（explanatory bias）[①]。例如，如果一个人（A）在我们的期望中是一个

① 解释偏差主要分为三类：一是认知性偏差，如行动者和观察者对同一行为的归因分析有可能是不同的；二是动机性偏差，因为某种动机如自我服务、自我设阻和社会比较等而出现的归因偏差；三是性别偏差，由于人们受动机、观念、环境等因素的影响所造成的对不同性别的人在行为上归因时出现的解释偏差。

小偷，当得知“A在超市中没有偷东西”时，这一行为信息会引发我们的归因过程，试图使这种不一致的行为变得比较合理（因为A发现附近有警察）。当得知“A在傍晚破窗而入，偷窃物品”时，就会觉得没必要进行过多的解释。按照这样看来，解释偏差使得知觉者对个体进行知觉的过程中，将与刻板预期相矛盾的信息变得不那么矛盾。

刻板印象作为社会知觉中重要的信息来源，人们对社会群体中成员的期望往往和该群体的刻板印象有关。因此，刻板印象解释偏差是一种关于特定行为描述的语言差异，当描述与刻板印象不一致的行为时，个体会使用更多的解释性语言，并将行为进行情境归因，使行为变得更加合理；而当面对与刻板印象一致的行为时，个体会使用较少的语言进行解释，同时将行为进行内部归因①，表明行为的稳定性（Sekaquaptewa、Espinoza、Thompson、Vargas、von Hippel，2003）。例如，研究者让被试解释“一个黑人在微软公司得到一份工作”这一信息时，白人被试会对信息做出更多的解释，他们会说黑人是在别人的帮助下才得到了这份工作，将行为进行外部归因。由于刻板印象解释偏差与个体对某一群体的社会认知有关，在以归因作为探测个体内隐态度的切入点的时候，刻板印象解释偏差（SEB）就成为测量个体内隐态度的有效手段，研究者通过分析个体对特定信息的语言解释来推测其内隐态度。例如研究使用SEB测量个体的内隐性别刻板印象时就有结果显示，被试在与女性刻板印象不一致的情境下做出的归因数量比在女性刻板印象一致的情境下做出的归因数量显著得多，这就表明个体存在内隐性别刻板印象。

8.2 句子完成任务与归因任务

SEB作为群际偏差的一个语言标记（linguistic marker），von Hippel等人（1997）采用Hastie（1984）研究中所使用的句子完成任务（sentence completion task）来测量SEB②。在这个任务中，提供给被试一系列的句子的主干，要求被试添

---

① 内部归因是归因理论中的一种类型，与外部归因相对应。所谓的内部归因（internal attribution），这种推论方式认为，个体出现行为的原因与个体自身有关，如人格、态度或个性。

② 由于SEB不像结构问卷那样严格按照一定的原则和要求来进行编制，题目编制随意性大，并且需要被试充分发挥自己的主动性和创造性，可能会产生SEB分数不稳定的问题。正因为SEB没有固定的结构，被试在回答过程中需要花费比结构性问卷更多的时间，被试容易产生消极态度，而且内隐刻板印象是一种自动化了的认知过程，因此不需要在问题后留过多空白，只要求被试凭第一反应做出尽量多的归因即可。

加更多的词语，使其形成一个语法正确的句子。句子的主干描述群体成员正在做出某种行为，有些行为是与群体刻板印象相一致的，有些则与群体刻板印象不相符。

句子完成任务的实验流程为研究者，要求被试完成相关问卷，通过问卷填答情况以检测被试是否存在 SEB。该问卷由若干个原因填空句子构成（例如 25 个），但它们均只向被试呈现前半句，前半句写出的是事件的结果，而后半句要求被试根据自己的状况填写，即对前半句所描述事件结果进行归因。25 个句子中，16 个是与所研究的刻板印象主题有关的句子，其他 9 个句子是无关研究主题的句子或是中性句子。16 个 SEB 项目的主语必须包含与刻板印象有关的两类相对社会群体，项目中还需尽可能地包含与刻板印象一致的积极的和消极的行为以及与刻板印象不一致的积极的和消极的行为。SEB 的计分方法是根据一定的规则，比较被试对刻板印象不一致的行为归因数和刻板印象一致的行为归因数之间的差异。SEB 分值（非绝对值）越大，说明被试在不符合刻板印象的句子情境中做出的归因数量越多、提供的解释越多，刻板印象对其信息加工的影响也越大。

另外，具体分析被试在问卷中对 SEB 项目所做归因的性质，可以判断被试是否存在 SEB。对于行为的解释而言，并非所有的解释都具有相同的作用，某些类型的解释可能对于刻板印象的维持发挥更大的作用。例如将行为归因于情境就比归因于个人更能维持刻板印象。当对刻板印象不一致进行内归因，SEB 能促进刻板印象的改变和降低；而主要进行外归因的 SEB 则可能导致刻板印象的维持。因此，根据解释的类型（内/外归因），可以将总体的 SEB 分数分解为外部 SEB 分数（E-SEB）和内部 SEB 分数（I-SEB）。外部 SEB 分数是刻板不一致行为外部解释的数量减去刻板印象一致行为外部解释的数量；内部 SEB 分数则是刻板印象不一致行为与刻板印象一致行为的内部解释数量之差。

8.3 刻板印象解释偏差的实验设计

刻板印象是社会心理学的一个重要课题，内隐社会认知则是心理学研究领域的一个热点，SEB 与上述两者关系密切，因此 SEB 适合测量内隐刻板印象（俞海运、梁宁建，2005）。SEB 把归因作为切入点来研究人的内隐态度，把归因结果作为重要对象加以分析，在实验操作上引进了实际生活场景，自然激发个体的内隐态度。

以性别刻板印象为例，SEB 实验采用 2（问卷中被描述主体的性别：男性主体和女性主体）×2（被描述行为与性别刻板印象的一致性：一致和不一致）×2（行为结果的性质：积极的和消极的）×2（被试的性别：男性和女性）混合设计。其中，被描述主体的性别、被描述行为与性别刻板印象的一致性以及行为结果的性质为被试内变量，被试的性别为被试间变量。因变量为被试给每个句子做出的归因数量。

依据 SEB 理论编制“刻板解释偏差”问卷，分别挑选 8 个（可根据研究设计和目的改变数量，但要和女性名字数量相等）男性名字和 8 个女性名字作为刻板解释偏差问卷中被归因对象的姓名，隐含性别信息。根据 SEB 的编制要求编写 8 句（可根据研究设计和目的改变数量）与男性有关的行为结果（其中积极一致、积极不一致、消极一致、消极不一致的情况各 2 句）和 8 句与女性有关的行为结果（其中积极一致、积极不一致、消极一致、消极不一致的情况各 2 句），其他 9 句随意选取名字和不包含刻板信息的事件。

将问卷发给被试，进行纸笔测验。问卷的指导语为“下面我们给出了一些情境，请您补充可能的原因。您可以填写任何您所认为合适的理由，只要语句和逻辑通顺即可。一个情境后尽量填写多个原因”。为了平衡疲劳效应，避免被试前面多写、后面少写给实验带来的影响，将男性和女性，消极和积极，一致和不一致组合的 8 种情况按不同的顺序排列呈现给被试。

8.4 刻板印象解释偏差数据分析与处理

在计算 SEB 分值前，由两位编码员分别对每位被试在问卷上 SEB 项目后半句中所填写的内容进行独立分类编码，判断填写的内容是关于前半句行为的解释，还是简单重复了前半句的意思。两位裁判的编码有高相关，这样才能确保被试所提供理由的归因价值，可以进一步计算 SEB 分值。

将分类结果作为计算分值的根据。首先计算被试在与刻板印象一致的句子情境中，为主语行为提供的解释数量，此处记为 XX；然后计算其在与刻板印象不一致的句子情境中，为主语行为提供的解释数量，此处记为 XY；最后用不一致的句子情境中的解释数量减去一致的句子情境中的解释数量，就得到了 SEB 分值，即 SEBscore＝XY－XX。针对刻板印象所涉及的两类社会群体，每个被试可以得到两个 SEB 分值。这里在 XY 和 XX 中，第一个字母指代某一类社会群体，第二个字母指代与刻板印象相关的某一类行为。

8.4.1 刻板印象解释偏差总分的计算

在该实验设计中，为计算总体 SEB 分数，首先分别计算出每位被试对四类解释的总数量：(1) 主语为女性，且行为与刻板印象一致的句子情境中的解释总数，记为 FF；(2) 主语为女性，且行为与刻板印象不一致的句子情境中的解释总数，记为

FM；（3）主语为男性，且行为与刻板印象一致的句子情境中的解释总数，记为MM；（4）主语为男性，且行为与刻板印象不一致的句子情境中的解释总数，记为MF。针对男女群体，该被试可以有两个 SEB 分值，即 SEBscore1 = FM − FF、SEBscore2 = MF − MM。将 SEBscore1 和 SEBscore2 进行 t 检验，和 0 比较，即可分析被试的性别刻板印象情况。

8.4.2 内、外归因条件下的刻板印象解释偏差分数

具体分析被试在问卷中对 SEB 项目所做归因的性质，也可以判断被试是否存在 SEB。分别计算被试在不同情境中做出外归因和内归因的数量，将它们与男性主语和女性主语这一维度组合，比较被试在内、外归因两个情况下对与刻板印象一致和不一致行为归因的数量间的差异，将分数计为：（FM−FF）内，即被试对女性归因的 SEB 分数中属于内归因的部分，同样有（FM−FF）外，（MF−MM）内，（MF−MM）外（Sekaquaptewa 等，2003）。

8.4.3 刻板印象解释偏差分数的性别差异

通过计算被试的 SEB 得分，也可以分析 SEB 分数的性别差异。其中 SEBscore1 = FM − FF、SEBscore2 = MF − MM，SEB 数值越大说明被试在不符合刻板印象的句子情境中做出的归因越多，刻板印象对其信息加工的影响也越大。根据不同的研究目的，对 SEB 分值和其他数据进行差异的显著性检验和相关分析等。被试做出的内、外归因在不同情境下也可以进行统计分析，当被归因的主体为女性时，被试倾向于将与性别刻板印象不一致的结果归于个人的内部因素，如努力、能力、天分等，而倾向于将与性别刻板印象一致的结果归于外部环境因素，如运气、意外、他人影响等；当被归因的主题为男性时，这种归因倾向则正好相反。理论上，与基于刻板印象的预期不一致的行为多被归因于外部原因或内部的不稳定因素，而与基于刻板印象的预期相一致的行为则多被归因于内部的稳定因素。Crocker 等人的研究也证明了，对与刻板印象不一致的事件更多地做出外部归因，以及对与刻板印象一致的事件更多地做出内部归因，都能达到维护刻板印象的目的（李林仙，1995）。

第三篇　性别刻板印象

心理学研究发现，人们普遍持有性别刻板印象，对男性和女性在人格特征、行为等方面存在不同的看法或信念。在人格特征和行为方面，人们往往认为男性更加理性、勇敢、坚强、主动、冒险、渴望独立、支配欲强、爱竞争、喜欢科技，女性则更加感性、温柔、体贴、细心、文静、渴望亲密、做事得体、爱整洁、喜欢文艺。同时，在性别刻板印象的研究中，研究者还发现了一个重要特点就是，人们在性别刻板印象上一致认为男性气质比女性气质优越，并由此产生性别偏见。

研究还发现，人们对男性和女性的角色也有着不同的看法，传统的性别刻板印象认为“男主外，女主内”，男性被看作适合从事家庭以外的竞争性工作，应该承担重要的社会角色；女性则被看作适合在家庭内照顾丈夫和孩子、承担养育的家庭角色。然而，随着时代的进步和发展，女性逐渐走出家门，进入各个工作领域，人们对男性与女性的性别角色刻板印象也发生了一些变化，但依然存在显著的性别差异：男性的角色更多的是经理、警察、律师、医生、工程师、程序员，而女性的角色更多的是秘书、会计、幼师、护士、服务员和设计师。

尽管性别刻板印象有它产生的现实根源，但它具有一定的偏差性，不能准确地反映现实。并且，它的固定性还使它不能很好地反映现实的变化。研究表明，尽管男性和女性的角色已经发生了很多变化，但人们的性别刻板印象依然相对比较传统。这种坚定不移的信念对人们产生了广泛而深远的影响。例如，一些关于女性亚群体的研究发现，人们尽管认为那些新兴的女性（如职业女性、女权主义者、女同性恋者、女运动员）是有能力的，但却不令人喜欢。那么，当面对那些更加违背人们性别刻板印象的个体时，人们又会有怎样的反应呢？他们会改变自己的刻板印象，还是对这样的个体进行抵制？本篇的第 9 章将通过对有关性别刻板印象维护的研究进行详细的论述与评价，来回答这个问题。

青少年儿童经历的是社会化的重要阶段，在这个阶段形成的观念会在以后产生巨大的影响。性别刻板印象就是这样一种会产生重要影响的信念，在成长时期形成的性别刻板印象很可能成为性别偏见和歧视的根源，因此对青少年儿童的性别刻板印象进行研究非常必要。本篇第 10 章将报告我国青少年儿童性别刻板印象结构，并在探索结果的基础上考察青少年儿童的外显和内隐性别刻板印象。

最后，情绪性别刻板印象也是性别刻板印象领域中的一个独特又重要的研究主题，本书采用内隐联想测验（IAT）和自发特质推论范式考察了情绪性别刻板印象的内隐存在和归因解释，这将在第 11 章中进行详细的介绍。

9　性别刻板印象维护的心理机制

人们普遍持有性别刻板印象（gender stereotype），对男性和女性在行为及人格特征等方面有着不同的看法和期望。传统的性别角色（gender role）观念都具有刻板的性质，是性别刻板印象的重要组成部分（时蓉华，1999）。然而，人们经常会碰到一些人的表现与大众对其性别角色的期望相反。比如，在人格特征方面，人们可能遇到一位女性表现出较高的成就动机或领导才能，而一名男性却表现出较强的服从性或重感情；在家庭分工方面，人们可能遇到一位在事业上拼搏的女性，或一位持家的男性；在职业角色方面，人们可能遇到一位企业的女经理，或幼儿园的男教师。这些就是反性别刻板印象（gender counter-stereotype）个体，他们在性别角色行为方面的表现与人们的性别刻板印象不相符，违背了人们对两性角色的期望和要求。面对这样的信息，人们会如何反应呢？大量研究表明，一旦受到这些反刻板印象信息的冲击，人们更会倾向于维护而不是改变其刻板印象（Fiske，1998；Macrae 等，2000；Lyons 等，2003；Plaks、Carol、Steven、Jeffrey，2001）。有关维护性别刻板印象的研究目前主要集中于认知过程和行为表现等方面，人们会运用不同的认知策略，采取不同的行为对反性别刻板的对象做出反应，从而维护性别刻板印象（Wilder 等，1996；Rudman 等，2004）。

9.1　认知过程中性别刻板印象的维护

图式理论（schema theory）① 认为，与刻板印象相一致的行为更容易被记住，因

---

①　图式的概念最早来自 19 世纪德国哲学家康德，他把图式看作“原发想象力”的一种特定形式或规则。现代图式理论认为图示代表个人对事物、人或环境的知识的认知结构，它包括对所认识的对象的特点以及这些特点的相互关系的认识。图式可以帮助人们简化现实。更重要的是，图式指导人们处理新的信息。图式会建立对未来信息的期待，帮助人们把外在刺激的若干细节与一个总体概念相联系，而与之不一致的信息则会被过滤掉。

为与期望相一致的信息比与期望不一致的信息更优先地在记忆中编码，它们更容易被同化或整合到已有的知识结构中。因此，在面对性别刻板印象信息和反性别刻板信息时，人们倾向于记忆那些更容易记忆的与性别刻板印象一致的信息，这样自然就维护了性别刻板印象（李林仙，1995）。认知失调（cognitive dissonance）的观点也可以解释为何要维护刻板印象（叶浩生，1998）[①]。当个体对于其行为及相应态度发生失调时，就会出现一种令人厌恶的状态，这个状态会激发人们去减少失调。减少失调活动能缓和这种不愉快的状态。失调具有驱动力量——它驱使人们采取行动减少不愉快的感受（Wood，2000）。反性别刻板行为的出现会造成人们在某种程度上对性别角色规范的认知失调，对已有的性别刻板印象产生冲击，为了维持原有的认知和谐状态，人们就要去维护性别刻板印象。

在有关维护刻板印象的社会认知研究中（Belmore，1987；Hastie R、Kumar 等，1979；Sherman、Lee、Bessenoff、Frost，1998），研究者发现，在呈现给被试符合刻板印象和不符合刻板印象的信息后，会观察到被试自然地去用不同的方式来处理这两类信息，而不同的处理通常会有助于维护被试性别刻板印象。当出现反性别刻板印象时，研究者发现认知过程中被试的三类策略：第一，被试可能会减少与不符合性别刻板印象的信息的接触，将注意力放在符合性别刻板印象的信息上，这样会在记忆中积累更多符合刻板印象的证据，从而维护性别刻板印象。第二，被试可能会多接触不符合性别刻板印象的信息并揭穿它，或者将其解释为别的事物从而保留原有的完整的性别刻板印象。第三，由于人们认为反刻板印象的信息有着比与刻板印象相符的信息更大的信息价值，被试会增加对于不符合性别刻板印象的信息的认知接触。人们在判断信息是否与刻板印象相符之后，会按照这三类策略的其中之一来对信息进行处理。前两类策略都直接有利于对性别刻板印象的维护，而后一种策略将会削弱对性别刻板印象的维护。

Wilder 等人（1996）的研究进一步表明，一个外群体成员做出的反刻板行为通常不会改变人们对外群体的刻板印象。人们抗拒（resistant）反刻板的信息有各种各样的原因。首先，有关外群体的观念可以同有关自我的观念相联系，包括个人对该特定外群体的认同。改变有关外群体的观念会产生对个体内群体及其自身有关信仰的不受欢迎的挑战。第二，许多有关外群体的刻板印象是不讨人喜欢的，而消极的

---

① Festinger 提出的认知失调理论指出，当人们同时持有两种或多种不一致的信念，或表现出与自己原有信念不一致的行为，或面对的新信念与原有信念相冲突时，人们会经历认知失调，驱使他们去降低或消除这种不一致带来的紧张和不适感。

观念比积极的观念更加难以受到挑战。第三，如果将反刻板的信息归因于个别原因，那么它会被当作例外而受到忽略，这是因为反刻板行为违背了人们的期望，将其归于个别的或不稳定的原因会让人们觉得更有理由忽视它。最后，接受反刻板的信息会迫使观念重新构建，而最简单的反应就是否定反常信息，坚持已有信念。这样，就在很大程度上维护了刻板印象。Wilder 等人（1996）在研究中验证了 Hewstone 提出的刻板印象改变的归因模型（图 9-1）。

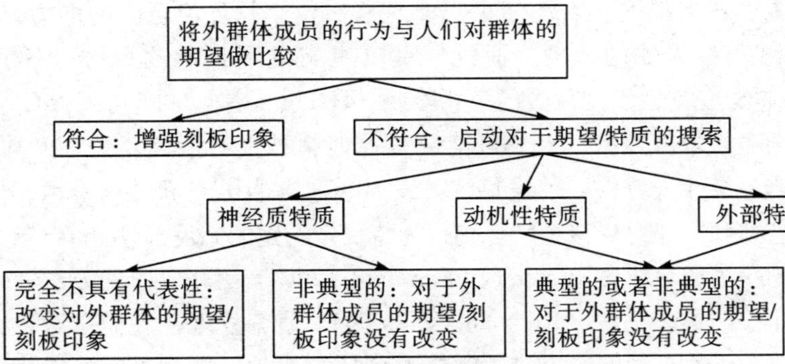

图 9-1　刻板印象改变的归因模型

依据这一归因模型，人们会将一个人的性别角色行为与人们对此人所属的性别群体的行为期望即性别刻板印象进行比较。如果该行为符合人们的性别行为期望，那么有关该性别群体的观念将会得到维持并有可能得到加强；如果不符合，人们就会探寻引起这种非期望的性别行为的原因。一方面，如果将此人的反性别刻板行为归因于内部不稳定因素（动机或努力）或外部因素（情况的限制、任务难度、机会），就会导致把反性别刻板行为当成例外而忽略它，此时原有的性别刻板印象不受影响从而得到维护。另一方面，如果将反性别刻板行为归因于此人内部的稳定因素（神经质特质），人们就会判断此人性别行为的代表性。如果认为此人为某性别群体中的非典型，那么他或她的行为就不能被用来预测该性别群体中其他人的行为，有关该性别群体的刻板印象不会受到任何影响进而得到维护；而如果人们将此人视为该性别群体的典型成员时，反性别刻板的信息才会对原来的性别刻板印象产生影响。

9.2　行为表现中性别刻板印象的维护

在针对反性别刻板行为方面，有研究发现，在社会环境因素的影响下，群体成员身份和行为特征会在很大程度上起到维护性别刻板印象的作用（Meiser 等，

2004)。当人们面对反性别刻板的对象时，通常都会采取针对性的措施限制和阻碍该对象的反刻板行为进一步发展，进而维护自己的刻板印象。例如，支配型（directive style）[①] 的女性领导者会比参与型（participatory style）的女性领导者受到更多的负面评价。同样地，“任务取向”风格的女性演讲者没有“大众取向”风格的女性演讲者有说服力。即使是在自我防御的时候，女性表现出果断、自信也会受到否定。这些对女性行为的限制使她们在现实中以及心理上受到影响，如在应聘工作时处于劣势，工作中更难得到提升。女性如果想要身居高位，并且使自己的能力得到承认，就必须表现出一种男性的魄力，而这样做就有着受到抵制的风险（Heilman 等，2004)。男性也会受到性别规范的约束和限制（Heilman 等，2005)。例如，一名男性如果主动向陌生人暴露隐私，人们可能会觉得他精神上有问题。护理专业的男生，即使学业优秀也会让人觉得其前途堪忧。发展心理学的研究资料也显示，与女孩相比，父母、老师和同伴对男孩的跨性别行为持更多否定的态度（Heilman 等，2004)。

在最近的一项研究中，Rudman 和 Fairchild（2004）运用实验的方法考察了人们对性别刻板印象的维护过程（Rudman 等，2004)。研究发现，人们在遇到反性别刻板的行为时，会对反刻板的对象进行阻挠并破坏其成功，进而达到维护性别刻板印象的目的。据此，研究者将这种反应称之为抵制效应（backlash effect）[②]。抵制效应就是人们对反刻板的行为在社会及经济上的抵制（Rudman 等，1998)。研究者认为，人们之所以会有这种反应是因为反刻板的行为违背了人们一贯的期望。在对抵制效应的研究中，研究者设计了一个比赛情境，让被试输给反常者（也就是反性别刻板的对象）来创造能够引起抵制反性别刻板行为的条件，从两方面导致了抵制行为。首先，失败威胁到自尊，而对于自我价值的威胁会自动地刺激社会刻板效应(Spencer 等，1998)。一旦激发起性别刻板，违反性别刻板的对象就可能会被视为处于反常的类别（如被看作期望违背者)。其次，对自尊的威胁会使观察者更有理由实施抵制行为。人们对于反性别刻板对象的反应是消极的（Schimel 等，1999)。一般说来，威胁到人们的自我整体性往往会导致个体的防御反应（McGregor 等，2001)，此时反刻板的表现就导致了人们采取抵制行为。研究者分别从观察者（perceivers）和表演者（actors）的角度提出一个在维护文化刻板印象中的对抗角色模型（见图 9-2)。

---

① 支配型领导更像传统的领导，他们往往会自行决策，然后下达指令；参与型领导则会更多地与他人互动，重视共同的发现和创造。

② backlash 原本指一种“后坐”的物理现象，后来被形象地用作政治性话语“抵制”，例如，民众强烈抵制（backlash）非法移民政策。

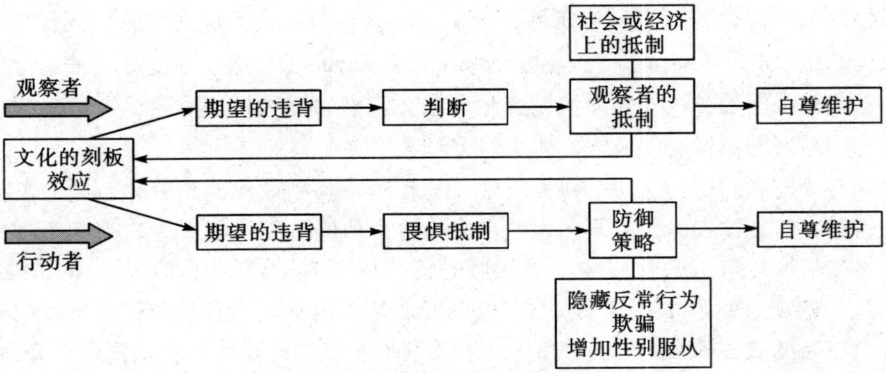

图 9-2　针对反刻板对象的抵制行为功能模型

在抵制行为功能模型图中，"期望的违背"指的是在实验设置的比赛情境中，被试在具有性别刻板内容的答题任务中输给反刻板行为的表演者（由实验者安排），由于表演者在反刻板的任务上获得了胜利，就使得输掉比赛的被试（即观察者）感觉自己的刻板印象受到了挑战，也就是期望受到了违背。图 9-2 的上半部分显示，当人们观察到对象违背了刻板印象时，该对象就成为一个违背期望的例子。当观察者判断有理由进行抵制时，抵制行为的可能性会增加。最终，针对反刻板的对象实施抵制行为使得观察者维护了自尊，进而达到维护刻板印象的效果。图 9-2 的下半部分显示出违反刻板印象的表演者强化刻板的过程。在这一过程中，表演者意识到自己的行为违背了刻板印象，产生对抵制行为的畏惧，进而采取防御策略以避免受到抵制，从而也维护了自尊，维护了文化中的刻板印象。

9.3　情绪中性别刻板印象的维护

内隐刻板印象是指在人们没有意识到的情况下，由社会类别线索激活的相应的刻板印象（Greenwald、Banaji，1995）。作为一种认知快捷方式，内隐刻板印象有助于简化个体认知活动（Macrae、Milne、Bodenhausen，1994），但同时也给个体带来一些负面影响。例如，有研究发现，事先给被试在阈下呈现与黑人相关的词语会使被试在评价他人时表现出更多的敌意（Devine，1989）。因此，减弱内隐刻板印象以削弱甚至消除其负面影响成为研究者着力探讨的一个重要问题。

关于反性别刻板印象的研究发现，通过启动反刻板印象的方法能够有效地减弱内隐性别刻板印象。如Dasgupta和Asgari（2004）向被试呈现女性领导人样例，有效减弱了被试的职业性别刻板印象；Stewart和Payne（2008）通过让被试进行反刻板化想象，减弱了被试的特质性别刻板印象。连淑芳（2013）发现给被试呈现反刻板信息能够减弱被试的内隐职业性别刻板印象。

此外，已有的有关启动反刻板印象对刻板印象抑制效应的研究中，均忽略了被试的情绪状态。过去的大量研究表明，情绪对个体的认知过程有着广泛而重要的影响。根据在情绪与认知领域被广泛认可的情绪信息等价模型（affect as information model）[①] 的观点，个体情绪意味着当前高度通达的信息是否存在价值：积极情绪意味着当前高度通达的信息是有价值的，个体利用此信息进行反应可以简化认知活动，因此个体更加“信奉”（embrace）这种信息，并依赖它完成后续任务；而消极情绪代表当前高度通达的信息没有价值，个体会“拒绝”（reject）利用这种信息做出反应（Isbell、Lair、Revenpor，2013；Isbell、Lair，2013；Schwarz，1990；Schwarz、Clore，2007）。简言之，积极情绪下的个体比消极情绪下的个体更可能利用当下的通达性信息（Dasgupta、Agari，2004；Blair、Ma、Lenton，2001）。有研究发现，启动反刻板印象后，个体的反刻板印象通达性高于刻板印象通达性。根据上述观点可以推测：在积极情绪下，启动反刻板印象会使个体更依赖反刻板信息做出反应；而在消极情绪下，启动反刻板印象会使个体放弃反刻板信息。那么，与消极情绪下启动反刻板印象相比，积极情绪下启动反刻板印象更能抑制性别刻板激活。也就是说，反刻板印象对刻板印象的效应可能受到个体情绪的调节，性别刻板印象的维护机制中不能缺少个人情绪的调节作用。

9.4 评价与展望

近年来对性别刻板印象的维护的心理过程以及行为的研究，反映了社会心理学中的社会认知取向对心理与行为过程的内部机制的关注和探讨。美国心理学者提出的性别刻板印象维护的认知策略、刻板印象改变的归因模型以及反性别刻板印象的抵制行为功能模型，对于人们的性别刻板印象的维护有很好的解释力。

---

① Schwarz和Clore提出了情绪信息等价模型，认为人们对自己所处的情境和关注点随时都在自动化、内隐地做出评估，也许人们并不能意识到这种评估过程，但却能够产生相应的情绪感受，人们能够根据这些情绪感受有意识地控制自己的认知加工过程。参见Schwarz，N.& Clore，G. L. Mood，misattribution，and judgments of well-being：informative and directive functions of affective states. *Journal of personality and social psychology*，1983，45（3）：513.

已经有大量研究支持了认知加工机制在维护性别刻板印象中的作用（Yzerbyt等，1999；Lyons等，2003）。维护性别刻板印象的三种认知策略，从信息加工方面解释了人们维护性别刻板印象的心理机制和行为方式。但是，对人们在什么样的条件和情境之下采取哪一种行为策略，已有的认知研究并没有给予回答。性别刻板印象改变的归因模型，归纳了人们在面对与性别刻板期望相反的行为时不同归因路径和归因倾向，更好地解释了认知过程中对性别刻板印象维护的心理过程。

而从反性别刻板对象的具体行为出发提出和验证“抵制行为的功能模型”更是一种有意义的尝试。这一模型从观察者（性别期望被违背，采取抵制行为者）和表演者（违背了性别期望，受到抵制者）两方面考察了人们对反性别刻板印象的抵制行为的产生和影响。这一结论充实了先前研究者所忽略的领域，对今后的研究也很有启发，但是用抵制模型来解释人们对刻板印象的维护也值得进一步探讨。首先，要证明抵制行为在维护刻板印象中起到重要作用，不仅需要实施抵制的观察者能够意识到抵制行为会对后来观察者的刻板印象有影响，也依赖于反刻板的表演者为避免遭受抵制而采取的防御策略能够对后来的观察者的刻板印象有影响。因此，在抵制行为模型图中所示的过程是否确实起到维护刻板印象的作用，还需要在今后的研究中对观察者真实的刻板印象程度加以检验。其次，在维护刻板印象的研究实验中用输掉比赛来激发被试的抵制行为，这样得出的抵制效应也是值得进一步讨论的。可以假设，如果改变实验情境，人们也许不会产生明显的抵制行为。人们是否只在反刻板的对象做出威胁到自己自尊的行为之后才会有明显的抵制反应，而反性别刻板对象的行为并不直接威胁到自己自尊的时候，人们是否不会有明显的抵制行为，这都需要在今后的研究中进行更深入的探讨。

性别刻板印象及其维护行为普遍存在于日常生活中，带有特定社会和时代的色彩，因此性别刻板印象的维护也涉及文化变量问题。尽管总体而言中国人与美国人的性别刻板内容相似，但中西文化差异也必然对维护中的认知、归因、情感体验和行为策略有影响，相应的性别刻板印象的维护机制中西方也可能有所不同。在比美国文化更加求同的中国文化中，人们维护传统的性别刻板印象的动机强度可能更大，会更加注重社会道德、价值观的影响，对于反性别刻板印象的对象的归因、评价以及抵制行为应该与西方有差异。可见，不同文化中的性别刻板印象及其维护的异同，自然成为今后研究中必须考虑的一个重要方面。

10 青少年儿童的性别刻板印象

性别刻板印象作为刻板印象的一种重要表现形式，在过去的十几年里，一直是社会认知研究领域中引人关注的一部分。人们研究发现，性别刻板印象不仅在成年男性和女性身上表现出来，而且在刚出生的婴儿（newborn infants）和儿童（young children）身上也可以表现出来，并且即使我们控制儿童的性别认同，性别刻板印象同样也会表现出来（Condry，1976；Gurwitz、Dodge，1975；Rubin、Provenzano、Luria，1974）。从认知上讲，儿童在很小的时候就对性别产生了较强的刻板印象。在2～3岁，儿童已经具有了用性别刻板印象来选择玩具和区别成人的角色的能力；到了5岁，儿童就能把能动性（agency）特征[①]与男性相联系，把社会性（communal）特征与女性联系起来（Ruble、Martin，1998）。例如，Beauf（1974）曾将与传统性别角色行为颠倒的图片给儿童看，要他们说出图中不对的地方。结果有20%的儿童指出男人煮饭不对，有49%的儿童指出女人修理电话不对。由于性别刻板印象几乎是从人们一出生开始，就对人类的思想和行为产生了重要影响，所以，对性别刻板印象进行深入而细致的研究。其意义是十分重大的。

本章在对青少年儿童性别刻板印象结构进行探索的基础上，进一步结合对性别刻板印象外显和内隐的测量，从不同方面考察青少年儿童的性别刻板印象。整个研究分为三个步骤：第一，通过问卷施测，经过探索性因素分析和验证性因素分析，得到具有44个项目的青少年儿童性别刻板印象量表；第二，运用编制的量表对青少年儿童的性别刻板印象的发展进行分析考察；第三，用性别刻板印象问卷、IAT和SEB三种方法对被试的外显和内隐性别刻板印象同时进行考察。

① 能动性特征是指偏向选择展现才能的工作，而社会性特征是指偏向选择与沟通有关的工作。

10.1 性别刻板印象的结构假设

性别刻板印象的结构及内容是对性别刻板印象进行一系列研究的基础，虽然不少研究者提出了自己的维度，讨论了性别刻板的内容，但还没有发展出一个有效的测量性别刻板印象的量表。从发展的角度考察研究者对各年龄阶段对象的性别刻板印象的研究可以发现，虽然有很多针对不同年龄阶段对象的性别角色的研究，但是还缺乏一个系统的研究青少年儿童性别刻板印象发展趋势的研究。开发测量性别刻板印象的有效工具并据此考察其随年龄变化的发展，能够更加系统地对性别刻板印象进行深入研究。同时，由于内隐记忆研究方法的引入，内隐社会认知成为社会认知领域的新的研究热点。我国的学者也通过实验研究证明了社会认知具有更强的内隐性，并提出社会认知的内隐和外显之间是不可分割的"钢筋水泥"关系。研究者也指出刻板印象的内隐测量与外显测量会出现实验性分离的结果，能够从不同的侧面更加全面地反映性别刻板印象。因此内隐性别刻板印象的测量就成为对性别刻板印象测量的重要补充。

根据性别刻板印象的定义，即性别刻板印象就是人们对男性和女性在行为、人格特征等方面的固定看法或信念。以 Deaux 和 Lewis（1983）对性别刻板印象结构的研究为基础，得到性别刻板印象的四个维度，即人格特质、角色行为、职业和外表。在他们的研究中，性别刻板印象各维度的内容如下。特质维度：包括（男性）独立，积极，竞争，果断，不轻易放弃，自信，能够承受压力，有优越感；（女性）情感丰富，能够全心全意关心别人，温柔，善良，善解人意，理解他人，友好，对他人有帮助。角色行为维度：（男性）一家之主，家庭收入主要来源，领导者，负责家中的修理工作；（女性）情感支持的来源，打理家务，照顾孩子，洗衣做饭，负责家中的装饰。职业维度：（男性）卡车司机，保险代理，电话安装员，化学家，城市规划者；（女性）职业辅导员，电话接线员，教师，护士。外表维度：（男性）高大，强壮，肩膀宽；（女性）轻言细语，娇美，举止优雅，柔软的。

Deaux 和 Lewis（1984）研究了这四个维度之间的联系及其相互影响。研究结果表明，各维度之间可以相互预测，并且各维度预测其他维度的能力不同，其中外表维度起着最为显著的作用。

其次，根据对以往国内外研究的分析发现，对性别刻板印象内容的研究多以人格特质为主要对象，而在对与性别有关的人格特质的研究中，研究者对男性和女性各自的特质有比较一致的结论，如表 10-1 所示。

表 10-1　性别角色人格特质的研究回顾

研究者	男性特质	女性特质	研究主题
Broverman（1972）	能力和理性	热情和善于表达情感	性别刻板
Deaux、Lewis（1983）	独立、积极、竞争、果断等	情感丰富的、温柔、善良、善解人意	
Bakan（1966）、Triandis（1989）	个人主义：独立、自主、能动	集体主义：依赖、集体、愿意与人接触	
Fiske、Stevens（1993）	工具性特质	表达性特质	
钱铭怡（1999）	更能干、更优秀	情感更细腻	
Wood 等（1997）	独立、支配等	关心、善于表达情绪、热情	性别角色观
时蓉华（1988）	多与成就、事业相联系	多与情感、人际关系相联系	
李美枝（1984）、陈芳芳（1994）、张萃（1998）	工具性特质	表达性特质	性别角色、人格特征
钱铭怡（2000）	坚强能干、鲁莽急躁	温柔贤惠、软弱忧郁	刻板印象的能力/热情双维模型
Fiske 等（1999）	有能力但是不够热情	热情友好又能干	能力热情双维

结合美国心理学家 Fiske 等人提出的刻板印象内容模型，SCM 认为，刻板印象的内容是在能力（competence）和热情（warmth）两个维度上的评价组合。Fiske 认为，从功能主义和实用的观点来看，刻板印象的维度应该来自人际和群际互动。当遇到其他的个人或者群体时，人们本能地想知道他人的行为意图和能力状况，也就是热情和能力这两个不同的方面。

有关群际和人际知觉的种族刻板印象和性别刻板印象的美国研究结果显示，在社会知觉中的确存在热情和能力维度。早期关于群际互动的研究表明，某些种族群体（如犹太人）被认为是能干却不热情的，而某些种族群体（如黑人）被认为是热情但缺乏能力的。对于女性亚群体也有同样的发现，人们认为一类女性（如职业女性、女权主义者、女同性恋者、女运动员）是有能力的但不令人喜欢的，另一类女性（如家庭妇女、女孩）是可爱但不独立的。Fiske 等人的研究证实，刻板印象内容的能力和热情这两个基本维度的存在是泛文化的①。综合以上研究者的观点，可以从

① Fiske 等人通过一系列研究来验证 SCM。除了在美国被试中进行研究外，他们还在欧洲十五国以及东亚国家中进行了研究，用来检验 SCM 的普遍性或文化差异。SCM 的主要假设得到了验证，刻板印象内容的能力和热情这两个基本维度的存在是泛文化存在的。

人格特质、角色行为、职业、外表这四个维度对性别刻板印象进行描述，并且可将人格特质分成能力和热情两个子维度，这样可以更好地反映青少年儿童的性别刻板印象的基本特征。

结合 Fiske 等的刻板印象内容模型 SCM（1999、2002），将能力和热情作为特质维度的子维度，形成了对性别刻板印象结构的初步构想，如图 10-1 所示。进而依据这一构想，提出了性别刻板印象各维度的测量线索，如表 10-2 所示。

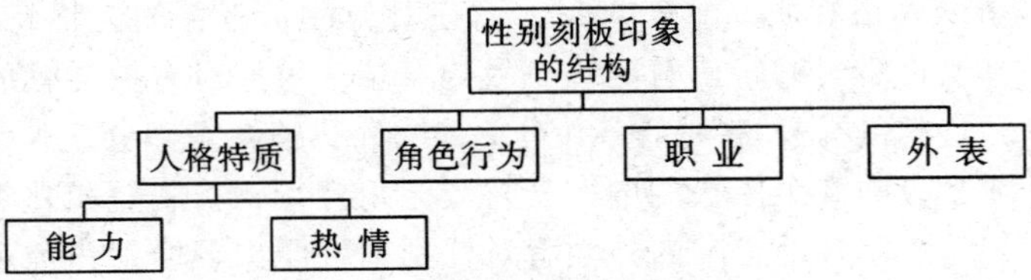

图 10-1　性别刻板印象的结构

表 10-2　性别刻板印象量表维度和内容的测量线索

		男 性	女 性
人格特质	能力	独立、果断、坚强、勇敢、创造、有雄心、有力、支配、不轻易放弃、自信、有能力、有效率、聪明、技能熟练、负责的、能够承受压力、自立、胆大、不屈不挠、精干、顽强、逞能、冷静、权威、阳刚、理智、征服、进取、好强、奋斗、冒险、竞争	顺从、依赖、目光短浅、优柔寡断、母性、不自信、无野心、无竞争性、感性、感情用事、胆小、爱哭、易受暗示、软弱
	热情	自大、急躁、粗心、心宽的、风趣、豪爽、冲动、莽撞、草率、积极、主动、霸道、深沉稳重	善解人意、温柔、体贴、利他、细心、易表露情感（感情丰富）、善良、理解、热情、情感细腻、虚荣、关心他人、贤淑；忍让、虚心、整洁、纯真；柔弱、脆弱、忧郁、情绪化的、热心助人、敏感、无私、被动、宽容
角色行为		一家之主，经济来源；一位领导者；负责家庭内的维修工作；会打篮球	情感支持的来源；打理家务；照顾孩子；做饭
职业		科学家、工程师、教授、医生、政治领导人、律师、哲学家、经济精英、军人、警察、军事家、建筑师（工人）、科研人员	幼师、护士、秘书、保姆、营业员、售票员、导游、助手、小学老师、照顾工作者、接线员
外表		高大、魁梧、头发短、强壮、肩膀宽	甜美的微笑、轻言慢语、娇小、娇美、举止优雅、柔软的

10.2 性别刻板印象量表的编制

以 Deaux 和 Lewis（1983）对性别刻板印象结构的研究为基础，初步得到性别刻板印象的组成部分有人格特质、角色行为、职业和外表，其中每一部分分别从男性和女性两个角度来考察。其次，根据对以往国内外研究的分析发现，对性别刻板印象内容的研究多以人格特质为主要对象，而在对与性别有关的人格特质的研究中，研究者对男性和女性各自的特质有比较一致的结论。根据对有关文献的分析，结合 Fiske 的刻板印象内容模型，将特质具体分为能力和热情两个部分，进而假设性别刻板印象包含有 4 个方面 2 个层次的内容：特质、角色行为、职业和外表，其中特质又分为能力和热情。结合近年国内外学者对性别刻板印象、性别角色观、性别角色人格特征等的研究，由 21 名心理系研究生组成讨论小组，从中分析和归纳出 60 题项，其中男性题项和女性题项各 30 项，采用 5 点量表，对题目中的表述从“完全符合”到“完全不符合”评分。在正式施测之前有两次前测。

10.2.1 第一次预测

选取武汉杨园中学初二学生，湖北大学附属中学高二学生以及华中师范大学汉口分校本科生作为被试，发放问卷 235 份，收回 227 份，回收率约为 96.6%，剔除无效问卷 6 份，得到 221 份有效问卷，有效率约为 94%。

使用 SPSS11.5 进行数据录入和统计分析。

本研究对项目进行的是区分度分析，采用临界比率[①]（critical ration，简称 CR）和题总相关来作为项目区分度的指标。

在本研究中，将预测量表的 60 个项目相加的总分按升序排列，将前后 60（221×27%≈60）名被试进行高、低分组，计算两组被试在各个项目上得分的差异。经独立样本 t 检验显示，所有项目高、低分组间的差异均在 0.001 水平上显著。

分别计算男女量表上 30 个项目与分量表总分的题总相关，发现所有项目的题总相关均在 0.01 水平上显著。

临界比率和题总相关这两个指标说明该问卷中各项目均具有良好的区分度，表明最初的这 60 个项目均可分别参加男女分量表探索性因素分析。

---

① 临界比率是将所有被调查者的问卷得分总和按高低顺序排列，得分前 25%～33%者为高分组，得分后 25%～33%者为低分组，算出高低两组被调查者每个题项得分的平均值，计算两者差异的显著性水平，即可得到该题项的 CR 值。如果 CR 值达到显著水平小于 0.05，就表示该题项能够鉴别不同调查者的反应程度。

分别对男女分量表的30个项目进行因素分析，最终各抽取5个因子，分别可以解释总变异的44.21%和47.33%。

初步确定5个子维度，包括能力、热情、行为、职业和外表。根据因素分析的结果，测试基本符合原构想，对问卷进行修改。男女分量表各24道项目，进行第二次预测。

10.2.2 第二次预测

第二次施测选取小学4～5年级的学生120名，最后得到有效的小学生问卷112份。另外在第一次测试的3所学校中各选取120名学生，一共发放480份问卷，最后回收有效问卷461份。

对数据进行分析发现，所有项目高低分组间的差异均在0.001水平上显著，所有项目的题总相关均在0.01水平上显著。

临界比率与题总相关这两个指标说明该问卷中各项目均具有良好的区分度。

分别对男女分量表的24个项目进行因素分析，采用主成分法抽取因子，保留特征值大于或等于1的因子。研究使用斜交旋转，最终各抽取5个因子，分别可以解释总变异的45.29%和48.63%。

对48个项目进行同质性信度分析，48个项目的Cronbach α 系数为0.8633；分量表信度，男性分量表 α 系数为0.7025，女性分量表 α 系数为0.7419，问卷信度可以接受。

删除了不符合原有维度构想的项目及双重负荷项目4个。最后正式施测的问卷为44个项目，男女分量表各22个项目。

10.2.3 正式施测

正式施测选取150名小学生、400名中学生以及230名大学生所谓被试，共发放问卷780份，回收745份，其中有效问卷共计690份，问卷有效率约为88.5%。

样本分布情况见表10-3，表10-4。

表10-3 性别刻板印象问卷正式施测发放情况

样本来源	发放（份）	实收（份）	有效问卷（份）
（小学）武汉市余家头小学	150	148	146
（初中）武汉市四十七中	200	194	176
（高中）武汉市长虹中学	200	188	173
（大学）中南民族大学工商学院	230	215	195
总计	780	745	690

表 10-4　性别刻板印象问卷正式施测样本分布

年龄（岁）		9	10	11	12	13	14	15	16	17	18	19	20	21	22	23
人数	男	10	17	24	20	29	31	20	33	23	22	30	29	14	19	11
	女	8	15	27	25	38	32	26	28	32	35	27	29	13	17	6

有效问卷 690 份，将性别刻板印象量表得分排名前后 186（690×27%≈186）名被试分为高、低组，独立样本 t 检验显示，所有项目在 0.001 水平上显著。同时所有项目题总相关均在 0.01 水平上显著。

收回的 690 份有效问卷分别对男性和女性分量表进行探索性因素分析，均得到五个因素，男性分量表 KMO＝0.804，女性分量表 KMO＝0.827，累计解释率分别为 46.04%和 49.01%。因素结构及各项目的负荷值见表 10-5、表 10-6。

表 10-5　性别刻板印象因素结构和负荷值（男性 22 项）

题项	因素负荷					共同度
	能力	外表	职业	行为	热情	
M4	0.763					0.613
M1	0.727					0.568
M5	0.648					0.486
M3	0.642					0.471
M2	0.630					0.428
M17		0.756				0.627
M12		0.740				0.619
M22		0.631				0.471
M18		0.615				0.418
M11			0.792			0.640
M19			0.660			0.475
M13			0.645			0.509
M5			0.523			0.372
M10			0.500			0.302
M20				0.783		0.643
M16				0.615		0.416
M14				0.481		0.313
M21				0.481		0.289
M7					0.682	0.482
M9					0.664	0.478
M6					0.635	0.429
M8					0.538	0.478
特征值	4.041	2.115	1.933	1.662	1.290	
贡献率	16.836	8.813	8.053	6.926	5.376	46.040

表 10-6　性别刻板印象因素结构和负荷值（女性 22 项）

题项	因素负荷					共同度
	热情	外表	职业	能力	行为	
F12	0.769					0.629
F11	0.732					0.562
F13	0.709					0.578
F7	0.623					0.495
F9	0.571		0.421			0.507
F8	0.511					0.584
F14		0.777				0.638
F20		0.751				0.583
F6		0.712				0.571
F15		0.587				0.459
F19			0.449			0.389
F5			0.787			0.638
F18			0.734			0.558
F22			0.644			0.473
F17				0.621		0.270
F4				0.742		0.588
F3				0.728		0.562
F2				0.628		0.458
F1					0.544	0.405
F10					0.714	0.526
F16					0.606	0.495
F21					0.559	0.440
特征值	4.220	2.517	1.964	1.626	1.436	
贡献率	17.583	10.486	8.183	6.774	5.983	49.010

采用内部一致性信度（Cronbach α 系数）和重测信度作为本研究的信度指标，

男女分量表的总体 Cronbach α 系数分别为 0.87 和 0.89，各因素信度系数均大于 0.70。

选取共 100 名被试，初中生（35 人），高中生（42 人），大学生（23 人），间隔两个月后进行第二次施测，得到问卷的重测信度均大于 0.80。

本研究的各个题项来自相关文献综述和对部分学生的访谈，在此基础上形成调查问卷，并请心理学、文化学、语言学等的 23 位有关专家审查和修改，保证了本问卷的内容效度。

本研究采用探索性因素分析和验证性因素分析的方法检验问卷的构想效度，从而对性别刻板印象结构的理论构想做进一步的探讨。

在得到探索性因素分析结果后，我们在长虹中学和中南财经政法大学一共发放了 350 份问卷，有效回收 319 份，采用 Lisrel 8.0 软件进行验证性因素分析，结果得到性别刻板印象两个分量表的二阶四因素模型结构，主要拟合指标见表 10-7。

表 10-7　性别刻板印象问卷结构的整体拟合度检验结果

	χ^2	df	χ^2/df	GFI	AGFI	NNFI	CFI	IFI	RMSEA
男性分量表	269	201	1.34	0.92	0.90	0.95	0.96	0.96	0.03
女性分量表	335	201	1.67	0.92	0.90	0.89	0.90	0.91	0.05

根据上述各指标的含义及其大小要求，我们可以看出，本研究的各项指标均在可接受的范围内，显示了研究所提出的二阶四因素模型与样本数据拟合较好。

由于其他等值模型的存在，我们对男女分量表的 5 个维度进行了进一步的分析，发现各因素之间存在非常显著的相关，据此又设置了一个比较模型：将能力和热情两个维度独立出来，构成一个一阶模型。

将它与研究最初得到的二阶四因素模型进行比较，见表 10-8。

表 10-8　两个模型的参数以及 χ^2 比较

模型类型		χ^2	df	χ^2/df	GFI	AGFI	NNFI	CFI	IFI	RMSEA	男	女
一阶模型（b）	男	327	199	1.64	0.89	0.87	0.88	0.90	0.90	0.04	$\Delta\chi^2=58$	$\Delta\chi^2=52$
	女	387	199	1.94	0.87	0.84	0.82	0.84	0.85	0.05		
二阶模型（a）	男	269	201	1.34	0.92	0.90	0.95	0.96	0.96	0.03	$\Delta df=2$	$\Delta df=2$
	女	335	201	1.67	0.92	0.90	0.89	0.90	0.91	0.05		

与单因素模型相比，二阶结构对性别刻板印象的结构提供了较为准确的拟合。

一阶模型与二阶模型相比，存在一定差异，综合参考 RMSEA、CFI、NNFI 以及 GFI 等参数，二阶模型优于一阶模型，这说明从特质、行为、职业和外表这四个方面来考察青少年儿童的性别刻板印象更加全面。

10.2.4 量表成型

性别刻板印象正式量表包括四个维度、五个因素（见表 10-9）。

人格特质维度包括能力特质和热情特质。根据 Fiske 的刻板印象内容模型，前者指社会知觉中知觉他人的行为能力；后者指社会知觉中知觉他人的行为意图。SCM 认为刻板现象根源于全人类群体普遍存在的社会现象：为了自身的利益和生存，人们会不自觉地表现出这样的意图，即需要确认其他群体是朋友还是敌人（是否热情）以及他们对自己是否构成威胁（是否有能力）。

行为维度包含能够体现社会规范的男女角色代表行为。在社会化的过程中，人们的行为受到社会对其社会身份要求的影响或者限制，特别是性别角色行为，能够反应性别刻板印象对人们的影响。

职业维度包括具有代表性的职业。很多研究都表明人们会将特定的职业与性别联系起来，例如人们普遍将技术性的职业同男性联系起来，而将服务性的职业同女性联系起来①。

外表维度包括两性不同的外表特征，如容貌、声音、身体等方面的特征，在以往的研究中被认为是最能体现性别刻板印象维度的。

表 10-9　性别刻板印象量表因素及项目数

维度	所含因素	因素意义	项目数	
人格特质	能力	社会知觉中知觉他人的行为能力	5/4	9/10
	热情	社会知觉中知觉他人的行为意图	4/6	
角色行为	行为	能够体现社会规范的男女角色代表行为	4/4	4/4
职业	职业	人们会将特定的职业与性别联系起来	5/4	5/4
外表	外表	两性不同的外表特征，如容貌、声音、身体等方面的特征	4/4	4/4

---

① 合适欠缺模型（the lack of fit model）可用来解释这种现象。此模型认为，女性刻板印象（如热情的、仁爱的、关心他人的）与通常要胜任男性化的工作（指那些在组织中有权利和追求的工作）所必备的男性的特性和行为（如独立的、竞争的、支配的），这两者之间不那么符合（Willemsen，2002）。这种感知到的不一致性增加了人们对女性不能很好地处理这些职位事务的预期，并且所感知到的不合适性越大，对女性表现的预料就越消极。因而人们更少将女性和需要男性特质的技术行业相联系。

10.3 青少年性别刻板印象的特点

性别刻板印象量表中，男性分量表上的平均得分越接近1，女性分量表上的平均得分越接近5，表明被试的刻板程度越大。分析总体样本在性别刻板印象量表上的得分，可以得到被试在男性分量表上的得分情况是平均数大于众数，即是正偏态(positive skewness)；在女性分量表上的得分情况是平均数小于众数，即是负偏态(negative skewness)。将被试在各维度的分数与无刻板程度的分数3进行配对 t 检验，得到分量表及其中各维度的刻板程度。根据频次统计，性别刻板印象分数在1.2～5之间，分析本研究正式量表测量的结果，性别刻板印象各维度均值的 t 检验结果均显著。

所有检验均显著表明在性别刻板印象量表的测量中，被试对于男性和女性的刻板印象均符合传统的认知习惯。同时，不管是男性分量表还是女性分量表，不管是什么年龄阶段的被试，在特质、行为、职业和外表四个维度中，始终是外表维度的刻板程度最大。这也符合 Deaux 和 Lewis 提出性别刻板印象维度的时候同时给出的假设，即性别刻板印象的维度之间的联系及其相互影响，各维度之间可以相互预测，并且各维度预测其他维度的能力不同，其中外表维度起着最为显著的作用。

10.3.1 青少年性别刻板印象的性别差异

Fiske 等的研究中提到“大多数刻板印象是混合的”。SCM 假设许多目标群体给人们留下的印象是混合的，即在热情和能力双维中，大多数群体被评价为热情但是缺乏能力或者有能力但是不够热情友好，处于既热情又能干和不热情也不能干的群体很少。美国的一些研究结果证明，很少有群体被刻板地认为能力和热情都低，而且只有被试的参考群体（reference-group），包括内群体（如学生）和社会原型群体(societal prototype group)（如白人和中产阶级）被认为热情和能力都高①。在性别刻板印象量表的性别差异进行的方差分析结果显示，被试在男性分量表上的性别差异显著，而在女性分量表上的性别差异不显著。在具体的维度上，被试在男性分量表

① SCM 认为，由于参照群体偏好（reference-group favoritism）包括内群体偏好（ingroup favoritism）和社会原型群体偏好，一直被认为是社会生活中人们的偏见强烈而持久的重要原因，因此在刻板印象中，人们对于参照群体会存在积极评价的偏好，同时因为内群体偏好的存在而产生相应的外群体贬抑（outgroup derogation）。已有的在美国的研究显示，唯一不产生歧义的积极刻板印象的目标群体就是参照群体。

中，在能力、职业、外表维度的性别差异显著；在女性分量表中，在热情、职业维度的性别差异显著。其中，在男性能力、职业和外表维度，男性比女性更加刻板；在女性热情维度，女性比男性更加刻板；在女性职业维度，男性比女性更加刻板。这一具体的性别差异结果说明，对于男性刻板印象，男性比女性持有更加传统的观念；而对于女性刻板印象，只有热情和职业两个维度有性别差异。结合对结构关联效度的研究结果，由于CSRI主要都是人格特质的描述，因此特别分析其与特质两个子维度的相关，我们发现，在男性特质的比较中，正性特质中能力维度的相关高于热情维度，负性特质中热情维度的相关高于能力维度；而在女性特质的比较中这一结果正好相反。这一结果说明本研究中被试的性别刻板印象也是混合的，认为男性是高能力低热情而女性是高热情低能力的。这印证了SCM的研究结果，在SCM的研究中认为男性是高能力低热情而女性是高能力高热情的。本研究没有得出女性是高能力的结果也是相对的，可能和中国的社会环境有关。

传统的性别角色模式把男人描述为具有攻击性的、独立的、非情感化的，女人是被动的、依赖的和富有爱心的。在中国的传统文化中，要求两性必须遵守严格的性别角色规范。在生产力水平低下，人类主要靠体力劳动生活的社会里，女性的确是弱者。女性骨骼承受力弱，上下肢绝对长度短于男性，女性软组织属脂肪型，松弛、乏力。在体力方面男强女弱，是永远也改变不了的事实。而男性在体力上的优势，使其在生产中处于主要地位，自然就取得了管理社会事物的权利。基于对力的崇拜与追求，人类很早就形成了这样的心理定式：男性要创造财富、管理社会、控制局面、保护女性，要体魄健壮、聪明多智、冷静理智。这是男性的社会角色原型。而弱小、温柔、美丽、勤劳、谦让恭敬、充满爱意则成了似乎难以改变的女性形象模式。这种女性的形象是以弱者的身份出现的。社会视女性为弱者，女性也默认自己为弱者。因为是弱者，所以要依附他人，受人保护；因为是弱者，所以要温柔多情，千娇百媚。因为男强女弱，所以“男主外，女主内”。

对男女两性的角色期待，既有生理差异的原因，也有其社会经济的原因，还有其社会文化习俗的原因。无论这种对男女性别角色的区别及角色期待是否合理与正确，这种角色期待都是客观存在的。性别角色已作为一种“定型”普遍存在于人们的观念中。这种“定型”概括说就是“男强女弱”，人们自觉或不自觉地把这种“定型”作为衡量两性的标准。过去几十年，性别约束已经变得宽松，但性别角色仍是我们文化的一部分。许多研究（钱铭怡，1999；秦启文，2001；刘红，2002；冉超凤，2004）都证实了尽管我国青少年儿童的性别刻板印象与几十年前甚至十几年前相比发生了变化，但传统的性别角色观念仍然对人们的性别观念有着深远的影响。

还有已有研究证实（吴荣先，2001），男性比女性在性别角色观念上更具有传统性，男性更喜欢传统的性别角色，这是因为传统的性别角色更有利于保持男性自尊，对男性更有利。本研究中体现出的性别差异也印证了这一点。

10.3.2 青少年性别刻板水平的发展变化

有研究者（杨杏，2002）探讨了年龄与性别刻板化的关系，研究了中学阶段学生在应用性别规则上的强度变化，发现高中阶段性别刻板化最强，甚至比成年人还强。中学时期性别刻板化强度显著增长。陈枚等在对青少年性别角色心理社会化发展的研究中发现，我国中学生心目中理想或偏好的人是“有事业心、独立自主、有学历知识”，而不论男女生都认为理想的男性形象主要是“有事业心、学历高、独立自主”，而理想的女性形象主要是“漂亮善良、温柔体贴、有事业心”，最不看重女性的特征是“大胆勇为和能挣钱”。由此可见，中学生心中的性别角色观已基本形成且带有明显的传统性。研究还证明性别角色心理社会化从小学四年级开始有较大的发展，到了初三已基本稳定。这一结论与本研究一致，在中学阶段，性别刻板印象的特质维度体现得最为显著。

根据男性分量表各维度随年龄的方差分析，男性分量表各维度的发展变化中，人格特质（能力）刻板印象的发展的四个年龄阶段的差异显著，$F(3,604)=4.047$，$p=0.007$，男性初中生的刻板印象水平比其他年龄段更高；男性人格特质（热情）刻板印象的发展的四个年龄阶段的差异显著，$F(3,604)=4.385$，$p=0.005$，男性刻板印象水平小学的时候最低；男性角色行为刻板印象的发展在四个年龄阶段的差异不显著，$F(3,604)=2.483$，$p=0.060$；男性职业刻板印象的发展在四个年龄阶段的差异显著，$F(3,604)=4.368$，$p=0.005$，男性高中生的刻板印象水平低于其他年龄段；男性外表刻板印象的发展在四个年龄阶段的差异显著，$F(3,604)=6.702$，$p<0.001$，男性大学时的刻板印象水平高于其他年龄段；总的来说男性分量表刻板印象的发展在四个年龄阶段的差异显著，$F(3,604)=3.312$，$p=0.020$，男性大学时的刻板印象水平高于其他年龄段。

女性分量表各维度的发展变化中，女性人格特质刻板印象中的能力和热情特质、角色行为、职业以及整个分量表的发展在四个年龄阶段的差异都不显著，只有对于外表的刻板印象在四个年龄阶段的差异显著，$F(3,604)=3.970$，$p=0.008$，女性大学时的外表刻板印象显著低于其他年龄段。

比较男女分量表各维度在整个样本中的总体情况，发现两个分量表中，外表维度比其他维度的刻板水平更高（男性均分更接近 1，女性均分更接近 5）。

分析性别刻板印象得分在四个年龄阶段的发展变化，我们得到男性分量表得分差异显著，而女性分量表得分差异不显著。具体来看，在男性分量表中，只有行为维度的年龄差异不显著。在能力特质上，初中生最刻板，这是因为在初中阶段，刚刚开始经历青春期这一人生中的重大时期，学生的人生观、价值观，包括性别角色观都经历着巨大的变化，经历着生理和心理逐渐走向成熟，此时学生特别在意两性之间的各种变化，因此刻板程度最大。在热情特质上，中学生和大学生差不多，均比小学生更加刻板。在职业维度上，小学生和大学生最为刻板，这可能是因为，在小学阶段，由于接触的大多是家长和老师，因此一般来说传统的性别角色的社会规范形成了小学生最初的职业性别刻板印象。而在大学阶段，面临着更多有关职业的信息，就业也是大学生毕业之后主要的选择。而也有研究者证实，大学生仍然持有传统的性别刻板印象，认为男性更适合从事技术性行业，女性更适合从事服务类行业。在外表维度，大学生的刻板程度最大。

在女性分量表中，只有外表维度的年龄差异显著，其中小学生、初中生的刻板程度最大。比较男女分量表各维度的总体差异情况，发现外表维度随年龄变化始终显著。这也能够从另一角度说明外表在性别刻板印象中起着最为显著的作用。

10.4　青少年内隐性别刻板印象的研究

我们使用内隐联想测验（IAT）和刻板解释偏差（SEB）同时对青少年的内隐和外显性别刻板印象进行研究。被试共 70 人，由于小学生被试不能有效完成全部实验，因此最终得到初中生 15 人、高中生 14 人、大学生 24 人的共 53 份有效数据。

IAT 材料中概念词根据在网络上查找的全国姓名普查资料，分别从使用频率排在前 30 位的两性名字中，挑选出 10 个男性名字和 10 个女性名字，并且请 16 名专业人士讨论了名字的代表性，它们均能分别代表男性或女性。其中男性名字为：林志建、李德忠、吴海、祝家杰、杨光、蔡伟、刘晓军、王一凯、张亮、陈磊；女性名字为：赵晓倩、朱燕、周娜、何惠琴、徐芳、胡文娟、马玲、张莹莹、罗素梅、严莉。而 IAT 材料中属性词来自研究一编制的性别刻板印象量表，分别挑选出形容男性和女性的特质词语。10 个形容男性的属性词为：独立的、竞争的、权威的、勇敢的、征服的、豪爽的、主动的、稳重的、粗心的、冲动的；10 个形容女性的属性词为：有耐心的、感性的、依赖的、易受暗示的、优柔寡断的、温柔的、善良的、敏感的、善解人意的、虚荣的。

SEB材料包括依据SEB理论编制的刻板解释偏差问卷。从IAT实验使用的概念词中分别挑选8个男性名字和8个女性名字作为刻板解释偏差问卷中被归因对象的姓名，隐含性别信息。根据SEB的编制要求编写8句与男性有关的行为结果（其中积极一致、积极不一致、消极一致、消极不一致的情况各2句）和8句与女性有关的行为结果（其中积极一致、积极不一致、消极一致、消极不一致的情况各2句），其他9句随意选取名字和不包含刻板信息的语句。

IAT实验采用2（概念词与属性词组合的一致性：一致 vs. 不一致）×2（被试的性别：男性 vs. 女性）混合设计。概念词与属性词一致是指实验中男性名字与男性词配对，女性名字与女性词配对；不一致是指男性名字与女性词配对，女性名字与男性词配对。其中，概念词与属性词组合的一致性为被试内变量，被试的性别为被试间变量。因变量为被试作出反应的时间（ms）以及正确率。这两项数据由IAT软件在每位被试完成后给出，主试将其记录在纸上。

SEB实验采用2（问卷中被描述主体的性别：男性主体 vs. 女性主体）×2（被描述行为与性别刻板印象的一致性：一致 vs. 不一致）×2（行为结果的性质：积极的 vs. 消极的）×2（被试的性别：男性 vs. 女性）混合设计。其中，被描述主体的性别、被描述行为与性别刻板印象的一致性以及行为结果的性质为被试内变量，被试的性别为被试间变量。因变量为被试给每个句子作出的归因数量。

10.4.1 实验程序

每位被试先完成性别刻板印象量表纸笔测量，然后进行IAT操作。在IAT实验过程中，被试坐在计算机前，注视计算机屏幕，对左边的归类用“A”键反应，对右边的归类用“5”键反应。实验中为了保证被试反应的稳定性，在对概念词和属性词同时进行归类之前让被试有练习的机会。IAT实验之后，将SEB问卷发放给被试，进行纸笔测验。问卷的指导语为“下面我们给出了一些情境，请您补充可能的原因。您可以填写任何您认为合适的理由，只要语句通顺和逻辑合理即可。一个情境后尽量填写多个原因”。为了平衡疲劳效应，避免被试前面多写、后面少写给实验带来的影响，将男性—女性、消极—积极、一致—不一致组合的8种情况按不同的顺序排列呈现给被试。最终，我们会在每位被试身上获得三个数据：性别刻板印象问卷数据、内隐联想测验数据、刻板解释偏差数据。

10.4.2 研究结果

根据问卷的回答方式，性别刻板印象分数由被试在男女分量表的平均分得到，男性分量表的分数越接近1，说明被试对于男性的印象越刻板；女性分量表的分数越接近 5，说明被试对于女性的印象越刻板。对各分量表各个维度进行显著性检验后，发现结果均显著（$p<0.001$）。

10.4.2.1 IAT 实验结果

按照 Greenwald 研究中的计算方法，得到被试在两个水平下的反应时，其中，被试在一致水平的平均反应时 $M=742.83$ (ms)，$SD=102.167$，在不一致水平的平均反应时 $M=999.79$ (ms)，$SD=216.872$。将平均反应时进行配对 t 检验，结果发现被试在不一致水平的平均反应时显著高于一致水平，$t(52)=12.163$，$p<0.001$。

对 IAT 效应作被试年龄差异检验。方差分析发现，IAT 效应的年龄差异不显著，$F(2,49)=0.412$，$p=0.745$，这说明不同年龄青少年儿童的内隐性别刻板印象的刻板程度没有显著的区别。另外，IAT 效应的性别差异也不显著，$F(1,51)=0.566$，$p=0.455$。

10.4.2.2 SEB 实验结果

在计算 SEB 分值前，由两位裁判分别对每份问卷上 SEB 项目后半句中被试所填写的内容进行独立分类编码，发现两位裁判的编码有高相关（$r=0.91$，$p<0.01$），可以进一步计算 SEB 分值。

在本实验中，分别计算出每位被试对四类解释的总数量：①主语为女性，且行为与刻板印象一致的句子情境中的解释总数，记为 FF；②主语为女性，且行为与刻板印象不一致的句子情境中的解释总数，记为 FM；③主语为男性，且行为与刻板印象一致的句子情境中的解释总数，记为 MM；④主语为男性，且行为与刻板印象不一致的句子情境中的解释总数，记为 MF。针对男女群体，该被试可以有两个 SEB 分值，即 SEBscore1＝FM－FF、SEBscore2＝MF－MM。至此 SEB 分值就可以进行统计分析（表 10-10）了。

表 10-10　两个 SEB 分值的 t 检验（与 0 比较）

	Min	*Max*	*M*	*SD*	*t*	*p*
FM－FF	－4	7	0.691	2.391	2.694	0.014
MF－MM	6	7	0.205	2.257	0.183	0.856

从表 10-10 中可看到，对女性归因的 SEB 分数的范围从－4 到 7，$M=0.691$，$SD=2.391$，作与 0 比较 t 检验得到，$t(52)=2.694$，$p<0.05$，说明被试对于女性对象与性别刻板印象不一致的行为归因显著多于与性别刻板印象一致的行为归因，按照 SEB 的理论假设，说明被试对于女性角色有较强的刻板印象。而对男性归因的

SEB 分数的范围从 6 到 7，$M=0.205$，$SD=2.257$，作与 0 比较 t 检验得到，$t(52)=1.214$，不显著，说明被试对于男性对象与性别刻板印象不一致的行为归因数量和与性别刻板印象一致的行为归因数量之间没有显著差异，按照 SEB 的理论假设，说明被试对于男性角色所持有的刻板印象不明显。

具体分析被试在问卷中对 16 个 SEB 项目所做归因的性质，也可以判断被试是否存在 SEB。分别计算被试在不同情境中作出外归因和内归因的数量，将它们与男性主语和女性主语这一维度组合，比较被试在内、外归因两个情况下对与刻板印象一致和不一致行为归因的数量间的差异，将分数计为：（FM－FF）内、（FM－FF）外、（MF－MM）内、（MF－MM）外。所得结果见表 10-11。

表 10-11　SEB 分值在内外归因条件下的 t 检验（与 0 比较）

	M	SD	t	p
（FM－FF）内	1.47	2.24	4.76	<0.001
（FM－FF）外	−0.78	2.12	−2.37	0.010
（MF－MM）内	−0.93	1.93	−3.18	0.003
（MF－MM）外	0.98	1.69	4.22	<0.001

从表 10-11 中可以看到，被试在与女性刻板印象不一致的情境下作出的内归因比在与女性刻板印象一致的情境下作出的内归因显著要多，$t(52)=4.76$，$p<0.001$；而对女性的外归因与内归因正好相反，$t(52)=-2.37$，$p<0.01$。即被试将与女性刻板印象不一致的结果多归于个人的内部因素，将与女性刻板印象一致的结果多归于外部环境因素。与之相反，被试在与男性刻板印象一致的情境下作出的内归因比在与男性刻板印象不一致的情境下作出的内归因显著要多，$t(52)=-3.18$，$p<0.005$。除此以外，被试将与男性刻板印象不一致的结果多归于外部环境因素，将与男性刻板印象一致的结果多归于个人的内部因素，$t(52)=-4.22$，$p<0.001$。

分别计算被试作出外归因和内归因的数量，将前者减去后者，得到 SEBie（即 SEBie＝E-SEB－I-SEB，其中，E-SEB 为外归因，I-SEB 为内归因），SEBie 在不同句子情境和不同句子主语情况下均值见表 10-12。随后检验积极—消极行为的句子情境因素和男性、女性主语这两个维度对 SEBie 的影响，进行统计检验后得到的两因素方差分析结果见表 10-12。

表 10-12　SEBie 均值情况

句子主语	句子情境	SEBie 均值	标准差
女性	积极表现	−0.40	1.25
	消极表现	−1.50	1.66
	总体	−0.94	1.53
男性	积极表现	−1.30	1.17
	消极表现	−2.25	1.28
	总体	−1.78	1.23
总体	积极表现	−0.85	1.18
	消极表现	−1.87	1.60
	总体	−1.36	1.47

表 10-13　主语性别和句子情境对被试内、外归因偏差影响作用的方差分析

方差来源	自由度	F	p
主语性别	1	30.250	<0.001
句子情境	1	36.098	<0.001
主语性别×句子情境	1	0.221	0.641

由表 10-13 中所反映的结果综合来看，可以发现被试对他人行为的归因无论其性别如何，也无论其行为表现如何，均倾向作出内归因（SEBie<0.00，即 E-SEB<I-SEB)；而行为者的性别（由句子主语反映）对被试内、外归因的影响显著（$p<0.001$)；同时行为者的表现对被试归因的影响极其显著（$p<0.001$)，即被试极其显著地倾向于把积极表现归因为他人的内在原因，而在归因消极表现时内、外归因数量差别不大；最后行为者性别和行为者表现对被试内、外归因的交互影响不显著。

对 SEB 结果进行方差分析发现，总体 SEB 分数呈现显著的性别差异，女性被试的 SEB 分数均显著小于男性被试的 SEB 分数（$p<0.01$)，并且男性被试的 SEB 分数显著高于 0（$p<0.01$)，而女性被试的 SEB 分数与 0 无显著差异。而在内、外归因的 SEB 分数中，女性被试的 SEB 分数均小于男性被试的 SEB 分数，但只在对男性主体进行外部归因时，这一差异显著（$p<0.01$)。同时总体 SEB 分数在年龄上没有显著差异。然后对性别刻板印象测量结果、IAT 效应值和 SEB 分值进行相关检验（用 Pearson 相关系数表示）后发现，它们三者之间两两都不存在显著的相关。

10.4.2.3 分析与讨论

通过用IAT对被试进行内隐性别刻板印象的测量，发现被试在一致水平的平均反应时显著地低于在不一致水平的平均反应时。根据IAT的观点，在与性别刻板不一致的情况下，被试的认知与实验要求产生了冲突，反应时间就变长了，说明被试具有明显的内隐性别刻板印象。但是分析了不同年龄和性别的被试的IAT效应之后发现，不同年龄和性别的被试的内隐性别刻板程度没有显著差异。

在用SEB对被试的内隐性别刻板印象进行的测量结果中，发现SEB总体分数中，被试对于女性对象与性别刻板印象不一致的行为归因数量显著多于与性别刻板印象一致的行为归因，而对于男性对象与性别刻板印象不一致的行为归因数量和与性别刻板印象一致的行为归因数量之间没有显著差异。按照SEB的假设，说明被试对于女性角色有较强的内隐刻板印象，而对于男性角色所持有的内隐刻板印象在SEB分数上没有达到显著水平。

分析被试在问卷中对16个SEB项目所作归因的性质之后，对被试作出的内、外归因在不同情境下的统计分析发现，当被归因的主体为女性时，被试倾向于将与性别刻板印象不一致的结果归于个人的内部因素，如努力、能力、天分等；而倾向于将与性别刻板印象一致的结果归于外部环境因素，如运气、意外、他人影响等。当被归因的主体为男性时，这种归因倾向则正好相反。理论上，与基于刻板印象的预期不一致的行为多被归因于外部原因或内部的不稳定因素，而与基于刻板印象的预期相一致的行为则多被归因于内部的稳定因素。Crocker等人的研究证明了，对与刻板印象不一致的事件更多地作出外部归因，以及对与刻板印象一致的事件更多地作出内部归因，都能够达到维护刻板印象的目的。根据这一点，实验结果表明被试对男性的刻板印象符合传统的认知习惯；而与男性刻板印象不相符时，被试更多地寻找外部环境因素。而被试对女性的刻板印象则与传统的认知习惯有了明显的不同：在与女性刻板印象相符时，被试较少想到“女性本应如此，这是女性本身能力的问题”等，而是联想到很多外部环境以及他人影响的因素或者是内部的不稳定因素。这说明，目前大学生对于女性社会角色规范的认识与传统的认知习惯有所不同，很多大学生都不认为女性在某些男性具有优势的领域表现不佳是女性能力方面的问题；而与女性刻板印象不相符时，被试则倾向于作内归因，而且相当数量的是稳定的内归因（如有天赋、聪明等）。特别是对于女性在不符合刻板印象的积极项目上的内归因，这也说明人们正在逐步地认可女性在各方面的突出成就与表现。这或许是因为女性的形象的确在改革开放以来变化较大，社会中对于女性形象改变的宣传远远高于男性。女性变强（或者男性化）是一种现在人们可以接受的正常现象；而社会中男性的形象变化很小，而且男性变弱（或者女性化）就是人们不可以接受的现象。

通过计算不同性别被试的SEB得分，发现女性被试的SEB分数均显著低于男性被试的SEB分数；同时，男性被试的SEB分数显著高于0，而女性被试的SEB分数与0相比无显著差异。对男性主体进行外部归因时，女性被试的SEB分数也显著低于男性被试的SEB分数。这也进一步说明了男性持有传统且强于女性的内隐性别刻板印象，同时女性持有的内隐性别刻板印象则不同于传统的刻板印象内容。这一结果符合张雷等人的研究。他们认为，由于近些年来中国文化受到西方文化的冲击，虽然男性仍然是社会的主体，但随着社会的发展，许多女性具有较强的人格独立意识、男女平等观念和参与社会发展的意识。现在，女性比男性持有更为平等的性别观念，并努力争取实现真正意义上的男女平等。

IAT实验结果表明，样本中两性均有很强的内隐性别刻板印象，但是性别刻板程度没有显著差异，同SEB实验结果相冲突。两个实验的结论不一致，可能是由于SEB和IAT测量方法上的原因造成的，这也是两者的一个明显区别。IAT在生理上基于神经网络模型，该模型认为信息被储存在一系列按照语义关系分层组织起来的神经联系的结点上，因而可以通过测量两概念在此类神经联系上的距离来测量这两者的联系，但联系并不必然等于态度，并且被试对词语刺激作出的反应可能只是其对词语刺激的字形、颜色等物理属性的反应，并不一定是被试联想到了词语所代表的某一类社会群体。于是，要从概念和属性之间的联系所存在的性别差异推论出被试本身持有的性别刻板印象存在性别差异，还是值得商榷的。而SEB关注的是人的归因过程，是人的一种信息加工的过程，是动态的，并且对不同信息的加工都是不一样的。这不像概念之间的静态的网络模型，是慢慢发展起来的。如果被试有某种态度，态度会影响信息加工的过程，这样是从关注过程来判断人们的态度，这种方法测量态度时的针对性和准确性比IAT更有说服力。此外，SEB的实验程序十分自然地激发了人的归因行为，也就更加容易激发态度对归因过程产生的影响，就这一点来说SEB比IAT更加接近现实生活。

根据IAT测量在社会认知研究中的应用范式，其效应的显著性说明被试身上存在显著的性别刻板印象。综合来看性别刻板印象的内隐测量，无论使用IAT还是SEB测量，均能显著地反映被试持有的刻板印象。在以往的研究中，大多数研究者得出刻板印象内隐和外显测量结果会出现实验性分离效果的结论。本研究中用到的性别刻板印象量表得到了被试有显著性别刻板印象的结果，似乎与前人的研究相矛盾，但是在分析了性别刻板印象量表和之前研究中使用的外显测量工具之后发现，他们所使用的外显测量工具多半设置了一定的社会工作情境，要求被试直接对性别角色的优劣表达自己的态度，更容易受到社会称许性的影响。因此，本研究中采用的性别刻板印象量表在结果的呈现上虽然得到了被试具有显著刻板印象的结论，但是，对三者进行两两相关分析，其结果显示它们之间的相关是不显著的，说明即使测量的主题同是性别刻板印象，但三者是从不同的角度进行测量的。也就是说，面对同一测量对象，它们的测量侧重无论在内容上还是方法上都可能存在本质差异。

11 情绪性别刻板印象的内隐测量

情绪性别刻板印象（gender stereotypes of emotions）包括人们对男性和女性经历和表现具体情绪程度的信念（Durik 等，2006）。人们相信女性比男性更情绪化，认为情绪典型地和女性相联系（Brody、Hall，2000）。Plant 等（2000）证明了情绪性别刻板印象的存在，其结果和以前的情绪性别刻板印象研究结果一致。不区分具体的情绪，从总体水平上而言，女性比男性更情绪化是最持久的性别刻板印象之一（Williams、Best，1990）。同时，研究者对具体情绪的关注已开始揭示出情绪性别刻板印象的复杂特征，并开始分辨出具体情绪在性别刻板印象上的区别。例如，Johnson 和 Shulman（1988）的研究结果表明，人们相信女性比男性更有可能表现公共情绪（如同情），而男性则比女性更有可能表现自我导向的情绪（如生气、嫉妒）。Plant 等（2000）对情绪的性别刻板印象进行了大量的调查，发现 19 种情绪中有 14 种存在性别刻板印象。男性比女性经历和表现更多的生气和自豪，女性经历和表现更多的敬畏、难堪、害怕、悲痛、高兴、内疚、同情、伤心、热爱、惊奇、羞耻和害羞。娱乐、蔑视、厌恶、兴趣和嫉妒没有性别刻板印象。Kelly 和 Hutson-Comeaux（1999）也认为高兴、伤心和害怕是更具有女性特质的，而生气则是更具有男性特质的。

11.1 情绪性别内隐刻板印象实验

Durik 等（2006）针对已有研究结论主要来源于欧裔美国人样本，而对于其他民族这些刻板印象是否存在还是未知数的问题，对美国的欧裔美国人、非裔美国人、西班牙裔美国人和亚裔美国人四个种族的情绪性别刻板印象进行了调查。结果发现这四个种族的情绪性别刻板印象都明显存在。Parmley 和 Cunningham（2008）以

70个郊区的学龄前儿童为被试进行的研究表明，与在清晰情境中相比[①]，在模糊情境中被试的认知更可能反映情绪性别刻板印象。

无论是对成人还是对儿童的实证研究，都显示出情绪性别刻板印象已经成为一个快速发展的领域。同时，也有大量的研究表明，关于性别在情绪上的差异仍然还缺乏一致的科学证据。Robinson和Clore（2002）认为，当人们受到性别角色认识影响的时候，他们报告的情绪不尽相同。而Barrett、Robin、Pietromonaco和Eyssell（1998）却认为，当人们报告对特定事件的瞬间或即时反应时，其情绪却并没有不同。最近的基于父母和老师评估或者自我评估的元分析发现，女孩和男孩相比有着更情绪化的性格（Else-Quest等，2006）。但运用工具客观测量情绪表现或行为的性别差异的证据还不一致。通过肌电运动来测量面部肌肉对诸如幻灯片和电影唤起刺激的反应的研究中[②]，有的报告出性别差异（Bradley等，2001），有的却没有报告出性别差异（Kelly、Forsyth、Karekla，2005）。有时女性比男性笑得更多（LaFrance、Hecht、Paluck，2003），而有时女性笑得少（Ansfield，2007）。

虽然西方关于性别在情绪上差异的研究证据不一致，且大多采用问卷调查和生理测量法来开展研究。但是女性更情绪化也已成为该领域中的主导观点。在我们生活中，我们经常看到多愁善感的女性，她们更加喜怒无常。那么，在东方文化下，女性更情绪化是否也存在于人们的认知图式中？由于内隐测验不容易受到社会称许性[③]的影响，因而能比较真实地反映人们的内心世界（Greenwald、McGhee、Schwartz，1998）。内隐实证研究表明，内隐联想测量法（implicit association test，简称IAT）具有较高的可靠性和稳定性，且不易受到实验操作程序的影响，也与数据处理方式没有显著的相关，因此IAT实验设计是可以用来探求中国人的情绪性别刻板印象是否存在的，可以为情绪性别刻板印象的存在提供内隐认知上的证据。

---

① 这里的模糊情境指的是缺乏必要信息的情境，这种必要信息的缺失使情境具有模糊性，并且可能影响人们被情境唤醒的刻板印象水平。比如让被试观察与攻击性相关的模糊情境行为（一个儿童在推搡另一个人，但是很难看出是善意还是恶意的）比与攻击性相关的清晰情境行为（一个儿童在踢打另一个人）更能激活被试的性别刻板印象（男孩比女孩更有攻击性）。

② 肌电（electromyography，简称EMG）指应用电子学仪器记录肌肉静止或收缩时的电活动及应用电刺激检查神经、肌肉兴奋及传导功能的方法。通过此检查可以确定周围神经、神经元、神经肌肉接头及肌肉本身的功能状态。

③ 社会称许性是指由社会主流文化或社会价值规范所包含的，被社会中绝大多数人称赞的意识或行为。个体的行为由于受到文化价值观的影响而使用社会所接受的方式来进行行动，使被试外显的行为与内在的本质不一致，导致言行不一致。

11.1.1 被试与材料

选取在校大学生42人，其中男生21名，女生21名，年龄在18～24岁之间，平均年龄为20.92岁。所有被试均自愿到实验室参加实验，身体健康，视力或矫正视力正常，均为右利手。

实验程序采用专业的心理学软件E-prime 2.0编程，采用考察被试在内隐层面上是否存在女性更情绪化的性别刻板印象。内隐情绪性别刻板印象IAT测验中包含两个维度的文字材料：概念维度和属性维度。概念维度由10个典型男性名字和10个典型女性名字组成，采用刘晅（2007）的青少年儿童性别刻板印象研究中用到的男性和女性名字；属性维度由10个情绪词汇和10个非情绪词汇组成，根据Plant的研究结果确定这10个情绪词汇。

11.1.2 实验程序

内隐情绪性别刻板印象IAT实验采用被试内设计，根据Greenwald等改进的IAT设计，测验7步实验程序，所有被试按电脑屏幕上的指导语完成IAT测验所包括的7个步骤。实验均采用17英寸的奔腾4计算机，被试坐在计算机前，注视计算机屏幕。实验的基本任务是要求被试对呈现在计算机屏幕中央的刺激词通过按键（键盘上的“D”、“K”键）进行分类，具体实验步骤见表11-1，尽量保证被试在实验过程中不受其他因素影响。计算机自动记录被试每一次按键反应时及正误，反应时精确到毫秒。数据结果考察第4步与第7步之间的差异。

表11-1 IAT测验步骤及刺激词示例

步骤	任务描述	刺激词类别	刺激词示例
1	联想属性词辨别	D情绪词	伤心
		K非情绪词	现代
2	初始靶词辨别	D女性	严莉
		K男性	杨光
3	初始联合辨别	D女性/情绪词	严莉/伤心
		K男性/非情绪词	杨光/现代
4	初始联合辨别（次数是3的2倍）	D女性/情绪词	严莉/伤心
		K男性/非情绪词	杨光/现代
5	相反靶词辨别	D男性	杨光
		K女性	严莉

续表

步骤	任务描述	刺激词类别	刺激词示例
6	相反联合辨别	D 男性/情绪词 K 女性/非情绪词	杨光/伤心 严莉/现代
7	相反联合辨别（次数是 6 的 2 倍）	D 男性/情绪词 K 女性/非情绪词	杨光/伤心 严莉/现代

11.1.3 实验结果

计算内隐情绪性别刻板印象测验（IAT）中相容任务（男性姓名与非情绪词汇归为一类，女性姓名与情绪词汇归为一类）和不相容任务（男性姓名与情绪词汇归为一类，女性姓名与非情绪词汇归为一类）的平均反应时，进行配对样本 t 检验，即将被试在概念词与属性词组合的一致性这一变量的两个水平（水平一：一致，水平二：不一致）上的平均反应时进行配对 t 检验。结果发现，被试在不一致的平均反应时显著高于一致水平（$t=-3.231$，$p<0.01$）。具体结果见表 11-2。这说明，从统计上看，被试表现出了“和男性相比较，女性更为情绪化”的认知偏好，IAT 效应显著（$p<0.01$）。为了考察被试性别对 IAT 效应的影响情况，对 IAT 效应值进行单因素方差分析，结果发现，内隐情绪性别刻板印象测验中，被试的性别对 IAT 效应不存在影响。具体结果见表 11-3。

表 11-2　相容任务和不相容任务的平均反应时的比较（单位：ms）

性别	相容部分		不相容部分		t
	M	SD	M	SD	
男性	784.433	206.665	880.297	316.037	-2.659^{*}
女性	790.037	99.967	846.505	133.048	-1.853^{**}
总体	787.307	158.858	862.968	237.602	-3.231^{**}

注：** 表示 $P<0.01$，* 表示 $P<0.05$。

表 11-3　性别对内隐情绪性别刻板印象 IAT 效应的影响作用

变异来源	df	F	p
性别	1	0.341	0.563

内隐情绪性别刻板印象的IAT实验发现了显著的IAT效应。表11-2中显示被试在相容任务部分的反应时小于在不相容任务部分的反应时，差异非常显著。说明在语义联结上，女性姓名与情绪化特征、男性姓名与非情绪化特征联系更紧密，而且依照内隐联想测验的假设，这种语义联系在很大程度上是自动形成的，具有一定的内隐性。Plant等人对19种情绪的调查中发现有14种存在性别刻板印象。男性比女性经历和表现更多生气和自豪，女性经历和表现更多的敬畏、难堪、害怕、悲痛、高兴、内疚、同情、伤心、热爱、惊奇、羞耻和害羞。可见，女性表现的情绪类别远远多于男性，女性比男性更情绪化是较为一致的认知。IAT实验表明，在内隐社会认知方面，被试存在女性比男性更情绪化的性别刻板印象，这与本研究的假设相一致。显著的IAT效应便从内隐层面测量出了人们的这种情绪性别刻板印象。且在内隐的情绪性别刻板印象性别差异的显著性检验中，被试性别对IAT效应值影响不显著，说明本实验得出的情绪性别刻板印象无被试性别差异。这说明女性和男性都对性别的情绪认知持有相似的刻板印象，即认为情绪典型地和女性相联系，也就是说，人们都认为女性比男性更情绪化。

11.2 负性情绪的归因实验

为什么人们普遍认为女性更情绪化呢？研究者认为最可能的原因是，这种观点的认知并不在于人们是如何感觉或表现情感的，而在于人们解释情感和行为的方式(Barrett、Bliss-Moreau，2009)。Gilbert（1998）的研究证据表明：人们相信，他人的行为是由他（她）的性格引起（即性格归因）或由即时情境引起（即情境归因）。当对他人行为的原因进行解释时，感知者经常抱有对应偏见（correspondence bias），即行为反映了目标人的一些深沉、本质和独特的东西（例如对行为作性格归因），但实际上，该行为有可能是情境的反应（Gilbert、Malone，1995）。国外便有部分研究者就感知者对男性和女性面部表情的归因进行了考察，为支持感知者更可能对女性(和男性相比）的表情作出性格归因提供了一些证据（Barrett、Bliss-Moreau，2009；Brescoll、Uhlmann，2008）。同时，也有很多实证证据表明感知者自发地将行为归因于人而不是情境（Todorov、Uleman，2002、2004）。

那么，在以儒家文化为代表的东方文化下，人们是否对女性的情绪也表现出更强的对应偏见？另外，Barrett等（2009）的研究仅对离散的负性情绪进行了考察。但是，有研究表明，人们在女性的面孔上看到更多的高兴（Becker等，2007），因此女性的情绪化表现中还应包括高兴等积极情绪。所以，采用Barrett等（2009）修改了的自发特质推论[①]，考察当同样的情绪化行为（包括正性和负性情绪）表现在女性和男性面孔上，且同时和表情一起配对呈现情境信息时，人们对目标情绪是否会作出不同的归因解释。

11.2.1 被试与材料

有偿招募在校大学生49人，其中男生21人，女生28人，年龄18～25岁，平均年龄为20.96岁。所有被试身体健康，视力或矫正视力正常，均为右利手。

从某公司工作人员中招募8名模特（4名男性，4名女性，与参与本研究的所有被试均不相识），让他们分别表演3种（伤心的、害怕的、生气的）表情。使用佳能SX210的1400万像素的相机，对拍摄模式进行统一调试。以白墙为背景，表演者取正坐位，距墙0.2米、距相机1米，以相机聚焦时光线聚集在脸部鼻梁正中时的位置定位相机高度。并由2名心理学工作者就表情的内在情绪含义、表情特征对表演者进行解释说明，并结合不同的情境和经历诱发其情绪。所有照片均由同一人在同一实验室和同样条件下完成拍摄，图片的大小均标准化为256×192像素。初次得到表情图片48张。为了检验图片材料的效度，请40名心理学专业的本科生（其中男生17名，女生23名）对这些面孔图片进行评定。按照Osgood等的情绪维度理论，从愉悦度（valence）、唤醒度（arousal）和优势度（dominance）[②]三个方面对表情图片进行5点量表式评分（刘潇楠、许翱翔、周仁来，2009），评分采用自我评价模式（self-assessment manikin，简称SAM）（白露、马慧、黄宇霞、罗跃嘉，2005），评定等级为1到5，1表示低值，5表示高值。然后根据他们评价的结果从中选取较具代表性的图片24张，这24张图片的评定结果见表11-4。并借鉴王妍和罗跃嘉（2005）的评定方法，请30名大学生（男生14名，女生16名）对这24张图片的情绪类别进行识别，图片情绪类别的识别一致率均超过了70%（见表11-4），表明这些表情图片具有一致性和代表性（王妍、罗跃嘉，2005；顾莉萍等，2009）。

---

① 自发特质推理指观察者在没有特定目的，甚至在完全没有意识到的情况下，根据他人的行为信息推论人格特质，并形成印象的过程。作为一种自动化的加工过程，自发特质推理具有缺乏意识、缺乏控制、缺乏意图和有效性等特点。比如，当人们看到一个女孩在扶老人过马路时，通常会自动地、无意识地根据该行为推断此女孩具有“乐于助人”的特质。研究发现，这种推理广泛地存在于人们的日常生活和工作中，对个体的人际决策和社会判断等方面均会产生重要影响。

② 情绪理论中，将情绪划分为愉悦度、唤醒度、优势度这3个维度。愉悦度（valence）指情绪是积极的还是消极的，范围是从愉悦到不愉悦；唤醒度（arousal）指情绪的生理唤醒程度，范围是从兴奋到冷静；优势度（dominance）指感受该情绪时个体是否能控制、支配、处于优势地位，范围是从支配到被支配。

表 11-4　各种负性表情图片愉悦度、唤醒度和优势度的平均值（标准差）及识别一致率

	伤心	害怕	生气
愉悦度	1.39（0.57）	2.16（0.70）	2.13（0.60）
唤醒度	3.01（0.85）	2.96（0.91）	3.05（0.94）
优势度	3.02（0.89）	3.08（0.90）	3.16（0.89）
识别一致率	78.33%	72.08%	80.42%

为了提高表情图片的生态效度，利用 Magic Morph 软件得到各种表情下 44%和 88%强度的图片（Barrett、Bliss-Moreau，2009；朱春燕、汪凯、陶睿、庞礴，2010)，0%代表中性表情，100%代表表演的表情。考虑到东西方的文化差异，西方人情绪表现夸张，而中国人深受儒家为代表的行为规范和道德标准强调的不苟言笑、喜怒不形于色的影响而崇尚情绪抑制，情绪表现较为内向、含蓄（孟昭兰，2005)，所以本研究中使用情绪强度 88%的表情图片作为目标表情图片。

以 40 名心理学专业的本科生（其中男生 17 名，女生 23 名）为被试，对情绪的情境归因进行了开放式的问卷调查。再根据情境句子的频率，从每种情绪的情境归因句子中，选出 8 个频率高的情境句子。这 8 个情境句子随机地与情绪图片进行配对。采用 2（目标性别：男、女）×3（情绪：伤心、害怕、生气）×2（被试性别：男、女）混合实验设计，其中被试性别是组间变量，其他因素均为组内变量。因变量是性格归因的平均频次、再认正确率。

11.2.2　实验程序

实验采用修改了的自发特质推论范式，利用 E-prime 2.0 编程。实验流程图见图 11-1。

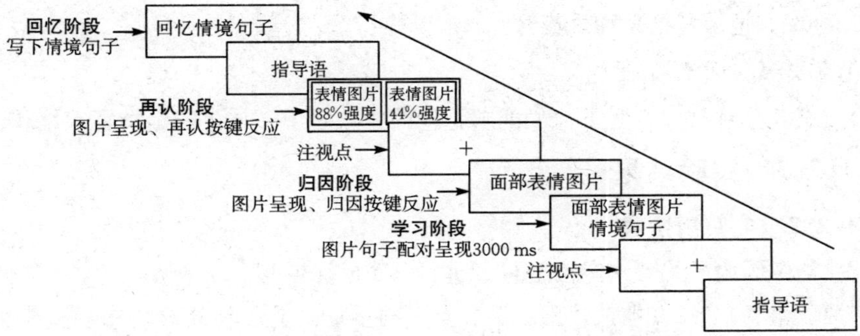

图 11-1　情绪性别刻板印象的归因研究实验流程图

11.2.2.1　学习阶段

实验中，首先在电脑屏幕中心会出现一个红色“+”符号注视点，提醒被试实验开始。接着，向被试呈现目标男性和目标女性的面部表情图片和描绘该表情的情境句子，表情图片在中心，情境句子在图片下面。让被试想象目标人的表情所对应的情境，并尽力记住这个表情和与之配对的情境句子。在实验的最后阶段将让被试辨认这些表情面孔图片和回忆这些情境句子。

面部表情图片（图片中表情的强度为88%）共24张，每种表情图片随机地与8个情境句子中的一个配对。每一“表情图片—情境句子”配对随机呈现4次，一共有96个trials。“图片—句子”配对在屏幕上的呈现时间为3000ms，间隔时间为1000ms。

11.2.2.2　归因阶段

在学习阶段之后给被试呈现目标面部表情，但不呈现情境句子。要求被试迅速做出判断，判断该目标表情是由目标人物的性格引起还是由情境引起的。若认为目标面部表情是由个性因素导致，按“L”键；若认为目标表情是由情境因素导致，按“S”键。反应按键在被试间平衡。例如，如果你看到一个人生气的表情，也许你认为他（她）是反应过激，属于个性因素；也许你认为他（她）刚经历了一些烦恼的事情，属于情境因素。每张面部表情呈现2次，判断结束，面部表情图片消失，间隔时间1000ms，一共48个trials。记录其判断和反应时。

11.2.2.3　再认阶段

同时在左右呈现44%和88%强度的面部表情图片，88%强度的是目标表情图片。让被试判断归因阶段中看到的目标表情图片的位置。如果目标表情图片在左边，按“1”键；如果在右边，按“0”键。同样，判断结束，面部表情图片消失，间隔时间1000ms。记录其判断和反应时。

11.2.2.4　回忆阶段

给被试5分钟时间，写下他们能够记住的情境句子，尽可能地书写完整和正确。

11.2.3　实验结果

11.2.3.1　归因阶段

以性格归因的平均频次为因变量，进行2（目标性别：男、女）×3（情绪：伤心、害怕、生气）×2（被试性别：男、女）的重复测量方差分析，其中被试性别为组间变量，其他因素均为组内变量。各种情况下的性格归因平均频次见表11-5。方差分析结果表明，目标性别的主效应显著，和男性目标表情相比，被试对于女性目标表情作出了更多的性格归因。$F(1, 44) = 22.82$，$p < 0.001$。情绪的主效应显著，$F(2, 88) = 3.90$，$p < 0.05$。分析结果显示，被试总体而言对伤心表情作出更多的性格归因，接着是生气，然后是害怕。目标性别和情绪的交互效应显著，$F(2, 88) = 6.60$，$p < 0.01$。进一步的简单效应分析表明，在害怕情绪下，目标性别的简单效应显著，$F(1, 45) = 5.54$，$p < 0.05$；在生气情绪下，目标性别的简单效应显著，且显著性水平更高，$F(1, 45) = 7.91$，$p < 0.01$；在伤心情绪下，目标性别的简单效应显著，且显著性水平最高，$F(1, 45) = 30.38$，$p < 0.001$。这些结果说明，被试对女性的表情更多地归因于性格原因，被试对女性害怕、生气、伤心表情作出性格归因的比例依次变高。其他效应不显著，包括被试性别的主效应。

11.2.3.2 再认阶段

以目标表情再认正确率为因变量，进行2（目标性别：男、女）×3（情绪：伤心、害怕、生气）×2（被试性别：男、女）方差分析，被试性别是组间变量，其他因素均是组内变量。各种情况下的再认平均正确率见表11-5。各种目标性别的主效应显著，$F(1, 43) = 5.37$，$p < 0.05$，反映出被试能更准确地记忆女性的表情。

11.2.3.3 回忆句子

以句子的回忆正确率为因变量，进行3（情绪：伤心、害怕、生气）×2（被试性别：男、女）方差分析。被试性别是组间变量，情绪是组内变量。各种情况下的句子回忆平均正确率见表11-5。结果为主效应和交互效应都不显著。

表11-5 负性情绪在各种情况下的性格归因平均频次、目标表情再认平均正确率、句子回忆平均正确率

阶段	a1b1s1	a2b1s1	a1b2s1	a2b2s1	a1b3s1	a2b3s1	a1b1s2	a2b1s2	a1b2s2	a2b2s2	a1b3s2	a2b3s2
归因	2.18	4.82	1.59	2.94	2.35	3.94	2.38	4.21	3.03	3.45	3.38	4.14
再认	0.54	0.73	0.56	0.59	0.50	0.66	0.53	0.62	0.58	0.57	0.58	0.53
回忆	b1s1：0.51		b2s1：0.60		b3s1：0.37		b1s2：0.55		b2s2：0.55		b3s2：0.42	

注：a1—男（目标性别），a2—女（目标性别），b1—伤心，b2—害怕，b3—生气，s1—男（被试性别），s2—女（被试性别）。归因阶段的数值表示性格归因平均频次，再认阶段的数值表示目标表情再认平均正确率，回忆阶段的数值表示句子的回忆平均正确率。

11.3　正性情绪的归因实验

11.3.1　被试与材料

有偿招募在校大学生 21 人，其中男生 7 人，女生 14 人，年龄 20～24 岁，平均年龄为 21.81 岁。所有被试身体健康，视力或矫正视力正常，均为右利手。

8 名模特表演高兴和自豪两种表情，初次得到表情图片 32 张。同时，请 40 名心理学专业的本科生（其中男生 17 名，女生 23 名）对这些表情图片进行评定。按照 Osgood 等的情绪维度理论，从愉悦度、唤醒度和优势度三个方面对表情图片进行 5 点量表式评分（刘潇楠、许翱翔、周仁来，2009），评分采用自我评价模式（白露、马慧、黄宇霞、罗跃嘉，2005），评定等级为 1 到 5，1 表示低值，5 表示高值。然后根据他们评价的结果，选取较具代表性的表情图片 16 张，这 16 张表情图片的评定结果见表 11-6。并请 30 名大学生（男生 14 名，女生 16 名）对这 16 张图片的情绪类别进行识别（王妍、罗跃嘉，2005），图片情绪类别的识别一致率均超过了 70%（见表 11-6），表明这些图片具有一致性和代表性（顾莉萍等，2009）。

表 11-6　高兴和自豪愉悦度、唤醒度和优势度的平均值（标准差）及识别一致率

	高兴	自豪
愉悦度	4.53 (0.72)	3.55 (0.81)
唤醒度	3.14 (0.93)	2.99 (0.92)
优势度	3.22 (0.89)	3.06 (0.91)
识别一致率	90.42%	72.50%

采用 2（目标性别：男、女）×2（情绪：高兴、自豪）×2（被试性别：男、女）混合实验设计，其中被试性别是组间变量，其他因素均为组内变量。因变量是性格归因的平均频次、再认正确率。

正性情绪的归因实验的程序同之前的负性情绪的归因实验。

11.3.2　实验结果

11.3.2.1　归因阶段

以性格归因的平均频次为因变量，进行 2（目标性别：男、女）×2（情绪：高兴、自豪）×2（被试性别：男、女）的重复测量方差分析，其中被试性别为组间变量，其他因素均为组内变量。各种情况下的性格归因平均频次见表 11-7。方差分析结果表明，目标性别的主效应显著，和男性目标表情相比，被试对于女性目标表情作出了更多的性格归因。$F(1, 20) = 5.90$，$p < 0.05$。情绪的主效应显著，$F(1, 20) = 7.46$，$p < 0.05$。结果显示，被试对目标面孔的自豪表情作出了更多的性格归因。情绪和目标性别的交互效应不显著，且被试性别的主效应也不显著。

11.3.2.2 再认阶段

以再认正确率为因变量，进行 2（目标性别：男、女）×2（情绪：高兴、自豪）×2（被试性别：男、女）方差分析，被试性别是组间变量，其他因素均是组内变量。各种情况下的再认平均正确率见表 11-7。目标性别的主效应显著，$F(1, 19) = 11.52$，$p < 0.01$，反映出被试能更准确地识别女性的表情。情绪类别的主效应显著，$F(1, 19) = 5.62$，$p < 0.05$，被试能更好地识别目标面孔表现出的自豪表情，其次是高兴表情。

11.3.2.3 回忆句子

以句子的回忆正确率为因变量，进行 2（情绪：高兴、自豪）×2（被试性别：男、女）方差分析。被试性别是组间变量，情绪是组内变量。各种情况下的句子回忆平均正确率见表 11-7。结果为主效应和交互效应都不显著。

表 11-7 正性情绪在各种情况下的性格归因平均频次、目标表情再认平均正确率、句子回忆平均正确率

阶段	a1b4s1	a2b4s1	a1b5s1	a2b5s1	a1b4s2	a2b4s2	a1b5s2	a2b5s2
归因	1.67	3.75	4.00	5.50	2.17	2.80	3.10	4.20
再认	0.44	0.58	0.61	0.72	0.52	0.69	0.65	0.85
回忆	b4s1：0.59		b5s1：0.48		b4s2：0.52		b5s2：0.48	

注：a1—男（目标性别），a2—女（目标性别），b4—高兴，b5—自豪，s1—男（被试性别），s2—女（被试性别）。归因阶段的数值表示性格归因平均频次，再认阶段的数值表示目标表情再认平均正确率，回忆阶段的数值表示句子的回忆平均正确率。

11.4 总体分析与讨论

在实际生活中，我们经常看到多愁善感、喜怒无常的女性，而很少看到这样的男性。由于角色、评价以及生理特点，女性比男性更富于表现情绪，而且在东方文化规范和展示规则的影响下，女性在公共场合也更多地表达她们的情绪。而正是这样的规范允许女性情绪的外露和表达，所以人们也就在无形中打上了这样的认知图式，也就形成了这样的情绪性别刻板印象。尽管在具体情绪上的差异还有待进一步考证和研究，但是从总体水平上，女性比男性更情绪化已经固化在人们的心理世界中了。内隐 IAT 的测量为人们这一普遍认知提供了较为科学的证据。

无论对于负性情绪（伤心、害怕和生气）还是正性情绪（高兴和自豪），人们均对女性目标表情作出了更多的性格归因。且在负性情绪中，被试对女性的伤心表情作出了更多的性格归因。这可能和东方文化下人们认为女性生性多愁善感这一认知相关联。在正性情绪中，被试对目标面孔的自豪表情作出了更多的性格归因，可能是因为在人们的情绪信念中，认为高兴表情是更具有情境性的。负性和正性情绪再认阶段的结果表明被试都能更准确地记忆女性的表情，从另一层面论证了人们认为女性更情绪化的认知观念。在对实验结果进行分析与讨论之前，需要强调两点。第一，关于感知者对女性面部表情表现出对应偏见，人们可能怀疑这是因为和女性表情配对的情境句子（相较于和男性表情配对的情境句子而言）对情绪的唤起度低。而本实验对情境句子的回忆结果表明，性别和情绪的主效应和交互效应均不显著，因此，实验结果可以排除这种怀疑。第二，本研究采用的是自发特质推论范式，对归因判断的评价与解释是客观自然的，与那种采用谨慎思考进行归因解释的方式有着本质的区别。因此它能更直接探查人们对女性更情绪化这一认知的归因。

我们可以为感知者对女性的情绪表现出更强的对应偏见提供几种可能的理论解释。其一，人口学分类的文化含义和情绪表现之间具有相似性（Zebrowitz、Kikuchi、Fellous，2010）。在东方文化的角色分工下，男性通常更多地关注自身的事业和社会责任。他们更理性，更善于控制自己的情绪。其实男性所体验的情绪并不比女性少，只是他们更善于隐藏它们而已，其情绪表现更为收敛和隐藏。而女性通常更多地关注于自己的家庭和日常生活。她们更为感性，而且多重角色的转换也使女性更容易烦躁并且出现情绪波动。东方文化规范和情绪展现规则也表明，人们对女性的情绪波动及其丰富表现也给予了接受，而对于男性则不允许。在这样的文化规范下，女性更容易表露自己的情感，表现自己的情绪，这样就给人们造成了女性更为情绪化的一种认知偏向。其二，实验结果为知觉泛化假设提供了初步的证据，即女性面孔是引起更情绪化的原因。知觉泛化可能与大脑对认知早期所输入的感觉意义的预测机制有关（Bar，2007）。当人们看到女性面孔的时候，便会激活大脑中和女性相关的印象（比如女性多愁善感、情绪表现丰富等），然后运用这些基本信息去进行类推，从而作出有效预测和判断。其三，人们的这种对应偏见可能使其以不同的认知目的来区别对待男性和女性面部表情（Brescoll、Uhlmann，2008）。当感知者看见的是一位女性的面部表情时，激活，女性情绪情境特征对于感知者而言变得相对模糊，因为他们的目的是希望更好地解释关于女性本人的某些东西，这样就导致了性格归因；但是当他们看到一位男性同样的面部表情时，环境会支配他们的注意，他们的目的也许是希望更好地解释男性的周围环境，从而导致了情境归因。

第四篇　年龄刻板印象

年龄作为一个重要的自然分类维度，自然而然地将人们分成不同类别：老年人群体和年轻人群体等。根据刻板印象内容模型，对某个分类群体的刻板印象评价集中在能力和热情两个维度上，并且根据这两个维度将人们分为高能力/高热情群体、高能力/低热情群体、低能力/高热情群体和低能力/低热情群体。老年人群体通常被评价为低能力和高热情群体，而年轻人属于高能力和低热情群体。

大众对老年人低能力和对年轻人低热情的消极刻板印象既是自动化加工的过程，也会受到具体社交情境的影响。例如，关于职业情境中的年龄偏见和刻板印象的一项研究发现，虽然大学生被试在老年人低能力刻板印象的影响下，更愿意接受的“服务人员”的平均年龄都在 40 岁以下，但对于专业技术性更强的职业，被试倾向于选择接受年龄较大的“服务人员”。在不同的任务情境中，个体的认知和动机各不相同，甚至情绪状态也各不相同，这些因素都可能影响刻板印象从不同维度得到激活。

此外，个人的观点采择能力也会影响年龄刻板印象，观点采择是指个体设身处地地理解与感受他人想法与情感的能力，即“从他人的眼中看世界”或是“站在他人的角度看问题”。感知者的观点采择能力能够影响刻板印象知觉。研究表明：观点采择既可能增加刻板印象，也可能降低刻板印象。寻找到其中的影响机制是探讨观点采择对刻板印象影响的关键，能为降低消极刻板印象提供有意义的指导策略。

本篇分为三章。第十二章探讨大学生对年轻人和老年人的刻板印象。该章拟以内隐和外显两种测量方法来探索大学生的年龄刻板印象。结果显示，大学生对年轻人和老年人的刻板印象在外显评价上并不存在显著差异，但是在内隐测量上存在显著差异。第十三章介绍大学生对老年人内隐刻板印象的情境效应，该章节具体包含三个方面内容：第一是探讨在专业能力评价上人们对年轻人与老年人的印象评价差异；第二是探索在“道德”和“专业”两种情境下大学生对老年人情感方面的内隐偏好；第三是在“家庭”和“运动”两种情境下探讨大学生对老年人的内隐态度。第十四章从观点采择的角度出发研究个体的观点采择对年龄刻板印象的影响及其心理机制，探讨了在这种影响中大学生共情能力的中介作用和个体自尊的调节作用。

12　大学生的年龄刻板印象

老年人群体通常被评价为低能力和高热情群体，而年轻人群体通常被归为高能力和低热情群体。以往关于年龄刻板印象的研究多集中于对老年人的态度。Carole的研究指出，对老年人态度至少包括三个主要的个人属性：(1) 身体特征 (关于身体外观、身体状况或身体运动)；(2) 个人表达 (关于心理状态、态度或社交关系)；(3) 认知能力 (关于智力或信息加工的能力) (Carole、David，1996)。这其中的身体特征和认知能力属于能力维度的评价，个人表达属于热情维度的评价。在能力评价中，人们认为"老年人"的智力水平在退化，并且不能参与体力活动。这种"老年歧视"普遍存在于现今的社会生活里。对于"老年人"的"歧视"，与人们对于"年轻人"的刻板印象应该是有关联的。人们一般觉得年轻人是身体健康的和强壮的，是智力和记忆力高的。此外，在热情评价上，人们觉得老年人的热情要高于年轻人。相比于年轻人，老年人更愿意帮助别人、更有爱心。

12.1　年龄刻板印象的研究回顾

以往关于内隐刻板印象的研究涉及年龄的较少，在少有的年龄刻板印象的研究中，主要关注于对于"老年人"的刻板印象。以往对老年人态度进行测量的研究都集中在从总体意义上判断态度是积极的还是消极的这一问题。有研究表明，在美国，人们对于自己被分类为"老年人"的结果感到不愉快，对老年人的态度通常认为是消极的 (Jelenec、Steffens，2002)，如人们认为"老年人"的智力水平在退化、不吸引人、不幸福，并且不能参与体力活动 (Carole、David，1996)。类似这种"老年歧视"普遍存在于现今的社会生活里 (易勇、风少杭，2005)。因此，加强对老年人的社会认知和态度的研究，对"老年歧视"现象和人口老龄化问题具有重要理论和现实意义。

对于"老年人"的刻板印象研究表现出的"歧视"，与人们对于"年轻人"的刻板印象应该是有关联的。遗憾的是，虽然人们对于年轻人有自己的印象评价，但对年轻人的刻板印象研究也较为缺乏①。

近来的研究表明，测量方法强烈地影响对老年人评价的结论。早期用自我报告法对年轻人和老年人进行评价，显示出了很小的态度差异（Kite、Johnson，1988）。对态度和刻板印象的内隐测量研究能够揭示出对目标群体无意识的自动化加工过程，并且不易受社会赞许性和自我陈述策略的影响（Wilson，S Lindsey，2000），因此内隐的测量方法更能反映个体本身的差异。总结以上内容，年龄刻板印象测量应该从内隐和外显两个角度进行。

12.2　年龄刻板印象的测量

12.2.1　研究材料

采用 Millisecond 公司的专业心理学软件 Inquisit 2.0 汉化后进行 IAT 实验，考察被试在身体特征、个人表达、认知能力 3 个维度上的年龄刻板印象，每一反应的反应时及正确率均由计算机自动记录。

对年轻人和老年人词汇的选择：请 20 名研究生（不参加后续的 IAT 实验）在开放问卷上分别写出 10 个与年轻人和老年人有关的词，参考张智勇（张智勇、刘江娜，2006）和 Karpinski 等（2012）的研究，分别提取出现频率最高的词，最终确定与年轻人有关的概念词为："超女"、大学生、25 岁、青年、21 岁、上网、动漫、蹦极、网游、追星族；与老年人有关的概念词为：京剧、白发、退休、夕阳红、70 岁、祖父母、摇椅、太极拳、拐杖、75 岁。

根据 Carole S. 对老年人态度进行测量时所用的 3 个方面的形容词（Carole、David，1996），并请 15 名研究生（不参加后续的 IAT 实验）对所有词汇进行严格筛选和补充，分别确定了 3 个方面的属性词。

身体特征 IAT 中积极的词为：精力充沛、活跃、运动、吸引力、强壮、健康、漂亮、魅力、整洁、干净；消极的词为：疲惫不堪、有病、虚弱、肮脏、聋的、瞎的、跛的、迟缓、呆滞、丑陋。

个人表达 IAT 中积极的词为：善良、安静、尽责、快乐、友好、好交际、进取、慷慨、可靠、乐观；消极的词为：吝啬、厌倦、伤感、情绪化、攻击性、孤独、自

---

①　以往关于年龄刻板印象的探讨主要是关注对老年人的刻板印象和对年轻人的刻板印象，然而年龄刻板印象包括的范围更加广泛，比如对儿童的刻板印象、对青春期青少年的刻板印象等。同时，年龄刻板印象是一个动态的发展和变化过程，比如从对年轻女性到对中年女性和老年女性的刻板印象均不相同。

我中心、不耐烦、沮丧、无助。

认知能力IAT中积极的词为：智慧、聪明、明智、有见识、阅读能力好、灵活、有洞察力、思辨能力强、敏捷、有学问；消极的词为：无知、褊狭、健忘、困惑、文盲、没受过教育、迟钝、死板、思维僵化、愚蠢。

12.2.2 测量方法

采用Mellott等（2001）使用的感觉温度计量表（feeling thermometer scale）[①]和语义差异量表（semantic differential measure）测量被试外显年龄态度。在感觉温度计量表中，0度表示令人不快的，50度表示中性的，99度表示讨人喜欢的，让被试分别给年轻人和老年人打出心目中具体的感觉温度值。语义差异量表包括5个项目（丑陋的—漂亮的、坏的—好的、讨厌的—令人愉快的、不诚实的—诚实的、可怕的—美好的），被试分别对年轻人和老年人在这5个项目上进行7分等级评价，被试在5个项目上的平均分就表示分别对年轻人和老年人的态度（对年轻人态度的$\alpha=0.86$，对老年人态度的$\alpha=0.90$）。

IAT测量内隐年龄刻板印象实验采用被试内设计，所有的被试必须完成身体特征、个人表达和认知能力3个IAT。3个IAT按照完全随机的顺序呈现。被试坐在计算机前，注视计算机屏幕，对左边的归类按“a”键反应，对右边的归类按“5”键反应。采用Greenwald等改进的IAT，测验7步实验程序（如表12-1所示）。为了平衡内隐和外显测量的顺序效应，一半的被试先进行外显的态度测量，再完成IAT；另一半的被试先完成IAT，再进行外显的态度测量。

表12-1 内隐联想测验程序

测验顺序	1	2	3	4	5	6	7
任务描述	初始靶子词练习	联想属性词练习	初始联合练习	初始联合测验	相反联合练习	相反联合练习	相反联合测验
靶子词	a-年轻人 老年人-5	a-积极的 消极的-5	a-年轻人 a-积极的 老年人-5 消极的-5	a-年轻人 a-积极的 老年人-5 消极的-5	积极的-5 a-消极的	a-年轻人 a-消极的 积极的-5 老年人-5	a-年轻人 a-消极的 积极的-5 老年人-5

① 感觉温度计是广泛用于心理学研究中的测量方法，很多研究都证明了该方法的有效性。此外，该方法不仅可以用于态度测量中，也常用于情绪状态的测量等多个领域中，使用范围非常广泛。参见参考资料Bennet KJ，Torrance G. Measuring health state preferences and utilities：rating scale，time trade-off，and standard gamble techniques. In：Spilker B，editor. *Quality of life and pharmacoeconomics in clinical trials*. Philadelphia：Lippincott-Raven，1996，p. 259.

续表

测验顺序	1	2	3	4	5	6	7
	a-21 岁	a-强壮	a-21 岁	a-21 岁	强壮-5	a-21 岁	a-21 岁
身体 刺激	摇椅-5	虚弱-5	a-强壮	a-强壮	a-虚弱	a-虚弱	a-虚弱
特征	70 岁-5	迟缓-5	迟缓-5	迟缓-5	a-迟缓	强壮-5	强壮-5
IAT 例证	a-青年	a-活跃	70 岁-5	70 岁-5	活跃-5	70 岁-5	70 岁-5
	a-21 岁	a-进取	a-21 岁	a-21 岁	进取-5	a-21 岁	a-21 岁
个人 刺激	摇椅-5	孤独-5	a-进取	a-进取	a-沮丧	a-沮丧	a-沮丧
表达	70 岁-5	沮丧-5	沮丧-5	沮丧-5	a-孤独	进取-5	进取-5
IAT 例证	a-青年	a-欢快	70 岁-5	70 岁-5	欢快-5	70 岁-5	70 岁-5
	a-21 岁	a-明智	a-21 岁	a-21 岁	明智-5	a-21 岁	a-21 岁
认知 刺激	摇椅-5	文盲-5	a-明智	a-明智	a-文盲	a-健忘	a-健忘
能力	70 岁-5	健忘-5	健忘-5	健忘-5	a-健忘	明智-5	明智-5
IAT 例证	a-青年	a-聪明	70 岁-5	70 岁-5	聪明-5	70 岁-5	70 岁-5

12.3 年龄刻板印象的研究结果与分析

12.3.1 大学生对年轻人和老年人的外显刻板印象

在感觉温度值的评价上：被试评估年轻人的感觉温度值（$M=73.17$，$SD=14.97$）和老年人的感觉温度值（$M=68.88$，$SD=13.09$）相比，差异不显著。因此，被试对年轻人和老年人的感觉温度差值不存在显著的性别差异，$F(1, 46)=0.447$，$p>0.05$。

在语义差异测量的评价上：被试对年轻人所评的等级（$M=4.97$，$SD=0.75$）和对老年人所评的等级（$M=4.99$，$SD=0.89$）相比不存在显著的差异，被试对年轻人和老年人所评等级差值不存在显著差异，$F(1, 46)=0.044$，$p=0.628$。

12.3.2 大学生对老年人和年轻人的内隐刻板印象

将被试在概念词与属性词组合的相容性变量的两个水平（水平一：相容；水平二：不相容）上的平均反应时进行配对 t 检验，结果发现被试在相容水平的平均反应时均显著低于不相容水平（如表 12-2 所示）。

表 12-2　年龄词与形容词 IAT 的反应时（单位：ms）

	相容任务 $M \pm SD$	不相容任务 $M \pm SD$	t	p
身体特征	681.20±140.29	981.04±271.58	−8.142	<0.001
个人表达	721.51±176.36	908.85±243.45	−6.643	<0.001
认知能力	718.07±190.15	917.34±310.61	−5.491	<0.001

12.3.3　大学生的内隐和外显年龄刻板印象的分离

从外显测量结果来看，被试对年轻人和老年人的评价的差异都不显著。Karpinski（2001）的感觉温度计的结果表明被试对老年人有轻微的不喜欢，语义差异的结果中被试对年轻人和老年人的态度没有差异（Karpinski、Hilton，2001）。因此，本研究结论与以往研究基本一致。在外显评价上，大学生对老年人和年轻人的态度差异不显著。而被试在 IAT 的内隐测量中，大学生被试表现出对老年人较强的内隐年龄刻板印象。Jelenec 和 Steffens（2002）以及 Hummert（2002）采用 IAT 从总体的角度研究表明，被试对老年人存在消极的态度。同时，Boduroglu（2006）将中国和美国文化中的年龄刻板印象进行比较而得出结论，在东亚和西方文化下对老年人的态度是相似的，在东亚并没有出现对老年人的态度更积极的普遍现象。另外，不同性别的被试在外显态度测量和内隐联想测验中测得的年龄刻板印象均不存在显著差异，性别效应的缺乏可能反映了对老年人的年龄刻板印象是同一种文化中男女所共有的（连淑芳，2004）。

被试在外显态度测量和内隐联想测验中所得的结果具有不一致性。这可能因为中国一直提倡尊老敬老的传统美德，在外显的态度测量中，被试可能掩饰对老年人的偏见。而在内隐测量中，被试将老年人看作一个整体，从而评价更消极（Jelenec，2002）。在本实验中，大学生对老年人存在消极的刻板印象，这可能与被试为大学生这一年轻群体有关，在将“年轻人”与“老年人”进行比较时，可能存在自我证明、内群体偏爱或外群体贬抑现象。

在本实验中，内隐和外显的年龄刻板印象之间相关不显著，这和国外的研究结果一致。被试对日常普通事物的内隐和外显态度之间存在相关，而对于偏见和刻板印象等具有社会敏感性的态度，内隐和外显测量的相关很低（Fazio、Olson，2003）。Karpinski（2001）检测了 IAT 和外显态度之间的关系，认为 IAT 相对于外显态度是独立的。不同的记忆系统理论表明内隐和外显测量开启的是不同的记忆系统（DeCoster、Banner、Smith，2006），这些理论认为内隐测量反映的是存贮在“慢速学习”记忆系统的简单的联结，而外显测量反映的是依赖情境的记忆，这种记忆存贮在“快速结合”记忆系统，以至于对内隐测量的解释不如外显测量那样直接。此外，Gawronski 和 Bodenhausen（2006）提出的联结—命题评价（associative-propositional evaluation，简称 APE）模型可以用来解释内隐和外显评价的差别(Gawronski、Bodenhausen，2006)。联结评价和命题评价分别通过内隐和外显测量获得，两者最大的区别就是对确认加工评价的独立性和依赖性。这也就是说，不管被试认为评价正确与否，内隐测量都能测出被试的联结评价；而只有当被试认为评价是正确的时候，外显测量才会测出被试的命题评价。

13 大学生对老年人的内隐态度

社会认知领域的一些研究发现，偏见、刻板印象或类属性思维是一种自动化加工过程（automatic processing）。人们遇到一定的情境就会自动激发起相应的类属性思维，这一过程无须意识和努力，具有必然性（Devine，1989；Fazio、Sanbonmatsu、Powell、Kardes，1986；Gawronski、Strack，2004）。然而，近年来有不少研究发现刻板印象、偏见的心理加工过程是有弹性的，它会随着情境或其他客观条件的变化而变化。Gawronski 等人对评价性态度的情境效应进行了一系列的研究发现，被试在初始情境中习得的评价性信息会泛化到新情境之中，即在初始情境和新情境中遇到态度对象时都会激活被试在初始情境中的相关评价性信息，而在次学习情境中习得的信息是否被激活则具有情境依赖性（Gawronski、Rydell、Vervliet、De Houwer，2010；Rydell、Gawronski，2009）。Blair（2002）全面总结了内隐社会认知中有关偏见和刻板印象灵活性的研究，认为内隐态度的激活受到自我与社会动机（Lowery、Hardin、Sinclair，2001）、特定的反刻板印象策略（Blair、Ma、Lenton，2001）、注意指向（Mitchell、Nosek、Banaji，2003）、刺激线索（Macrae、Hood、Milne、Rowe、Mason，2002）以及类别成员个体信息特征（Livingston、Brewer，2002）的影响。

13.1 老年人刻板印象的情境效应

在年龄刻板印象方面，与对年轻人的评价相比，大学生被试对老年人的评判更为消极（Jelenec、Steffens，2002；Kite、Stockdale、Whitley、Johnson，2005；Slotterback、Saarnio，1996）。然而，20 世纪 90 年代中后期到 21 世纪的前几年，一些研究者们开始发现被试对老年人的态度并不只是积极或消极这么简单。Slotterback 和 Saarnio（1996）的研究就发现虽然在认知、个人表达和身体方面，人们对老年人的态度比对年轻人和中年人的态度更为消极，但这种消极评价倾向也会因研究手段和情境类别的不同而不同。我国学者张智勇和刘江娜（2006）采用内隐联想测验（implicit association test，简称IAT）和相应的外显报告法考察了大学生被试对不同职业人群的内隐与外显的年龄偏见，结果表明无论被试有没有外显的年龄偏见，在IAT中都一致表现出双向的、明显的内隐年龄偏见，“建筑工人”、“导游”、“服务员”等职业与年轻人的联系更紧密，而“法官”、“妇联主席”、“中学校长”等专业性较强的职业与年长者的关联性更高。这一结果说明在大学生的认知观念里，“年长”概念与需要更多经验积累、更高学识、更强专业性的职业联系在一起。

刻板印象内容模型（stereotype content model，简称SCM）是近年来影响较大的一种刻板印象理论，它认为刻板印象是由热情（warmth）和能力（competence）这两个核心维度的评价组合所决定的（Fiske、Cuddy、Glick、Xu，2002；Fiske、Xu、Cuddy、Glick，1999；佐斌、张阳阳、赵菊、王娟，2006）①。

张智勇和刘江娜（2006）在老年人刻板印象方面的研究与SCM模型的相关研究的结果存在矛盾。这可能是因为能力包括的类别很多，可以是个体的认知能力（记忆能力），也可以是个体需要知识积淀的专业能力。各种能力的激发要依赖于不同的情境和不同的评价任务。因此，本研究旨在从不同的角度并采用不同的方法探讨大学生对老年人内隐态度的情境效应。在某些情境（如专业情境）下可能引发大学生被试对老年人的有知识、有能力、更专业的积极态度，而在有的情境（如体育运动）下有可能更多地诱发大学生被试对老年人的消极评价如身体衰弱、行动迟缓、精力不足等。本研究把“老年人”界定为年满60周岁以上的人，实验中使用的图片的人物年龄都在60周岁以上。

本章的主旨在于探讨不同情境下人们对老年人的态度。基于此，我们首先比较了被试对老年人和年轻人在专业方面的认知；其次探索了人们在道德、专业和普通情境下对老年人和年轻人的内隐偏好；最后把老年启动置于家庭、运动和数字情境中比较人们对老年人的态度。

13.2 专业能力情境下对老年人的内隐态度

研究目的是探索人们在专业能力方面对年轻人与老年人评价的差异。张智勇和

① 能力和热情两个维度为补偿关系，在不同文化样本的聚类分析中一致显示，大部分群体留下的印象是高能力/低热情或低能力/高热情的。

刘江娜（2006）的研究已经发现，服务职业的专业性越强，大学生被试愿意接受的服务人员的年龄越大，这与日常生活中人们的认知是一致的。通常人们会认为年龄比较大的专业人士更可靠，更值得信赖，如老教授、老医生、老科学家等。但是根据SCM模型，老年人却被评价为“对人热情但能力低下的”。为了更好地了解这一矛盾，我们有必要将能力进行区分。本章只关注专业能力，假设在大学生的认知评价里，老年人更有专业素养。具体而言，老年人与“资深”、“经验丰富”、“专家”这些概念的联系更加紧密。

13.2.1 研究方法

13.2.1.1 被试与实验设计

参加实验的被试选自某大学的60位本科生，视力或矫正视力正常。剔除掉正确率低于80%的被试数据，共有55名被试的数据进入统计。其中男生20人，女生35人，平均年龄为20.18岁。

参考Casper、Rothermund和Wentura（2010）的研究，采用词汇判断范式，即请被试判断目标词是不是真正的“词”。目标词包括专业词、普通词和非词，其中非词是填充材料。根据在人们认知评价里老年人与经验、资深等概念联系更紧密的假设，实验中呈现年老启动后会激活被试相应的概念，随后出现的专业词判断反应时将更短。

为了平衡被试性别可能对实验结果造成的影响，实验一采用三因素混合设计：2（启动年龄：年老或年轻）×2（目标词：专业或普通）×2（被试性别：男或女），其中前两个因素是组内设计。

13.2.1.2 研究材料和实验程序

实验材料的获取程序主要是请20位本科生每人写出10个形容专业人士的词，共收集专业词190个。经过同义词归类后选取出现词频最高的12个专业词。并选取与对应专业词词频相同、笔画数相近且与专业无关的词作为普通词。与对应专业词总笔画数相同的词作为假词。共收集12个专业词（精通、熟练、资深、博学、严谨、经验、敬业、修养、权威、专家、能力、专注）和12个普通词（标签、厨房、贸易等）。另造24个假词（雷面、金先、角谷等）作为填充材料。所有的词与4幅年老/年轻图片有限随机搭配，其中一半专业词与年老图片搭配，另一半与年轻图片搭配，普通词和假词按相同方式随机搭配。本实验共48个正式测试。其中每幅面孔图片重复出现12次，目标词只出现1次。本研究把老年人界定为60岁以上的人，因此选择了 60 岁以上人群的面孔图片。年轻人图片选择了在校大学生注册照（非参与实验的被试院校），图片中人物年龄在 18 岁以上 25 岁以下。并且老年人和年轻人照片的表情和吸引力经过评定，全都是中性表情、中等吸引力。最后对面孔图片进行标准化，调成黑白照片。

13.2.1.3　主要的实验

流程为被试坐在计算机前运行实验程序。首先请被试输入年龄、性别，然后呈现指导语，告诉被试实验要求、步骤和判断目标。被试理解后按 Q 键开始实验。先呈现红色注视点 500ms，随后是老年人或年轻人图片 100ms，白屏 100ms，之后出现目标词，要求被试尽可能快地判断目标词是词还是非词，流程见图 13-1。目标词下面有按键提示。两个反应键“F”、“J”做对称平衡。被试做出判断后出现下一个测试。如果 3000ms 内被试没做出反应，下一个测试也会自动开始。正式实验前有 8 次练习。年老、年轻启动图片和目标词判断图片示例见图 13-2。

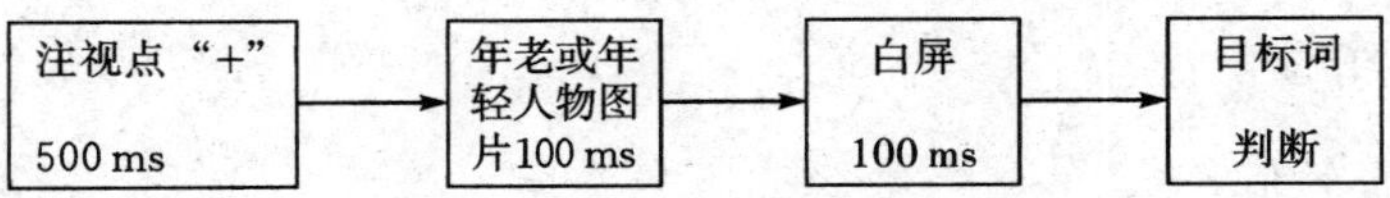

图 13-1　实验基本程序

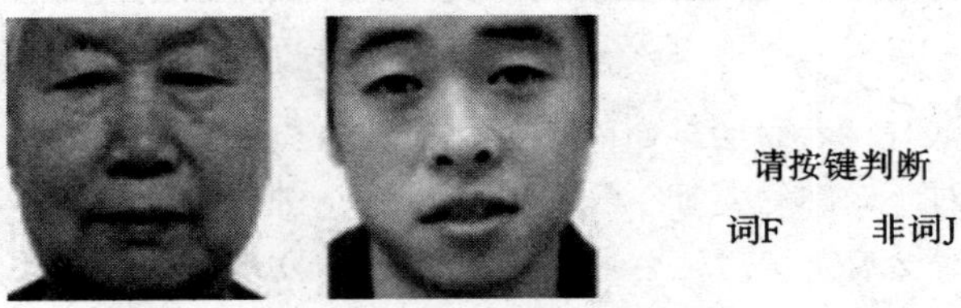

图 13-2　实验一实验材料示例

13.2.2　研究结果

实验数据的处理依据参照 Casper 等人（2010）的研究。在 Casper 等人的研究中实验材料是重复出现的，筛选正确率是 90%；而本实验采用的材料只出现 1 次，因此筛除正确率确定为 80%。筛除反应时在 300ms 以下和在全距 3/4 以上的数据，同时去掉所有不正确的反应数据。

数据分析结果表明在所有的主效应与混合效应中，只有启动年龄主效应显著。方差分析和描述性统计结果分别见表 13-1 和表 13-2。由于被试性别不是本实验关注的变量，并且有关性别的所有效应都不显著，因此未报告与被试性别有关的描述性统计结果。

表 13-1　对老年人专业能力内隐态度的方差分析结果

变异来源	均方	*df*	*F*	*p*
启动年龄	42520.50	1	4.08	0.048
专业	21970.52	1	1.75	0.191
被试性别	121028.42	1	2.91	0.094
启动年龄×专业	858.72	1	0.08	0.776
启动年龄×被试性别	12402.76	1	1.19	0.280
专业×被试性别	1988.10	1	0.16	0.692
启动年龄×专业×被试性别	17749.01	1	1.70	0.198

表 13-2　对老年人专业能力内隐态度的描述性统计

启动年龄和专业	*M*	*SD*
年轻专业	653.49	120.78
年老专业	676.16	128.34
年轻非专业	674.78	143.27
年老非专业	700.82	157.65

这一研究结果显示，只有启动年龄主效应显著，即无论是在专业还是非专业条件下，大学生被试对年老启动后面的词汇判断任务反应更慢。这种现象或许可以概括为年轻人在面对年老启动的加工任务时出现了认知困难，或者年轻人在处理内群体启动加工任务时会有优势效应。收集以往的资料发现，认知加工具有自我参照效应（self-reference effect，简称 SRE）①。人们在处理与自我相关的信息时激活的是内侧前额叶皮质，而处理语言或其他编码任务时激活的脑区是下前额叶（Kelley 等，2002；Macrae、Moran、Heatherton、Banfield、Kelley，2004）。同时人们对自己面孔的知觉速度更快（Sui、Han，2007；Sui、Zhu、Han，2006）。年轻人面孔与大学生被试自身面孔更加接近，因此，与启动年老面孔相比，在启动年轻面孔后，大学生被试对年轻面孔启动后面的信息处理过程与对自我相关信息处理的过程更接近，因而更有优势。我国学者杨红升和黄希庭（2007）做了更进一步的探索，他们提出了参照群体概念。他们以被试所归属和认同的群体（中国人）作为参照对象，把实

① 自我参照效应即相对于其他记忆加工而言，与自我建立联系的加工能够获得最好的记忆效果。这一效应在 20 世纪得到很多关注，且在 21 世纪的最初十年也得到了不少神经影像学的支持。

验材料与参照群体联系在一起进行加工，如要求被试判断"'善良'是否适合用来描述中国人"。结果表明参照认同群体加工所获得的再认成绩显著高于参照不认同群体(美国人)。这个实验证明认同群体的信息处理具有优势效应。与此类似，"年轻人"作为大学生被试归属和认同的群体，与其联系在一起的信息有可能获得更有效的信息处理。但是需要特别注意的是杨红升、黄希庭研究的实验任务（"记得/知道"判断）与本实验任务有差异，因此这一问题还需要进一步探索。

也有可能年老启动带来负面情绪，年老面孔图片所带来的相对消极的感受更能吸引注意资源（黄宇霞、罗跃嘉，2009)，而可能会导致任务相关维度加工能力的不足（Yu、Yuan、Luo，2009)①，从而造成任务反应时的延迟。但不同的负向情绪(愤怒、悲伤、焦虑）和不同的情绪强度对不同种类、不同难度的认知任务会有不同的作用。如研究发现不同效价的情绪对人们解决高难度的字谜的影响没有显著差异，而对中等难度的字谜来说，正向情绪对激活有显著促进作用，负向情绪与中性情绪的影响差异不显著（陈丽等，2008)。因此老年人的面孔引起被试的消极情绪从而造成词汇反应时延长，只是一种可能的解释，还需要进行更深入细致的研究。

研究中专业主效应不显著，说明大学生被试并不认为老年人在专业方面比年轻人更强或更弱。这个结果否定了实验假设，即与张智勇的研究结果不一致，也不支持 SCM 认为老年人"低能力"的假设。因此下一步计划从另一个角度（情境）继续考察人们在热情和能力方面对老年人的内隐态度。

近年来情境因素对内隐态度的作用得到许多学者的关注。研究者把含有人物行为描述的句子作为情境（Casper、Rothermund、Wentura，2011；Casper 等，2010)，老年人或年轻人的面孔图片作为类别，使用词汇判断任务（如"slow"）来探索被试对刻板印象特征词的激活。结果发现匹配的情境、面孔图片和类别特征目标词（如"She is walking across the street"＋老年人面孔图片＋"slow"）能显著加速对特征目标词（slow）的判断；而不匹配的三者匹配则无此效应（如"She is watering the flowers"＋老年人面孔图片＋"slow"，或"She is walking across the street"＋年轻人面孔图片＋"slow"）。由此作者认为刻板印象特征的激活有赖于情境，单一情境线索对于激活老年人整体的刻板印象特征来说是不够的，一种情境只能激活一种特

① 很多研究都证实了负性情绪对认知加工具有干扰效应，如辛勇等的研究显示，负性情绪对行为控制有显著干扰，负性情绪启动条件下被试行为反应显著延迟。负性情绪也会导致加工效率的下降，实际教学情境中诱发的状态焦虑对学生创造性有显著的影响，具体表现为流畅性和变通性成绩的降低。此外，人脑存在对负性事件的注意偏向也得到很多研究者的关注以及神经科学的佐证。

定的刻板印象特征。但是这个研究也有一些问题，比如在词汇判断任务中，所有目标词都是重复出现的，这很可能会产生练习效应，从而造成混淆。此外，为了在年轻人物与年老人物材料中平衡积极消极效价，研究者所采用的与年轻、年老人物相联系的特征都不是他们最典型的特征，如与“old”联系的“proud”、“embittered”、“content”。而在证明实验有效性的材料中，部分物品和动物属性词却都是反映它们性质的最典型，甚至唯一特征，如“heater-warm”、“lion-wild”、“sugar-sweet”(Casper 等，2011)。根据扇形效应理论，态度目标的每一个特征的激活程度与这个目标的特征数目成反比，因此相对目标实验材料（old、young），验证材料的特征激活程度更高。从这个角度上看，这些验证材料为整个实验提供的支持效果仍值得商榷。由此接下来将以一种新的实验范式探究情境因素如何影响大学生被试对老年人的内隐态度。

13.3 道德与专业情境下对老年人的内隐态度的比较

研究目的在于深入了解大学生被试对老年人的内隐态度，分别探索在“道德”和“专业”两种情境中大学生对老年人情感方面的内隐偏好。

根据 SCM 模型，人们在热情维度上对老年人的评价更高，即比起年轻人，老年人更热情、友好、善良，更讲道德[①]。与 Casper 等人（2010、2011）关注某些特定情境是否会激发人们的具体刻板印象特征属性的研究不同，本研究关注的是，在某一情境中“年老”启动所引发的人们情感方面的评价性倾向。基于 SCM 的研究发现，情感比刻板印象更能预测行为（Cuddy、Fiske、Glick，2007)。因此本研究认为从情感角度进行研究更有实践意义。

假设在人们的刻板印象中，老年人更热情、乐于助人。因此美德情境更容易引发人们对老年人的积极情感。此外，美德词汇或许更容易使人联想到“尊老爱幼”，也有可能引发人们对老年人的积极情感。而在专业情境方面，相比于年轻人，老年人有更深厚的积淀和更丰富的经验、更专业并且更能引起人们的尊重。因此本实验假设专业情境也能激发人们对老年人的积极情感，使被试对年老启动做出更积极的内隐反应。而在一般的领域，相对老年人，被试会对年轻人表现出更积极的内隐

① 近年来有学者发现，当人们解释他人行为的时候，道德（morality）比能力（competence）影响更大。研究者们对 SCM 模型的一系列研究也表明，光有热情和能力两个维度是不够的，道德对群体刻板印象的影响也不容忽视。

态度。

13.3.1 研究方法

13.3.1.1 被试与材料

某大学学习公共心理学的本科生 126 人，剔除反应完全相同的被试数据，收集有效数据 115 份。其中男生 37 人，女生 78 人，平均年龄 20.23 岁。被试随机参与表 13-3 列出的实验组之一。

请 16 位平均年龄 66 岁的年老被试、21 位平均年龄 26 岁的年轻被试（不参加正式实验）写下自己心目中的 16 种美德词汇。选择其中出现频率最高的 8 个作为实验材料（分别是宽容、谦虚、善良、孝顺、助人、正直、尊敬、诚实）。另匹配 8 个与之词频、笔画相近的中性词作为普通材料（厨房、贸易等）。再请 20 位在读研究生每人写出 10 个形容专业人士的词，共收集专业词汇 190 个，经过同义词归类后选取词频最高的 8 个专业词汇（分别是精通、熟练、资深、博学、严谨、经验、敬业和修养）。

13.3.1.2 实验程序

情感错误归因程序（affect misattribution procedure，简称 AMP）是新近兴起的以投射为基本原理的一种内隐实验范式（Payne、Cheng、Govorun、Stewart，2005）[①]。这种范式依据投射的原理，假定人们看到愉快的刺激物（启动）就会被激发愉快感受，从而倾向于对接下来呈现的无意义目标做出更多积极判断。也就是说人们会把由启动刺激引发的情感错误地投射到目标刺激上，因此实验者可以依据目标刺激的积极判断比例来推断人们对启动刺激的情感倾向。目标刺激的积极判断比例越高说明被试对启动刺激的积极情感越强。典型的 AMP 流程是：首先向被试呈现启动图片 75ms，然后呈现一幅对西方被试来说毫无意义的中文字图片即目标图片 100ms，启动图片与目标图片之间一般会设置 100ms 左右的间隔。最后是一幅灰方块图片掩盖住中文字图片。被试的任务是在中文字图片呈现之后尽可能快地通过按键来判断中文字是令人愉快的还是不愉快的。因变量是被试把无意义的目标图片判断为“积极”或“好”的比例。本研究把中文字图片改为对中国被试来说没有意义的梵文图片。

研究采用的 AMP 流程如下：先在电脑屏幕上呈现美德词、专业词、普通词或“年老”、“年轻”作为启动刺激，然后呈现梵文图片作为目标刺激，请被试按键判断这个图片是好的还是坏的。根据被试在“年老”后面做出“好”的选择的比例确定

---

① AMP 范式已经被 Payne 及其他学者证明对喜爱或厌恶的评价性刺激有良好的敏感性和稳定性。

他们对老年人印象的积极程度，“好”的比例越高说明被试对老年人内隐态度越积极。

测试包括情境启动和年龄启动两种，其中情境启动包括美德、专业、普通三类，年龄启动包含“年老”和“年轻”两种。情境因素的设置是通过把年龄启动测试分别与三类不同的情境启动测试混合呈现达到的。具体情境设置及材料分配见表13-3。

表13-3 实验二材料

<table>
<tr><th>情境</th><th>启动年龄</th><th>实验组别</th><th>启动</th><th>目标</th><th>说明</th></tr>
<tr><td rowspan="2">美德</td><td>年老</td><td>1</td><td>8个美德词汇＋“年老”</td><td rowspan="6">梵文图片72幅</td><td rowspan="6">每种实验条件9个词，每个词出现8次，共计72个测试</td></tr>
<tr><td>年轻</td><td>2</td><td>8个美德词汇＋“年轻”</td></tr>
<tr><td rowspan="2">普通</td><td>年老</td><td>3</td><td>8个普通词汇＋“年老”</td></tr>
<tr><td>年轻</td><td>4</td><td>8个普通词汇＋“年轻”</td></tr>
<tr><td rowspan="2">专业</td><td>年老</td><td>5</td><td>8个专业词汇＋“年老”</td></tr>
<tr><td>年轻</td><td>6</td><td>8个专业词汇＋“年轻”</td></tr>
</table>

有研究发现，人们对“年轻”这个概念有着很强的积极偏好（佐斌、温芳芳、朱晓芳，2007）。为了避免出现对比效应（Scherer、Lambert，2009），我们采用被试间设计。实验关注的是启动年龄和情境的作用，因此实验设计成两因素被试间：2（启动年龄：年老或年轻）×3（情境：美德、专业或普通）。也就是说，一共有6种实验条件，每一位被试只随机参与一种实验条件。启动条件与材料见表13-3。

采用美德词、专业词、普通词以及与年龄相关的词汇（年老、年轻）作为启动材料。情境因素的设置是通过相关词汇启动测试达到的，如用美德词启动测试表现美德情境，把年老启动测试置于美德情境中计算其积极程度，普通情境和专业情境也类似。目标图片都是梵文图片。因变量是在不同情境下，被试把年老（年轻）启动后的梵文目标图片判断为“好”的比例。虽然美德词、专业词和普通词作为情境材料也是单独的测试，但并不对其进行统计，本实验只对年老启动和年轻启动后面的判断进行统计分析。主试请被试坐在计算机前，运行实验程序。首先要求被试输入年龄、性别，然后呈现指导语，即他们将会先看到一个词，再是外国文字，其中词只是提示信号，被试的任务是尽可能快地凭直觉从美学角度通过按“F”键和“J”键判断外国文字是“好”还是“坏”。被试理解后按“Q”键开始10个练习，之后进行正式实验。两个反应键“F”、“J”作对称平衡。实验持续2到4分钟。结束后，被试按键出现“致谢”和关于实验的简单解释。参与实验的被试都可以获得一份礼物。

13.3.2 研究结果

依据 Payne 等人（2005）的研究，剔除对所有目标图片做出同一反应的被试数据 11 份，占总数据的 8.7%。统计被试在年老和年轻启动后面对目标图片做出的积极反应数量，再除以总的反应数目，可分别得到他们对年轻启动的积极判断比例和对年老启动的积极判断比例。对实验数据进行完全随机的两因素方差分析：3（情境：美德、普通、专业）×2（启动年龄：年老、年轻）。以下是方差分析结果（见表 13-4）和描述统计结果（见表 13-5）。

表 13-4 美德专业情境下对老年人的内隐态度的方差分析结果

变异来源	均方	df	F
情境	0.03	2	0.30
启动年龄	3.76	1	41.91***
情境×启动年龄	0.04	2	0.49

注：* $p<0.05$，** $p<0.01$，*** $p<0.001$

表 13-5 美德与专业情境下对老年人的内隐态度的描述统计结果

情境	年龄	平均积极判断比例	SD	n
美德	年老	0.32	0.26	16
	年轻	0.71	0.31	16
普通	年老	0.36	0.34	23
	年轻	0.78	0.26	20
专业	年老	0.39	0.33	23
	年轻	0.68	0.27	17
总计	年老	0.36	0.31	62
	年轻	0.72	0.27	53
总计		0.53	0.35	115

方差分析结果表明，只有启动年龄主效应非常显著，年老启动后面的积极选择比例 $M=0.36$ 远远低于年轻启动后面的积极选择比例 $M=0.72$。这说明参与本实验的大学生，无论是在美德、普通还是专业情境下，都对老年人的感受更加消极。此

外，由于本实验在年老与年轻启动之间采用的是被试间设计，即参与实验的大学生要么只看到年老启动，要么只看到年轻启动，因此出现这种结果的原因不能用对比效应来解释，也就是说并不是因为被试看到了非常积极的年轻启动，所以把相对不那么积极的年老启动感受得消极。

这一结果明确了大学生被试在美德、普通和专业情境下对老年人的消极感受以及对年轻启动的偏好。这与我们的假设不一致，这很大原因可能是因为被试都是大学生，出现内群体偏好效应对老年人群体的情感评价低于年轻人。

对情境启动（美德词、专业词和普通词）后目标图片积极判断比例进行单因素方差分析结果表明差异显著，$F(2, 112)=4.40$，$p=0.014$。其中，美德词后面的积极判断比例最高，$M=0.80$；其次是专业词，$M=0.77$；最低的是普通词，$M=0.68$。事后检验表明美德词和专业词的积极比例都显著高于普通词，美德词与专业词的差异不显著。这说明美德词和专业词都引发了被试的积极情感，因此他们对后面无意义的梵文图片的积极判断显著提高。

13.4 家庭和运动情境下对老年人的内隐态度

研究的目的是拓展之前的研究范围，更全面地揭示人们对老年人的内隐态度，为人们对老年群体的内隐情感提供比较的基线。使用 AMP 范式，即通过把年老启动测试放在不同的情境启动测试中，测量人们对年老启动的内隐态度是积极或消极。实验设置了三个情境，分别是家庭、运动和数字。假设运动情境对老年人不利，在这样的情境下，被试有可能激活老年人行动迟缓、身体衰弱的刻板印象，他们对老年人的评价可能会相对消极；而家庭情境则有可能激发人们对老年人的尊重和关怀，在此情境，被试对老年人的态度会相对积极，数字情境则作为一种标准的中性情境为年老启动提供比较的基点。

13.4.1 研究方法

实验采用单因素完全随机设计，自变量是情境，分为 3 个水平：运动、家庭、数字。因变量是被试在年老启动测试中把梵文图片判断“好”的比例。具体的实验材料示例与分配见表 13-6、图 13-3。

选取 57 名学习公共心理学课程的本科生，平均年龄 20.02 岁，其中男生 15 名，女生 42 名。

本实验材料如表 13-6 所示，请研究生 24 人从研究者初步筛选出的 48 幅矢量图中选择 10 幅“最能使人联想到家庭”的图片。其中被选中次数最多的 6 幅作为实验材料，包括房子、窗户、厨具、床铺、食物等物品图。运动情境图片是 6 种运动器材图片，包括拳击手套、杠铃、橄榄球、鞍马、轮滑鞋、台球。数字图片是从随机数表中选择的 6 个三位数（见图 13-3）。人物启动材料同实验一。

表 13-6　情境与材料

情境	启动	目标	说明
运动组	6 幅运动情境图片＋4 幅年老人物图片	梵文图片 60 幅	每幅启动图片在每个实验组出现 6 次，每组合计 60 个测试
数字组	6 幅数字图片＋4 幅年老人物图片		
家庭组	6 幅家庭情境图片＋4 幅年老人物图片		

图 13-3　运动、家庭、数字启动图片示例

程序与之前相同。因变量是被试在不同情境中把年老启动后面的梵文判断为“好”的比例。如果被试在所有的目标判断中都做出同样的选择，那么依据 Payne 等（2005）的研究，这样的数据应被剔除。本实验没有这样的被试，因此所有的数据都进入统计。

13.4.2　研究结果

把实验数据输入 Excel 进行初步整理，然后使用 SPSS 11.5 进行单因素方差分析。结果表明情境效应不显著，$F(2, 54)=0.72$，$p=0.492$，描述性统计结果见表 13-7。

表 13-7　年老启动在三种情境中的积极判断比例

情境	n	M	SD
运动组	17	0.49	0.19
数字组	20	0.42	0.22
家庭组	20	0.40	0.27
total	57	0.43	0.23

在 AMP 中，模糊目标后面的积极判断比例反映了人们对启动的内隐态度，比例越高表示态度越积极。本实验的结果表明在家庭、数字和运动情境中，人们对老年人的内隐态度没有显著差异。这也就是说，相对运动情境和数字情境，家庭情境并没有引发被试对老年人的积极情感。事实上，至少本实验中的被试在家庭、运动和数字三种情境下对待老年人的情感趋向是一致的。

本章探讨了对老年人内隐态度的情境效应。我们假设在专业、道德和家庭情境下，人们对老年人的情感评价比较积极。在运动情境下，人们对老年人的情感评价比较消极。但是实证研究均没有证实这些研究假设。我们推测年轻人在面对年老启动的加工任务时出现了认知困难，或者年轻人在处理内群体启动加工任务时会有优势效应，即自我参照效应（self-reference effect，简称 SRE）。“年轻人”作为大学生归属和认同的群体，与其联系在一起的信息有可能获得更有效的信息处理。因此在未来的研究中，被试群体应该同时关注年轻大学生和老年人等群体。刻板印象情境效应的探索还需要大量的研究进一步推进。

14 观点采择与年龄刻板印象

如何减少与限制刻板印象的消极影响一直是社会心理学家关注的问题。在大量的旨在减少或减弱刻板化的研究中，观点采择被认为是一种降低刻板印象的有效策略（Galinsky、Moskowitz，2000；Galinsky、Wang、Ku，2008；Todd、Galinsky、Bodenhausen，2012）。从他人或他人所处情境出发，“设身处地”地“将心比心”、“推己及人”，就能弱化我们对他人的刻板化程度，在对他人进行特质推断时弱化刻板印象的影响。但是随着研究的深入，这一策略在某些情况下并不能很好地发挥作用，甚至有加强刻板化的可能（Skorinko、Sinclair，2013）。

14.1 观点采择与刻板印象

14.1.1 观点采择降低刻板印象

14.1.1.1 观点采择破坏了刻板印象的维持机制

Todd 等人（2012）的研究详细地说明了观点采择（perspective taking）[①] 是如何破坏刻板印象维持机制从而降低刻板印象的内部过程。研究发现，相比控制组而言，观点采择组的被试会为与刻板印象不一致行为提供更多意向性解释，会在脑海中提取出更多与刻板印象不一致的行为表现，例如，被试会用内在的、稳定的因素去解释黑人的攻击行为。而且，当有机会收集目标人物的信息时，观点采择组会检索更多与期待不一致的信息，即观点采择可以有效破坏刻板印象的稳定性。具体而言，观点采择从以下三个方面影响了刻板印象的维持过程：

第一，观点采择会促使知觉者更加关注与刻板印象不一致的信息。Fyock 和

① 观点采择经常被形象地比喻为“站在他人的角度看问题”。Shantz（1983）认为，观点采择表现为一个过程，它是一个人依据我们关于人类行为的一般知识，结合可以从直接的情景中获取的任何具体信息，对在一定情景中突出的角色特性的意义做出猜测的过程。

Stangor（2011）的研究发现人们能更好地记住与期望一致的社会群体，存在这种记忆偏差主要是因为与刻板印象一致的行为和特质更容易和记忆中的社会群体标签相联系，因此当想到这个社会群体或其中的成员时就更容易激活这部分记忆。刻板印象经常组织关于社会目标的记忆表征，并提供了显著的检索线索，当人们潜在地搜索与刻板印象相关的记忆时就会自发地利用这一线索。但 Todd 等人（2012）发现，观点采择引出了对刻板印象不一致信息加工过程的选择性关注，而不是集中于整个加工过程，这就表明观点采择影响了对刻板印象相关行为的记忆。

第二，观点采择会促使知觉者为刻板印象不一致行为提供更多意向性解释。研究者发现对外群体信息的不同归因影响了对其刻板印象的评价，知觉者通常用稳定的、意向性的因素去解释与刻板印象一致的行为，而用非意向性的因素去解释与刻板印象不一致的行为（Jackson、Sullivan、Hodge，1993）。Todd 等（2012）发现，观点采择组被试的刻板解释偏差会缩小，即观点采择会集中关注与刻板印象不一致的信息的加工过程，同时它还会运用非意向性因素自发地对与刻板印象不一致的行为进行额外解释，借此模式破坏对刻板印象的维持。

第三，观点采择会促使知觉者倾向于收集与刻板期望不一致的信息。Erber 和 Fisk（1984）的研究发现人们有时会忽略与期待不一致的信息，但无论知觉者是否会整合这些信息，他们都会更容易唤起对他人稳定人格特质的记忆。Bodenhausen（1988）也发现知觉者更倾向于广泛地选择性加工与刻板印象一致的信息。但 Johnston 和 Macrae（1994）研究发现，当被试被强迫加工所有（包括不一致）有效信息时，他们对外群体刻板印象的评估会减少。也有研究表明，在最理想的条件下，通过接触获得多样化的或与外群体刻板印象不一致的信息时会产生偏爱内群体的表征，进而修正刻板印象的知觉表征，产生更加偏爱内群体的态度（Vescio、Sechrist、Paolucci，2003）。Todd 等人（2012）发现，和收集更多与假设一致的信息的控制组相比，观点采择组会引导被试把注意集中在与假设不一致的信息上，导致被试收集更多与假设不一致的信息。

综上所述，观点采择是一种破坏刻板印象维持机制的切实可行的策略（Todd 等人，2012）。通常情况下，人们倾向于使用一种高度自动化的加工策略，即把目标信息潜在地与突出的刻板期望联系起来，但当被试积极地考虑目标的观点时，实际上是被鼓励脱离他们通常的思维惯性或默认的加工倾向。Allen、Sherman、Conrey 和 Stroessner（2009）研究了刻板印象程度和认知加工能力以及对刻板印象一致或不一致的信息的注意分配之间的关系。若认知加工能力充足，随着刻板印象突出性提升，知觉者更加注意与刻板印象一致的信息；若认知加工能力不足，随着刻板印象突出性提升，知觉者会更加注意与刻板印象不一致的信息。而观点采择可以使被试集中于加工与期望不一致的信息，进而破坏刻板印象稳定性。

虽然观点采择产生这种效应的原因还不是很清楚，但 Todd 等人（2012）在前人的研究基础上给予了两种理论解释。第一种解释认为观点采择与认知复杂性紧密相关，观点采择引发了更多的复杂思考。从这一角度来看，观点采择指导语激活了责任忧虑（accountability concerns），这种忧虑会促使被试产生更多整合性的复杂想法，因为它鼓励考虑多视角的观点（Tetlock、Skitka、Boettger，1989）。Todd 等人（2012）认为，考虑他人观点这一行为本身就激活了更多精细化和复杂形式的思考，这些思考与简单的、刻板的分析是不兼容的。他们发现责任性提高了对刻板印象不一致行为的注意，并唤醒了对这种不一致行为更多的非意向性解释。

第二种可能的解释是观点采择会导致抽象思维（Kozak、Marsh、Wegner，2006），而抽象思维与整合更广范围信息的能力有关（Henderson、Trope，2009）。观点采择使被试关注并整合了更广范围的信息，而非仅仅依据刻板印象提供的单一线索，这必然会破坏刻板印象存在的条件，从而降低刻板印象。虽然目前还不清楚思维复杂性或抽象思维的改变是不是观点采择破坏刻板印象维持过程的基础，但研究已经证明了观点采择是一种创造开放心理空间的策略，可以把人们从刻板印象及其他有限的心理过程中解放出来（Todd 等人，2012）。

这两种解释主要是从认知的角度分析并阐述了观点采择降低刻板印象的思维加工过程，表明观点采择可以有效破坏加工刻板印象的知觉过程。但对观点采择破坏刻板印象的深层次原因还不清楚，研究者只是提供了两种可能的理论猜测，尚缺乏充分的实证证据，因此说服力还有待于今后的研究验证。

14.1.1.2　自我—他人融合模型

在观点采择的过程中，可以将观点采择者当成采择主体，将观点采择的对象看成采择客体。自我—他人融合（self-other overlap）模型的核心观点是，当被试（自我）对目标人物（他人）进行观点采择时，采择主体的自我表征就和对他人的表征出现大程度重叠，个体知觉目标人物与自我更加相似，两者表征显现出部分融合（Galinsky、Ku、Wang，2005；Galinsky 等人，2000）。这一过程可以使个体将积极的自我评价投射于采择客体，观点采择正是凭借融合自我与他人来降低对某一采择客体的刻板印象（Davis、Conklin、Smith、Luce，1996；Galinsky、Ku，2004；Galinsky、Moskowitz，2000；Laurent、Myers，2011）。

在观点采择中，自我表征和目标表征都有大量的共存特征，这种共存特征的积累是通过两个不同的认知过程完成的：一方面是把自我应用于他人，使他人“自我化”，即观点采择者通过模仿自我表征对目标表征进行建构（Davis 等人，1996）；另一方面是指把观点采择目标的特点应用于自我描述中，即把他人包含在自我中，以至于自我变得更加“他人化”（Galinsky 等人，2005）。自我—他人融合模型提出了观点采择中以他人角度看待自我和将自我描述特质归因于他人的两个过程（Davis 等人，1996）。此外，有研究表明，观点采择不仅会导致把更多的自我特质应用于目标（观点采择对象），也会导致把更多的自我特质应用于目标所属的群体（Laurent、Myers，2011）。通过把自己应用于目标或是目标群体，观点采择成为减少刻板印象和偏见的重要策略（Vescio 等人，2003）。

自我—他人融合模型还得到了神经科学方面的研究证据的支持。Ames、Jenkins、Banaji 和 Mitchell（2008）发现人类腹内侧前额叶皮层会优先卷入自我参照的心理状态中，例如回想一个人的人格特质（Kelley、Macrae、Wyland、Caglar、Inati、Heatherton，2002）或者一个人的态度或偏好（Mitchell、Macrae、Banaji，2006）。当知觉者有意识地采择他人观点时，可能是通过认知过程，特别是运用反省自我的认知过程去促使知觉者考虑他人。观点采择的亲社会影响，例如增加移情及减少偏见等，可能是源于自我与他人之间界限的模糊。

自我—他人融合模型解释了观点采择降低刻板印象的内部机制：观点采择者对目标表征的建立与观点采择者的自我表征非常相似，观点采择者越多地从自己的角度看待目标或目标群体，就越不可能将这一群体刻板化。自我概念的激活影响着观点采择的效果。当个体存在自我中心偏向（eocentric bias）时，会觉得自己更加优秀，这种倾向会泛化为内群体偏好（ingroup favoritism），觉得自己所在的群体也更加优越。因此，自我—他人融合以后，内群体和外群体的区别性则大大缩小了，导致观点采择者把积极的自我描述应用于外群体，从而降低刻板印象，改善对其的观点和态度（Galinsky 等人，2004）。

观点采择主要是通过两个步骤完成：自我中心锚定和调整。当人们采择他人观点时，首先以自己的观点为锚定点，然后通过一系列调整从而缩小自我和他人的差距，直到可以准确地估计他人的观点（Epley、Keysar、Boven、Gilovich，2004），但在自我锚定的过程中常常会出现自我中心偏向。Todd 和 Burgmer（2013）采用多种方法验证了观点采择中的联想自我锚定机制，即采择他人观点会加强外群体和自我之间的联系，使这种正面的自我评价自动转移到外群体身上。在这一机制中，人们会利用头脑中最先激活的表征。有研究表明，观点采择过程中自我—他人的融合机制首先激活了自我概念，并减少了刻板印象的易得性，阻止了刻板印象的激活（Galinsky、Moskowitz，2000）。刻板印象易得性的削弱会使刻板印象信息较少应用于知觉、记忆、判断等社会认知过程。因此，观点采择就是通过这一路径降低刻板印象。

自我一他人融合模型是解释观点采择降低刻板印象的有力理论，它主要是从大脑对客体的认知表征及共存特征的角度来解释的，这一观点得到许多研究者的认可。但值得注意的是，这一模型的前提假设是当人们进行观点采择时，是以自我的表征方式去表征他人，即自我是模拟他人大脑的自动化基础，因此才会出现融合，从而降低刻板印象。但这一前提条件受到了质疑，也成为 Skorinko 和 Sinclair（2013）提出相反观点的主要根据，具体观点会在后文中详述。因此，虽然观点采择能够有效降低刻板印象这一观点得到了许多学者的认可，但并没有清晰的理论说明其内部机制，其背后的心理运作过程也还有待于进一步研究。

14.1.1.3 共情利他假设

共情（empathy）是指个体在理解了他人或其所处情境之后，而产生同情、怜悯等情感的过程（Davis，1983）。Aberson 和 Hagg（2007）将共情分为认知共情（cognition empathy）与情感共情（emotion empathy）。前者强调认知，后者强调情感体验，一个是认知层面，一个是情绪唤醒层面（Batson 等人，1997）。

观点采择降低刻板印象的过程是怎样受到共情变量的影响呢？Batson 的解释是，当个体采择目标群体的观点之后，会对其处境有所理解，从而产生一些情绪体验和关注，例如同情、可怜等。这种情绪会唤起采择主体希望帮助他人摆脱其困难处境的动机，当这种体验的对象泛化为整个外群体时，就会改善其态度，且有研究表明（Batson，1997），共情对态度的影响非常大，且具有时间上的延迟性。

14.1.2 观点采择增强刻板印象

尽管有研究表明观点采择是减少刻板印象的富有成效的策略，但也有研究表明观点采择可能会增强刻板印象。例如，Skorinko 和 Sinclair（2013）发现，当给被试呈现突出的老年人刻板印象的情境时，相比控制组，观点采择组对老年人的消极刻板印象增强了，这表明观点采择有可能会提升刻板印象。这方面的支持性研究主要考察观点采择影响刻板化过程中的调节变量。不同学者发现了不同的调节变量及作用，例如，刻板印象的突出性、观点采择者的偏见态度、自尊和认知闭合需要（need for cognitive closure）水平等（Skorinko、Sinclair，2013；Vescio 等人，2003；Vorauer 等人，2009；Sun 等人，2016）。在前人研究的基础上，可以从观点采择的客体、观点采择的主体以及观点采择的过程三个角度去分析（如图 14-1）。

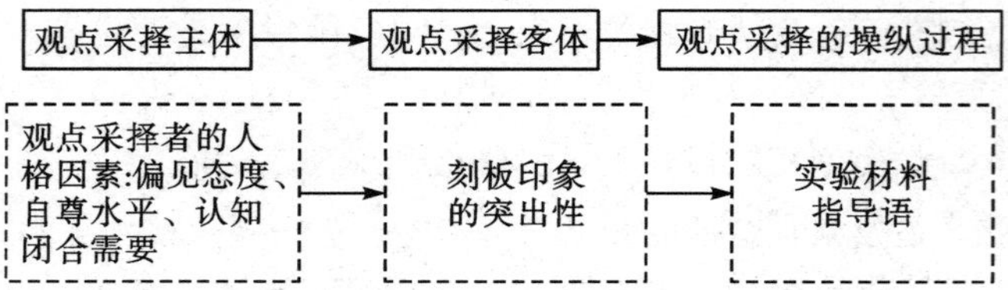

图 14-1　观点采择对刻板印象影响的调节变量

14.1.2.1　观点采择主体：观点采择者的偏见程度、自尊和认知闭合需要水平

Vorauer、Martens 和 Sasaki（2009）发现观点采择的效应依赖于采择主体的偏见程度。它使低偏见水平的个体更消极地对待外群体成员，而对高偏见水平的个体产生积极的行为影响，自我调节（self-regulatory）的努力程度调节了观点采择对群体互动行为的影响。原因在于观点采择消耗了个体进行自我关注的认知资源，且内群体互动中的评价关注对行为也造成了破坏性的影响。因为担心被外群体成员评价，这种评价忧虑（evaluation concern）激活了消极的元刻板印象，导致观点采择者采取一种自我中心的策略，所以对目标的刻板印象有所增强。

还有研究检验了观点采择影响偏见的潜在调节变量——自尊的作用。有研究发现，无论是具有状态性高自尊的观点采择者还是具有特质性高自尊的观点采择者都会比低自尊的个体更积极地评价外群体（Galinsky 等人，2004）。因为观点采择启动了自我概念，所以在评价刻板印象时，观点采择者的自尊产生了更大的影响，观点采择通过破坏自我中心偏向来降低刻板印象并提升了对外群体的评价（Galinsky 等人，2000）。由此可见，观点采择对偏见的积极影响依赖于高自尊，即只有当观点采择者有着积极的自我评价时，那么他们积极的自我概念才会被激活和应用，从而提升对外群体的评价；而当个体处于低自尊水平时，偏见就不会有所减少。

个体的认知闭合需要水平也会调节观点采择对刻板化程度的影响[①]。Sun 等人（2016）的研究发现，对于低认知闭合需要的个体，观点采择能有效地降低个体的刻板化水平和刻板印象易得性。但是对于高认知闭合需要的个体，相较于控制组，观点采择后个体的刻板化水平和刻板印象易得性反而得到提升。出现这一现象的原因可能是由于高认知闭合需要者在社会知觉中过度依赖刻板印象，因此在进行观点采

---

①　认知闭合需要描述的是个体应对模糊性时的动机，希望得到明确而清晰的答案。认知闭合需要会导致启发式的、过度简单化的、自上而下的信息加工方式。相较于低认知闭合需要的个体，高认知闭合需要的个体在对行为信息进行加工时，更依赖刻板印象。个体在高认知闭合需要条件下，会更多依赖刻板印象，是因为刻板印象是一种已经存在的知识结构，能够立即被使用，而个体化信息可能需要更多的信息加工。同时，高认知闭合需要的个体会对社会群体进行更加刻板化的判断。

择时，并没有以自我信息作为观点采择的基础，反而使用刻板印象来构建观点采择对象的表征。

14.1.2.2 观点采择客体：刻板印象的突出性

Vescio、Sechrist 与 Paolucci（2003）最早验证了采择目标的不同刻板化程度对目标群体刻板印象强弱的影响。研究中，给被试呈现访谈材料，主题是美国黑人作为负面刻板群体成员体验到的困难。被试分为观点采择组和保持客观组，而访谈材料分为两种不同的类型：一种讲述美国黑人的运动天赋以及在学业、校园生活中的适应困难，更加突显其刻板化的程度；另一种为一段日常生活片段，刻板化程度不突出。结果表明，对目标刻板化程度的操纵会影响对采择目标的刻板印象水平，那些接触到突出刻板印象信息的被试会对美国黑人产生更多的刻板知觉。

Skorinko 等人（2013）的研究再次验证了这一结论。他们发现，当存在突出的刻板印象强化作用时，观点采择会提高刻板印象：当老年人的刻板印象模糊的时候，采择老年人观点的被试比控制组产生更少的刻板印象；但当采择一个更突出的与外群体成员刻板印象一致的观点时，被试则有更多的刻板印象。观点采择提高刻板印象水平主要是因为突出的刻板印象使得人们使用刻板印象而非自我作为观点采择的基础（Skorinko 等人，2013）。与自我—他人融合模型相反，当刻板印象非常突出的时候，刻板印象也会提供一个模拟他人大脑自动化加工的基础。因此，个体使用刻板印象作为评价他人想法和感觉的基础，在心理上使刻板印象和外群体成员混为一体，从而使刻板印象延伸到外群体目标上。而当采择对象的刻板印象比较模糊时，个体则以自我为基础来模拟他人。

14.1.2.3 观点采择过程：观点采择的操纵方式

观点采择方式会对观点采择结果有着关键影响（Galinsky 等人，2005）。Galinsky 和 Ku（2004）发现，当观点采择的指导语特别生动，例如过程导向或是描述性说明的时候，观点采择降低刻板印象的作用更突显。Batson、Early 和 Slvarani（1997）考察了不同指导语的观点采择：想象他人的观点采择（imagine-other perspective），让被试想象目标人物在情境中的感受，以及想象自我的观点采择（imagine-self perspective），让被试想象自己如果在目标人物所在的情境中会如何感受。而 Vescio 等人（2003）研究时，使用的是类似 Batson（1997）所用的操纵方法，要求被试“想象被采访的人是如何感受所描述的体验的，这种体验又是如何影响他/她的生活的”，被试被鼓励去充分地感受被采访人的经验所造成的影响。这种操纵方法实际上就是想象他人的观点采择，让被试想象自己在目标人物所在的情境中，正经历目标人物相同的体验。此时，采择主体会更多地关注目标人物本身的特征。

另外，一些研究通过想象自我的操纵来设计实验。例如，实验中呈现人物图片后，要求被试想象图片中人物生活的典型的一天，想象自己是图片中人物，透过他/她的眼睛看世界，用他/她的脚步走遍世界（Ames、Jenkins、Banaji、Mitchell，2008；Galinsky、Wang、Ku，2008）。这种操纵方法是让个体想象自己在目标人物的情境中，从个体自己的特征出发进行思考，例如将自己的民族、性别、年龄想象成与目标人物一致，这与想象他人的观点采择存在较大的差异。

Batson等人（1997）发现，这两种指导语所引发的情绪是不同的。想象他人感受引发的是被试的共情，是一种指向他人的情绪反应，例如同情的、好心的等，而想象自己在他人情境中的感受不仅会引发共情，也会引发悲痛。由于目睹他人困境而引发的不适感，是一种指向自我的情绪反应，例如惊恐的、悲伤的等。前者是利他的，后者是利己的。这两种动机可能会对刻板印象产生不一样的影响：想象他人的观点采择，在利他动机的驱使下可能会降低对目标群体的刻板印象；而想象自我的观点采择，可能由于唤醒了利己动机，激活了消极的元刻板印象，从而提升了对目标群体的刻板印象。

14.1.3　观点采择的作用机制测量

根据前文综述，我们预测：观点采择能够有效地干预大学生被试对老年人的刻板印象。那么，观点采择的作用机制是怎样的呢？我们应该通过测量哪些变量去考察这种机制呢？

14.1.3.1　共情利他假设——共情的中介作用

前文提到的共情利他假设在观点采择减弱刻板印象过程中的作用表明，观点采择的过程中会产生共情情绪，这种共情情绪可以有效减弱对目标群体的刻板印象。

共情情绪可分为特征共情和状态共情两类。被试在操作之前的特征共情水平主要是通过《人际反应指数量表》[①] 来测量的。这一量表采用Likert 5点计分，包括观点采择、共情关注、个体忧伤和幻想四个部分，共28个项目，其中有9个项目为反向计分题，该量表的信效度都比较高，问卷得分与共情能力呈正比。除此之外，被试在操作之后所产生的状态共情是通过《共情形容词量表》来测量的。这一量表是由Batson等人编制，主要采用Likert 9点计分，要求被试评定一些情绪形容词，共

---

① Davis支持共情的多维观，编制了测量共情的《人际反应指数量表》（interpersonal reactivity index，简称IRI），四个维度分别为观点采择、共情性关心（empthy concern）、想象力（fantasy）、个人痛苦（personal distress）。

22个，以测查被试当下的情绪状态，其内部一致性系数较高。其中共情形容词共6个，分别是同情的（sympathetic）、怜悯的（compassionate）、软心肠的（softhearted）、被感动的（moved）、温暖的（warm）和体贴的（tender）。

14.1.3.2 自我—他人融合模型——自尊的调节作用

在前人研究中，有多种直接方法去测量自我与他人的融合程度，例如自我—他人融合问卷（IOS）或对自我和他人在人格特征方面的相似度进行评分，但实际上，这种融合过程多是自动发生的，因此上述方法就存在一定局限性。例如：前者主要是测量主观感受；后者更多是反映了其心理表征的融合程度，且在前人研究中表明，这种方法的作用并不显著，而且还存在被试主观报告上的效度问题。

因此，可以借鉴Galinsky等人（2004）的研究范式，即通过测量自尊水平去考察其融合程度和效应：高自尊的个体在观点采择后，会比低自尊的个体更积极地去评价外群体。因为观点采择引发了采择主体和客体的心理融合，所以对自己的高评价会泛化到外群体身上，从而减弱对采择对象的刻板印象。在本研究中，我们致力于考察自尊水平在这一过程中的调节作用，以此为切入点考察其作用机制。研究中使用了Rosenberg编制的自尊量表，这一量表有10道题目，4点评分，其中，第3、5、9、10题反向计分，且其信效度都比较高。除此之外，根据前人研究结果，删除与总分相关不高的第8题（周帆、王登峰，2005），将其他项目分数加总以代表被试的自尊水平。

14.2 观点采择对老年人刻板印象的影响

14.2.1 观点采择对老年人外显刻板印象的影响

研究主要采用实验法及问卷调查法，以前后测实验设计为主，自变量为观点采择与否，因变量为大学生对老年人的外显刻板印象水平，以语义差异量表[①]为测量工具，调查观点采择可否有效降低大学生对老年人的外显刻板印象水平。

14.2.1.1 研究方法

从湖北各高校招募大学生被试60名，最终剔除2个无效数据，共58个有效数

① 语义差异量表又叫语义分化量表，这是Osgood、Suci和Tannenbaum（1957）发展的一种态度测量技术，是一次性集中测量被测者所理解的某个单词或概念含义的测量手段。针对这样的词或概念设计出一系列双向形容词量表，请被测者根据对词或概念的感受、理解，在量表上选定相应的位置。

据，其中男生23人，女生35人，被试平均年龄22.36岁（SD＝2.25）。将被试随机划分为观点采择组和控制组，前者被试30名（男生6名，女生24名），后者被试28名（男生17名，女生11名）。

在前人研究基础上，采用Mellott等人的语义差异量表来测量大学生对老年人的外显刻板印象水平。这一量表采用Likert 7点评分，要求被试对老年人进行5个项目上的评分，将被试在各项上的计分加总作为老年人的外显刻板印象分数。由于评价是正向的，其分数与老年人的刻板印象水平呈反比。

观点采择组指导语为："想象一下，如果现在你是一位老年人，你会有怎样的想法和感受，你会怎样度过日常生活中的一天。请从第一人称的角度书写你的真切感受。"控制组指导语："请你从一个观察者的角度，用第三人称客观描述一下老年人的生活状态，他们是如何度过其生活中的典型的一天。"

首先请被试填写一份语义差异量表，确定其基线水平，为后测提供比较标准和依据，之后让被试填写人口学变量等基本信息。然后让被试休息5分钟左右，并将被试随机分配到实验组和控制组，即观点采择组和控制组，要求被试根据不同的指导语完成书写任务，以此进行观点采择的操纵。在被试完成书写任务之后，再请被试重复之前的测验，整个过程约15分钟。且为了更好地保证研究效果，采用单盲设计。

14.2.1.2 研究结果

①两组被试前测时对老年人外显刻板印象水平的比较：

将两组被试前测的外显刻板印象分数做独立样本 t 检验，考察两组被试的同质性，并为后测数据的分析做前提准备。检验结果如表14-1：

表14-1 被试前测时对老年人外显刻板印象水平的差异

	平均数	标准差	t	p
实验组	7.433	4.232		
控制组	8.107	3.862	−0.632	0.530

表14-1中数据表明，两组被试对老年人的外显刻板印象分数差异不显著，$p=0.530$，说明观点采择组和控制组被试是两组同质性群体，可以通过操纵观点采择变量以考察其对老年人外显刻板印象的变化。

②两组被试后测时对老年人外显刻板印象水平的比较：

将两组被试后测的外显刻板印象分数做独立样本 t 检验，考察在观点采择操作之后，两组是否发生显著变化。检验结果如表 14-2：

表 14-2　被试后测时对老年人外显刻板印象水平的差异

	平均数	标准差	t	p
实验组	9.300	2.867		
控制组	5.500	6.316	2.984**	0.004

表 14-2 中数据表明，观点采择后，两组被试对老年人的外显刻板印象分数差异显著，$p<0.01$，观点采择组被试在后测中对老年人的评价比前测明显提升，即对其刻板印象水平明显降低。这表明，观点采择可以有效降低当代大学生对老年人的外显刻板印象水平。

结果表明，两组被试对老年人的外显刻板印象水平前后测差异显著：两组被试在前测中对老年人的外显刻板印象分数差异不显著，说明两组被试是同质性群体，可以通过操纵观点采择变量进行考察。而观点采择组在后测中对老年人的评价比前测明显提升，即对老年人的外显刻板印象水平显著降低；而控制组在后测中对老年人的评价比前测明显降低，即对老年人的外显刻板印象水平显著提高。

观点采择组的被试在完成把自己想象成老年人的观点采择操纵之后，根据前文综述的预测，可能是通过共情这一中介变量或自我—他人融合模型的作用，提升了对老年人的积极评价，降低了对老年人的外显刻板印象水平。而控制组的被试从旁观者的角度描述了老年人的日常生活境遇以后，唤醒了对老年人的消极刻板印象，从而对老年人的评价更加消极，即提高了对老年人的外显刻板印象水平。

14.2.2　观点采择对老年人内隐刻板印象的影响

前人研究表明，对待目标群体的外显和内隐测量结果具有不一致性，两者遵循各自独立的结构（Gawronski、Bodenhausen，2006）。而且外显和内隐测量结果在行为表现上有所不同：外显测量的行为更多受意识控制，而内隐测量的行为为无意识的自动化表现。因此，观点采择对于老年人内隐刻板印象的影响更加真实和有效，所以还需要从内隐水平上进一步探讨。

基于前人研究，采用单类内隐联想测验（SC-IAT）范式测量大学生对老年人的内隐刻板印象，并探讨大学生对个人表达、认知能力和身体特征三个维度上的老年人内隐刻板印象是否存在差异。以前后测实验设计为主，自变量为观点采择与否，因变量为大学生对老年人的内隐刻板印象水平，以单类内隐联想测验中的反应时之差计量，调查观点采择是否能够有效降低大学生对老年人的内隐刻板印象水平。

14.2.2.1 研究方法

选择湖北各高校50名大学生作为实验对象。内隐联想测验中使用的刺激材料，参照佐斌（2007）等前人对老年人刻板印象形容词的分类标准，用开放式问卷调查50位大学生形容老年人和年轻人个人表达（心理状态、社交能力和态度）、认知能力（智力或信息加工能力）和身体特征（身体机能和运动能力）的形容词，每一类分别写出5个词汇。将每个类别中的高频词汇与佐斌（2007）研究里的词汇相结合，得出每一类30个词汇。再将所有词汇加以整理并分发给另外35位大学生被试，请他们分别选出每个类别中最认同的5个。最终确定SC-IAT实验6个类别共60个属性词。具体见表14-3：

表14-3 不同维度的老年人刻板印象形容词

认知能力		身体特征		个人表达	
积极	消极	积极	消极	积极	消极
睿智的	狭隘的	阳光的	邋遢的	上进的	伪善的
严谨的	肤浅的	朝气蓬勃的	猥琐的	乐观的	敷衍的
思辨能力强的	马虎的	健康的	懒惰的	谦逊的	浮躁的
缜密的	迟钝的	美丽的	体弱多病的	热情的	萎靡的
高效的	极端的	精神焕发的	笨拙的	豁达的	冷漠的
机智的	死板的	青春的	病态的	活泼的	刻薄的
冷静的	僵化的	英俊的	丑陋的	阳光的	世故的
清晰的	愚笨的	活泼的	佝偻的	善交际的	偏激的
深刻的	无知的	整洁的	臃肿的	快乐的	狡猾的
灵活的	糊涂的	强壮的	矮小的	温和的	吝啬的

为避免被试受社会称许影响，告知被试这仅是一个关于思维流畅程度的测验，请50位大学生填写开放式调查问卷，让其快速分别写下头脑中与“年轻人”和“老年人”最相关的5个词汇。将每个类别中的高频词汇与佐斌研究里的词汇相结合，得出各类词汇分别为32、35个。之后，再将所有词汇加以整理并分发给另外26位大学生被试，请他们分别选出每个类别中最认同的5个。最终确定SC-IAT实验两类概念词共20个。老年人词汇分别为：白发、爷爷、奶奶、皱纹、养生、老伴、广场舞、空巢、老花镜、长辈。年轻人词汇分别为：青春、网络、希望、手机、梦想、未来、任性、事业、个性、压力。采用单类内隐联想测验（SC-IAT）范式，以前后测实验设计为主，调查大学生对老年人的内隐刻板印象，自变量为观点采择与否，

因变量为大学生对老年人的内隐刻板印象水平，以此探究观点采择是否可以有效降低大学生对老年人的内隐刻板印象水平。

首先请被试在实验开始之前填写人口学变量等基本信息，把被试随机分为观点采择组与控制组，并依次做完个人表达、认知能力和身体特征三个内隐联想测验，以其相容与不相容任务的反应时差为计分标准。且为了更好地保证研究效果，采用单盲设计。在被试根据不同的指导语完成书写任务之后，让被试休息5分钟左右，再请被试重复之前的测验，整个过程约15分钟。具体步骤如下：

第一，在正式实验前被试完成前测，即对老年人的内隐刻板印象水平测试。老年人的内隐刻板印象测量共分为两部分，每个部分包括24个练习trial，之后是144个测试trial，其中，身体特征类、个人表达类和认知能力类的分别为48个trial。程序如下：第一部分要求被试对属性词进行辨别归类，并进行按键反应，电脑屏幕中央呈现刺激词一次，电脑屏幕左上角呈现“积极＋老年人”，要求被试把属于这一类的刺激词归为一类，按“F”键反应；电脑屏幕右上角呈现“消极”，要求被试归纳“消极”的刺激词，按“J”键反应，练习完之后进入正式实验。第二部分要求被试对“积极”的刺激词按“F”键，对“消极＋老年人”的刺激词按“J”键，并记录两个阶段正式测验的正确率和反应时。

第二，在被试完成前测之后，让被试休息5分钟，并对被试进行随机分组，即观点采择组和控制组，其操作处理与前文相同。

第三，对被试进行后测，即对老年人的内隐刻板印象水平进行再次测量。

14.2.2.2 研究结果

采用Karpinski和Lytle（2006）在研究中使用的SC-IAT计算分数方法对数据进行统计分析，删除了反应时高于10000ms、低于350m的数据。对于错误反应，将该组块的正确反应时的平均数加上作为惩罚的400ms，作为错误反应时。计算出D分数（相容任务减去不相容任务的平均反应时除以所有正确反应时的标准差）代表被试的内隐效应，并采用SPSS 17.0进行数据分析。由于主要研究问题是观点采择是否能够降低大学生对老年人的内隐刻板印象水平，且当代大学生对老年人三个维度内隐刻板印象的存在性分析结果表明，被试对老年人身体特征维度的刻板印象内隐效应最强。因此，此处仅以身体特征维度的内隐刻板印象数据为例，分析观点采择是否能够有效降低当代大学生对老年人的内隐刻板印象水平。

(1) 两组被试前测时其内隐刻板印象水平的比较

将两组被试前测时身体特征维度的内隐刻板印象D分数做独立样本t检验，以检验两组被试的同质性，并为后测数据的分析做前提准备。检验结果如表14-4，数据表明，两组被试对老年人以身体特征维度为代表的内隐刻板印象分数（效应量D值）差异不显著，$t=-0.982$，$p=0.333$，说明两组被试是同质的，可以通过操纵观点采择变量考察被试内隐刻板印象的变化。

表 14-4　被试前测时对老年人身体特征的内隐刻板印象水平比较

	平均数	标准差	t	p
实验组	0.109	0.293		
控制组	0.208	0.334	−0.982	0.333

(2) 两组被试后测时其内隐刻板印象水平的比较

将两组被试后测时内隐刻板印象分数（效应量D值）做独立样本 t 检验，考察其在观点采择操纵之后是否存在差异。检验结果如表14-5，数据表明，两组被试对老年人身体特征上的内隐刻板印象分数（效应量D值）差异不显著，$t=-0.418$，$p=0.678$。这表明，观点采择不能降低当代大学生对以身体特征维度为代表的老年人内隐刻板印象水平。

表 14-5　被试后测时对老年人身体特征的内隐刻板印象水平比较

	平均数	标准差	t	p
实验组	0.052	0.377		
控制组	−0.007	0.290	−0.418	0.678

通过考察观点采择是否能够有效降低当代大学生对老年人以身体特征维度为代表的内隐刻板印象水平，结果发现，观点采择组的被试对老年人身体特征维度的内隐刻板印象并没有显著变化，控制组被试在身体特征维度上的内隐刻板印象也没有显著变化。观点采择不能降低当代大学生对以身体特征维度为代表的老年人内隐刻板印象水平。

14.3　共情中介作用及自尊的调节作用

为深入探讨观点采择减弱老年人刻板印象的作用机制，我们将要探讨共情的中介作用以及人格特质自尊的调节作用。

14.3.1　研究方法

使用《人际反应指数量表》测量特征共情水平。这一量表采用Likert 5点计分，包括观点采择、共情关注、个体忧伤和幻想四个部分，共 28 个项目，其中有 9 个项目为反向计分题，该量表的信效度都比较高，得分与其共情能力水平呈正比。

被试在观点采择的操作任务之后所产生的状态共情是通过《共情形容词量表》来测量的，这一量表是由 Batson 等人编制。这一量表采用 Likert 9 点计分，要求被试评定一些情绪形容词，共 22 个，以测查被试当下的情绪状态，其内部一致性系数较高。其中共情形容词共 6 个，分别是同情的（sympathetic）、怜悯的（compassionate）、软心肠的（softhearted）、被感动的（moved）、温暖的（warm）和体贴的（tender）。

使用《Rosenberg 自尊量表》测量被试的自尊水平，这一量表有 10 道题目，4 点评分，其中，第 3、5、9、10 题反向计分，其信效度都比较高。根据前人研究结果，删除与总分相关不高的第 8 题（周帆、王登峰，2005），并将其他项目分数加总，代表被试的自尊水平。

采用前后测实验设计，请被试在外显刻板印象的前测过程中完成特质共情量表和自尊水平测试，作为其前测基线水平的测量，为后测提供比较标准和依据，然后让被试休息 5 分钟继续完成后测。在后测部分，将被试划分为实验组和控制组，两组被试根据不同的指导语进行操纵任务，之后再对被试共情反应、自尊水平以及其对老年人的外显刻板印象水平再次进行测量。本研究中，自变量为观点采择与否，中介变量为共情反应，调节变量为自尊水平，因变量为大学生对老年人的外显刻板印象水平。

14.3.2 共情的中介作用

观点采择能够有效减弱当代大学生的外显刻板印象，在这个效应基础上，以观点采择转化成的虚拟变量作为预测变量，以外显刻板印象为因变量，共情反应为中介变量。此处将进一步讨论共情反应在观点采择降低外显刻板印象过程中的中介作用，以验证之前的假设。结果表明，观点采择与共情反应正相关显著，$r=0.330$，$p<0.05$，观点采择与外显刻板印象存在显著的负相关，$r=-0.382$，$p<0.05$，外显刻板印象与共情反应存在显著负相关，$r=-0.314$，$p<0.010$。接下来，采用 Baron 和 Kenny 的三步回归分析法研究共情在观点采择减弱刻板印象过程中的中介机制。第一步，预测变量是观点采择，因变量是外显刻板印象的回归路径。第二步，自变量变为观点采择，因变量为共情反应进行回归。第三步，把观点采择、共情反应都作为预测变量，以外显刻板印象分数为因变量再进行回归。第四步，通过 Sobel 检验，计算 z 值为 2.870，$p<0.010$，可知，共情反应在观点采择减弱大学生对老年人外显刻板印象的过程中起中介作用。具体分析结果见表 14-6：

表 14-6 共情反应在观点采择影响外显刻板印象中的中介效应依次检验

	回归方程		回归系数检验
第一步	$y=-0.382x$	$SE=1.284$	$t=-3.090^*$
第二步	$a=0.330x$	$SE=2.163$	$t=2.620^*$
第三步	$y=-0.312x-0.210a$	$SE=1.340$	$t=-2.420^*$
		$SE=0.078$	$t=-1.631$

表 14-6 表明，共情反应在观点采择减弱外显刻板印象的过程里起部分中介作用。在第一步，观点采择首先进入回归模型，观点采择对外显刻板印象的预测力显著。在第二步，观点采择和共情反应同时进入回归模型，观点采择对外显刻板印象的预测数值由－0.382 下降到－0.312，差异仍显著。由此，可以得到部分中介模型。

研究结果证明了观点采择在减弱老年人外显刻板印象的过程中，共情反应起部分中介作用。这一点与前人的研究是类似的。例如，岳童（2013）等人证明了在观点采择降低对心理疾病患者的外显污名中，共情反应起到了部分中介的作用。Coke、Batson 和 Davis（1978）研究发现，共情关注中介了观点采择引发的亲社会行为。也就是说，当个人进行观点采择时，由认知结果产生出了情感共鸣，从而降低了刻板印象水平，符合 Batson 等人提出的共情利他假设。通过对研究三中共情反应中介作用的探讨，我们基本验证了观点采择是通过共情利他机制来减弱老年人刻板印象的。

14.3.3 自尊的调节机制

进一步探究被试对老年人的外显刻板印象水平是否受到自尊水平的调节。以观点采择转化成的虚拟变量作为预测变量，以外显刻板印象为因变量，自尊水平为调节变量。具体分析结果见表 14-7。

表 14-7 自尊对观点采择影响外显刻板印象的调节作用

预测变量	观点采择对外显刻板印象的影响	
	M1	M2
观点采择	2.942*	2.915*
自尊	1.176	0.763
观点采择＊自尊		0.234
R^2	0.158	0.159
ΔR^2	0.128	0.112
F	5.174	3.408

表14-7中数据表明，以外显刻板印象水平为因变量，回归方程系数 R^2 变化值为0.159，调节项的回归系数并不显著，说明自尊水平没有调节观点采择对外显刻板印象水平的影响。这和Ganlinsky和Ku（2004）的结果不一致。他们通过实验发现，无论是具有状态高自尊的观点采择者还是具有特质高自尊的观点采择者都会比低自尊的个体更积极地评价外群体。但值得注意的是，在研究中，通过对观点采择组的被试前后测的自尊水平进行配对样本 t 检验，发现观点采择组的被试前后测的自尊水平差异不显著，即没有发生自我—他人融合效应。所以，这并不能否认观点采择在影响刻板印象过程中自尊的调节作用。

第五篇 国民与民族刻板印象

作为刻板印象的一种主要类型，国民刻板印象的定义为：对某国国民固定的、突出的、概括的看法。这些看法可能是用某些人格特质表达的，也可能是对群体的某种行为的描述和评价。

从理论上看，刻板印象可以说是社会表征的一种特例（Schaller、Latane，1996）。社会表征理论是研究心理社会现象的一套社会心理的概念理论框架。Moscovici（1961）认为社会表征是指一系列观念、陈述和解释，起源于日常生活中个体之间的相互交流过程中；社会表征在我们的社会生活中与传统社会中的神话和信仰等是等价的，它们也可以被认为是常识的替代说法。基于这一定义，社会表征理论主要强调社会心理现象和过程只能通过将其放在历史的、文化的和宏观社会环境中才能进行最好的理解和研究（Wagner，1999）。该理论认为社会成员表征的某种事物因为与社会成员有关，因而必然具有社会性，这些事物也并不是客观地孤立地存在的，而是一种由社会建构的实体，必须经由社会表征过程才是社会群体中有意义的实体。社会表征也正是指向这些与社会相关的知识。社会表征有时被理解为一种针对某客体的与研究人群密切相关的“知识地图”。

刻板印象是社会表征中刻板化的、倾向于评价方面的部分。社会现实是社会表征的对象，群体的社会表征建构着社会现实，所谓的社会现实正是社会表征的现实，没有独立的、客观的社会现实。社会表征具有集体的性质，而这正是社会表征区别于认知的关键所在。社会表征由集体成员所共享。社会表征是知识和观念传播的结果。社会表征产生于社会交往、社会冲突以及社会争论之中。

因此，考察国民刻板印象，始终离不开社会表征，因为针对某一国民的社会表征更灵活，比刻板印象更能及时地反映时代的变化以及人们对特定国民群体态度、印象的变迁。

本篇的内容包含 4 章，分别采用传统刻板印象的研究方法和社会表征的研究取向，针对不同年龄、地域、民族的青少年被试，分析他们眼中不同国家与国民的形象。在研究过程中，我们首先对研究工具进行了完善，收集整理了特质词，采用统计方法分析确定了相关维度。有的研究还采用了质化访谈的方法，以保证研究的科学性。

第 15 章考察了青少年被试对美国人、日本人、中国人、德国人、韩国人、俄罗斯人、英国人、阿拉伯人、法国人、黑人的印象，并从道德、财富、态度、理智/有礼、情艺、肤色、气质、大男子主义、体貌、团体意识等多个维度上得出了青少年对这些国民的量化平均印象。第 16 章考察了 5～16 岁儿童对中国人的社会表征，并以此探讨青少年的国家认同、国民刻板印象的形成过程。

第 17 章主要集中关注青少年对中美两国及其国民的社会表征，通过焦点组讨论，得出青少年对中美两国和两国国民的社会表征。在此基础上，使用问卷调查对焦点组中得出的结果提供了支持。

在第 18 章中，我们进一步报告了我国壮族、维吾尔族、土家族、汉族、藏族、蒙古族这六个民族的青少年对中国的社会表征的研究结果。

15 青少年对若干国民与民族的刻板印象

国民刻板印象（nation stereotype）是指对某国国民固定的、突出的、概括的看法。根据国家或民族或种族人为地把人分成不同的群体，对国民或民族成员去个体化的认知结果就是国民或民族刻板印象。林语堂在《一个准科学的公式》这篇文章中对一些国民或民族有过这样的描述（孙正治，1997）：

以“现”字代表现实感（或现实主义），“梦”字代表梦想（或理想主义），“幽”字代表幽默感，再加上一个重要的成分——“敏”字代表敏感性。再以“四”代表“非常高”，“三”代表“高”，“二”代表“普通”，“一”代表“低”……

现三 梦二 幽二 敏一　等于英国人

现二 梦三 幽三 敏三　等于法国人

现三 梦三 幽二 敏二　等于美国人

现三 梦四 幽一 敏二　等于德国人

现二 梦四 幽一 敏一　等于俄国人

现二 梦三 幽一 敏一　等于日本人

现四 梦一 幽三 敏三　等于中国人

……我得到一些新的事实或新的印象时，我打算把这些公式逐渐修正，以供我自己的应用……

类似林语堂这样的描述还可以查找到许多，显示中国人对外国人印象的探究心理早已有之，但中国人的这种探究心理在早期只是停留在文学表达的层次，这一点不同于国外学者的研究。

自从 Lippmann（1922）提出刻板印象的概念之后，心理学和社会学取向的社会心理学者就注意到刻板印象这一现象，并开始对国民、民族或种族刻板印象（本书将国民刻板印象、民族刻板印象或种族刻板印象统一简称为国民刻板印象）进行调查研究。Katz 和 Braly（1933）采用典型特质指派法（typical traits assignment），就美国普林斯顿大学的 100 名大学生对 10 个国民或民族的刻板印象进行了调查，这一调查成为心理学领域关于国民刻板印象的最早的实证研究，后续研究都以其方法和结论作为起点。由于国民刻板印象的普遍存在，现今国外对国民刻板印象的研究已涉及社会生活的许多方面，如国民刻板印象与宗教信仰的关系（Burris Christopher T.等，2000）、国民刻板印象对国际商业竞争的影响（Keith Dinnie，2002）、国民刻板印象与政府政策、国民刻板印象与国家或民族认同感的相关等（Mark S. Salzer，2000；Reinout E. De Vries，2003）。

15.1 国民或民族刻板印象的评价维度

从社会认知的角度而言，刻板印象是一种涉及知觉者的关于某个人类群体的知识、观念与预期的认知结构（王沛，2002）。弄清楚国民刻板印象的内容结构是什么，对于理解国民刻板印象的实质以及开展跨文化的比较研究具有重要意义。

Anderson 等（1991）用多维评定方法（multidimensional scaling）检查 108 个特质形容词，发现了结论性（conclusive）和动力性（dynamic）两个维度，分层聚类分析（hierarchical cluster analysis）获得了描述国民刻板印象的 11 个形容词群集。Edwin 和 Hub（1999）直接从 Katz 和 Braly（1933）的研究中选取 12 个特质形容词对欧洲中的 6 个国家的青少年对 6 个国家的国民刻板印象进行研究，发现国民刻板印象有道德和能力两个维度。此外，Fiske 等人提出了刻板印象内容模型（stereotype content model，简称 SCM），认为刻板印象的内容是在能力（competence）和热情（warmth）两个维度上的评价组合，SCM 得到了包括国民刻板印象在内的一些实证研究结论的支持（Fiske 等，1999、2002、2004、2005）。

在其他研究中，研究者则是直接地引用或组织了一些词语作为刻板印象的内容。Mcandrew 等（2000）根据前人的研究，选择的 9 对形容词是：友好的/不友好的、传统的/摩登的、不礼貌的/礼貌的、保守的/开放的、无宗教信仰的/有宗教信仰的、自私的/慷慨的、不爱国的/爱国的、攻击性的/驯服的、迷信的/不迷信的。Jonas（1997）等挑出的 25 个形容词是：聪明的、有素养的、好交际的、有宗教信仰的、顺从的、自大的、以家庭为中心的、诚实的、享受生活的、保守的、利己主义的、个体主义的、野心勃勃的、物质至上的、友好的、勤劳的、情绪化的、竞争性强的、传统的、理智的、有激情的、高效率的、敌意的、可爱的、开放的。Edwin 等选用的 12 个形容词是：自信的、好挑战性的、高效率的、聪明的、麻木的、缓慢的、诚实的、宽容的、谦虚的、强攻击性的、粗鲁的、自私的。Mlicki（1996）要 25 个波兰学生和 25 个德国学生分别对自己国家的人进行评价，结果发现，描述波兰人的最典型的5个词是：嗜酒的、常吵架的、无秩序的、庸俗的、不容忍的；而描述德国人的最典型的5个词是：清醒的、节俭的、以事业为中心的、有教养的、庄重的。

以上研究中对国民刻板印象维度的划分都有其理论和现实意义，对后续的国民刻板印象的研究有较大的启发。SCM模型中对“热情”和“能力”维度的划分是目前研究的主流，但国民刻板印象内容是否可以按照这两个维度划分仍需要进一步研究。

15.2 青少年对十个国民与民族的刻板印象

刻板印象既有普遍性，又是一个与文化和社会情境紧密相关的问题，国民刻板印象的内容会随着情境的改变而有所变化（Bar-Tal，1997）。从国外研究获得的国民刻板印象的维度来看，“道德”和“能力”在中国社会中可能被突出，因为中国文化对人评价的基本标准自古以来就是“德才兼备”且“德”为“才”先。但是从文化相对性观点来看，由于调查目标对象不同、时代背景不同、地理环境不同，国外的国民刻板印象维度也不一定完全适用于中国人。因此，有必要对青少年的国民刻板印象的内容及维度进行探索性因素分析。

15.2.1 调查方法与过程

研究工具及程序如下：

研究采用的最终工具是收集及整理而来的“国民或民族印象调查问卷”，该研究包含前后4个阶段，对应4份问卷。第四份问卷是该研究的最终正式问卷。

国民提名问卷如下：

第一阶段采用的开放式“国民提名问卷”，收集青少年比较熟悉的国家或民族。从68名被试（大学生34人、中学生34人）中得到10个国民或民族的提名依次是：美国人（66）、日本人（58）、法国人（56）、英国人（51）、中国人（50）、德国人（47）、俄罗斯人（42）、韩国人（29）、阿拉伯人（25）和黑人（20）。

形容词提名问卷如下：

第二阶段采用开放式“形容词提名问卷”，从104名青少年被试中收集描述上述10个国家或民族的特征形容词。在本阶段中得到形容词共3323个，由8名专家进行语义评议和整理，合并意义相同的词，挑出10个国家排在前10位的形容词，依总频次确定出排在前100位的形容词。

形容词—国民选配问卷如下：

第三阶段采用封闭式的“形容词—国民选配问卷”，该问卷以第二阶段得到的

100 个形容词为基础，让 240 名来自武汉市 4 所大学的被试给每一个形容词找一个最能描述的国家或民族。在对结果进行统计时，不直接计算每个形容词后出现国民的频率，而是反过来统计描述每个国民频率最高的前 5 位形容词，由此得到 51 个词语(其中有并列，见表 15-1)，经过合并整理重复的词后，得到 47 个形容词。

表 15-1　对各国民或民族描述出现的前五位形容词

	名次 1	名次 2	名次 3	名次 4	名次 5	名次 5（并列）
1 美国人	霸道	富裕	开放	冒险	崇尚自由	
2 日本人	矮小	残忍	卑鄙无耻	狡猾	大男子主义	
3 中国人	爱好和平	勤劳	谦虚	善良	能吃苦	传统
4 德国人	严谨	思辨	理智	嗜酒	认真	
5 韩国人	漂亮	团结	爱国	上进	时尚	
6 俄罗斯人	嗜酒	高大	豪放	强壮	善歌舞	
7 英国人	彬彬有礼	幽默	优雅	傲慢	冷漠	
8 阿拉伯人	信宗教	神秘	民族特色	落后	保守	
9 法国人	浪漫	艺术气质	多情	优雅	时尚	
10 黑人	肤色明显	贫穷	落后	可怜	自卑	

问卷中还包括一小部分，即“请您对上述 10 个国家或民族按您的喜爱程度排序(从最喜爱到最不喜爱)。分析时，把最喜欢的权重计为 10 分，把最不喜欢的计为 1 分，中间的依次类推”。经过算加权平均数后，结果如表 15-2 所示：

表 15-2　武汉青少年对 10 个国民或民族的喜欢序列

喜欢的次序	1	2	3	4	5	6	7	8	9	10
	中国人	法国人	韩国人	英国人	德国人	俄罗斯人	美国人	阿拉伯人	黑人	日本人
得分	8.80	7.66	6.20	6.03	6.01	5.54	4.37	4.03	3.77	2.67

国民—形容词符合度问卷如下：

第四阶段采用“国民—形容词符合度问卷”，该问卷是本研究的最终正式问卷。该问卷有效被试共 848 人（发放 960 份，回收 874 份，回收率约为 91.04%；有效问卷 848 份，有效回收率约为 88.33%），其中大学生 398 人（5 所大学）、高中生 222 人（2 所高中）、初中生 228 人（2 所初中）。

问卷包括第三阶段得到的47个形容词，要求被试在10个国民的符合程度评定表上指出每一国国民以及自己在每一个形容词上的符合度，符合度采用百分比，有0、20%、40%、60%、80%、100%六个符合程度选择。例如某位被试可以判定“美国人”（国民目标）在“温和”（形容词目标）上具有“40%”（符合度）的符合程度。另外，问卷还包括三个调查问题：“你在多大程度上喜欢中国？为什么？”“你觉得你在多大程度上与中国人相似？”“你到过10个国家或地区中的哪些？”

研究工具的适用性如下：

研究包括多个环节，从整个过程的多次分结果的对比中可以看出，各次结果之间的一致性程度比较高，比如对于法国人来说，“浪漫”在第一次调查中出现了108次（被试共有100个，有的被试使用了相似的2个词语如“浪漫”和“罗曼蒂克”，算作2次）。第二次问卷调查描述法国人的词语中，该词位居第一。最终问卷阶段对“法国人”的探索性因素分析中，该词为第一因素的一个重要词。另外在最终问卷中，两个意义方向相反的词在各个评价对象上的相关关系都呈显著负相关，这种一致性也表明问卷具有较好的信度（表15-3）。由于对于国民或民族的评价是复杂和谨慎的，如果日本人在80%的程度上符合“富裕”，也可能在60%的程度上符合“贫穷”，所以这两对词的相关系数的大小不能说明问题，但是其相反的关系是可以肯定的。

表15-3　意义方向相反的词的相关情况

	美国人	日本人	中国人	德国人	韩国人	俄罗斯人	英国人	阿拉伯人	法国人	黑人
富裕与贫穷	-0.44^{***}	-0.45^{***}	-0.31^{***}	-0.39^{***}	-0.25^{***}	-0.32^{***}	-0.38^{***}	-0.30^{***}	-0.38^{***}	-0.32^{***}
高大与矮小	-0.30^{***}	-0.37^{***}	-0.19^{***}	-0.28^{***}	-0.14^{***}	-0.33^{***}	-0.10^{**}	-0.16^{***}	-0.13^{***}	-0.25^{***}

注：$^{**}p<0.01$，$^{***}p<0.001$。

15.2.2　十个国民与民族刻板印象的因素分析

各评价目标对象（国民或民族）经过探索性因素分析使用方差最大法正交旋转之后，分别得到一些维度。在专家小组内对这些维度进行命名，命名后得到的维度及维度中所包含的词分别在以下系列列表中可见。

15.2.2.1　“美国人”印象的因素分析

因素分析结果显示，KMO系数为0.845。删除解释变异量小于0.400的项目，经过调整后得到的结果表明，青少年对“美国人”的刻板印象存在八个维度（表15-4）。

表 15-4 “美国人”印象的因素分析

因素	解释变异量	因子项目					
A 道德	15.975	残忍	狡猾	傲慢	卑鄙无耻	霸道	
B 财富	10.806	贫穷	卑鄙	可怜	矮小	富裕（负）	
C 态度	7.011	认真	思辨	严谨	能吃苦	优雅	勤劳
D 气质	5.204	艺术气质	豪放	善歌舞	谦虚		
E 理智—有礼	3.795	强壮	理智	善良	彬彬有礼	爱好和平	
F 团体意识	3.645	爱国	团结	上进			
G 情艺	3.480	浪漫	多情	时尚			
H 肤色明显	3.210	肤色明显					
总计	53.126%						

注：表中每个维度后多包含的因子项目符合排列顺序依次从大到小。维度选取标准是特征值大于1，在调整过程中，调整的标准是删除掉因子负荷小于0.400的项目，一直到因素分析的结果稳定为止。其中“负”表示呈相反的关系。所有因素分析的结果同上操作，不再一一说明。

15.2.2.2 “日本人”印象的因素分析

因素分析结果显示，KMO系数为0.886。经过调整后得到的结果是青少年对“日本人”的印象存在十一个维度（表15-5）。

表 15-5 “日本人”印象的因素分析

因素	解释变异量	因子项目							
A 态度	15.009	严谨	认真	能吃苦	团结	勤劳	上进	思辨	爱国
B 道德	11.905	狡猾	卑鄙	残忍	傲慢	霸道	善良（负）	爱好和平（负）	冷漠
C 情艺	5.008	浪漫	幽默	多情	时尚	崇尚自由	优雅		
D 理智—有礼	4.034	彬彬有礼	漂亮	理智	传统	艺术气质	谦虚	善歌舞	
E 财富	3.428	富裕	民族特色	贫穷(负)	落后(负)	大男子主义			
F 体貌	2.839	矮小(负)	强壮	高大					
G 保守	2.670	保守	开放(负)						
H 可怜—自卑	2.576	可怜	自卑						
I 信宗教	2.451	信宗教							
J 神秘	2.331	神秘	冒险						
K 肤色明显	2.251	肤色明显							
总计	54.503%								

15.2.2.3 “中国人”印象的因素分析

因素分析结果显示，KMO系数为0.915。经过调整，青少年对“中国人”的刻板印象存在九个维度（表15-6）。

表15-6 “中国人”印象的因素分析

因素	解释变异量	因子项目							
A态度	20.872	勤劳	谦虚	爱好和平	传统	民族特色	善良	漂亮	上进
B情艺	7.597	幽默	浪漫	时尚	优雅	高大	思辨		
C道德	6.353	傲慢	残忍	狡猾	霸道	嗜酒	卑鄙		
D团体意识	3.839	团结	认真	严谨	爱国				
E财富	3.196	落后	贫穷	富裕(负)	可怜	自卑	矮小		
F气质	2.878	艺术气质	豪放	冒险	神秘				
G理智—有礼	2.680	强壮	理智	有礼					
H大男子主义	2.431	大男子主义	浪漫	开放(负)					
I多情—自由	2.314	多情	自由						
J肤色明显	2.266	肤色明显							
总计	54.426%								

15.2.2.4 “德国人”印象的因素分析

因素分析结果显示，KMO系数为0.870。经过调整，青少年对“德国人”的印象存在十个维度（表15-7）。

表15-7 “德国人”印象的因素分析

因素	解释变异量	因素项目						
A态度	16.465	认真	能吃苦	团结	严谨	思辨	爱国	高大
B财富	7.844	贫穷	落后	自卑	可怜	矮小	富裕(负)	强壮(负)
C情艺	6.416	浪漫	多情	幽默	时尚	崇尚自由	优雅	
D道德	4.704	狡猾	霸道	傲慢	残忍	嗜酒		
E理智—有礼	3.661	传统	漂亮	理智	彬彬有礼			
F肤色明显	3.224	开放	肤色明显	上进	冒险			
G爱好和平	2.876	爱好和平	卑鄙(负)					
H大男子主义	2.721	大男子主义	保守					
I信宗教	2.600	信宗教						
J气质	2.524	豪放	艺术气质	冷漠				
总计	2.524%							

15.2.2.5 “韩国人”印象的因素分析

因素分析结果显示，KMO系数为0.852。经过调整，青少年对“韩国人”的印象存在十一个维度（表15-8）。

表15-8 “韩国人”印象的因素分析

因素	解释变异量	因子项目					
A理智—有礼	15.137	理智	勤劳	传统	彬彬有礼		
B道德	8.605	傲慢	狡猾	残忍	卑鄙无耻	霸道	嗜酒 冒险
C财富	5.465	贫穷	落后	富裕(负)	自卑	上进(负)	
D团体意识	3.982	团结	严谨	能吃苦	时尚	爱国	
E态度	3.739	优雅	思辨	认真			
F情艺	3.312	幽默	善歌舞	漂亮	浪漫		
G多情—自由	3.091	多情	崇尚自由				
H气质	2.835	艺术气质	豪放	神秘			
I体貌	2.654	矮小(负)	强壮	高大			
J保守	2.613	保守	落后				
K肤色明显	2.515	肤色明显	可怜				
总计	53.944%						

15.2.2.6 “俄罗斯人”印象的因素分析

因素分析结果显示，KMO系数为0.812。经过调整，青少年对“俄罗斯人”的印象存在十个维度（表15-9）。

表15-9 “俄罗斯人”印象的因素分析

因素	解释变异量	因子项目				
A情艺	14.421	浪漫	幽默	时尚	崇尚自由	多情
B气质	7.429	艺术气质	豪放	漂亮	善歌舞	
C态度	6.385	认真	能吃苦	思辨	优雅	
D财富	4.642	贫穷	可怜	富裕(负)	落后	
E理智—有礼	4.353	理智	勤劳	彬彬有礼		
F道德	3.593	傲慢	狡猾	残忍	霸道	
G体貌	3.407	矮小	自卑	强壮(负)	高大(负)	谦虚
H保守	3.168	保守	大男子主义	传统		
I肤色明显	2.921	肤色明显	民族特色			
J神秘	2.873	神秘				
总计	53.191%					

15.2.2.7 “英国人”印象的因素分析

因素分析结果显示，KMO 系数为 0.858。经过调整，得到的结果是青少年对“英国人”的印象存在十二个维度（表 15-10）。

表 15-10 “英国人”印象的因素分析

因素	解释变异量	因子项目						
A 财富	14.997	贫穷	落后	可怜	自卑	矮小	富裕(负)	上进(负)
B 道德	7.240	狡猾	霸道	残忍	卑鄙	傲慢	嗜酒	
C 态度	5.526	认真	思辨	严谨	能吃苦			
D 情艺	4.616	浪漫	幽默	时尚	高大			
E 理智—有礼	3.469	彬彬有礼	漂亮	传统	理智	勤劳	优雅	
F 气质	2.783	善良	谦虚	爱好和平	豪放			
G 多情—自由	2.704	多情	崇尚自由	团结				
H 民族特色	2.605	民族特色	信宗教	艺术气质				
I 大男子主义	2.514	大男子主义	保守					
J 肤色明显	2.442	肤色明显						
K 体貌	2.415	强壮(负)	冷漠					
L 神秘	2.345	神秘						
总计	53.657%							

15.2.2.8 “阿拉伯人”印象的因素分析

因素分析结果显示，KMO 系数为 0.835。经过调整，青少年对“阿拉伯人”的印象存在十二个维度（表 15-11）。

表 15-11 “阿拉伯人”印象的因素分析

因素	解释变异量	因子项目					
A 大男子主义	12.393	大男子主义	保守	信宗教	民族特色	传统	神秘
B 情艺	9.817	幽默	浪漫	时尚	多情		
C 道德	5.703	狡猾	傲慢	嗜酒	残忍		
D 态度	3.583	认真	思辨	能吃苦	优雅		
E 理智—有礼	3.487	勤劳	彬彬有礼	理智			
F 肤色明显	3.344	肤色明显	落后	可怜			
G 气质	3.136	艺术气质	豪放	善歌舞			
H 团体意识	2.796	上进	爱国	冒险			
I 财富	2.663	贫穷(负)	富裕				
J 体貌	2.556	矮小(负)	强壮	高大			
K 谦虚	2.525	谦虚	团结	霸道	严谨		
L 冷漠	2.442	冷漠	卑鄙				
总计	54.445%						

15.2.2.9 “法国人”印象的因素分析

因素分析结果显示，KMO 系数为 0.879。经过调整青少年对“法国人”的印象存在九个维度（表 15-12）。

表 15-12 “法国人”印象的因素分析

因素	解释变异量	因子项目						
A 情艺	18.376	多情	时尚	崇尚自由	浪漫	幽默	优雅	
B 财富	8.856	贫穷	落后	可怜	富裕(负)	自卑	上进(负)	爱国(负)
C 道德	4.948	傲慢	霸道	狡猾	残忍	卑鄙		
D 态度	4.147	能吃苦	团结	严谨	勤劳			
E 思辨	3.945	思辨	高大	认真				
F 气质	3.372	善歌舞	冒险	漂亮	艺术气质			
G 理智—传统	3.184	传统	理智					
H 大男子主义	2.993	大男子主义	冷漠	保守				
I 肤色明显	2.942	肤色明显	强壮					
总计	52.764%							

15.2.2.10 “黑人”印象的因素分析

因素分析结果显示，KMO 系数为 0.835。经过调整，结果是青少年对“黑人”的刻板印象存在十一个维度（表 15-13）。

表 15-13 “黑人”印象的因素分析

因素	解释变异量	因子项目					
A 情艺	12.953	时尚	浪漫	幽默	多情	优雅	
B 道德	9.966	狡猾	残忍	霸道	傲慢	嗜酒	善良(负)
C 财富	5.674	落后	可怜	神秘	民族特色	肤色明显	贫穷
D 团体意识	4.146	上进	爱国	开放	爱好和平		
E 理智—有礼	3.767	理智	彬彬有礼	漂亮	勤劳		
F 气质	3.383	豪放	善歌舞	艺术气质	谦虚		
G 态度	3.278	认真	思辨	严谨			
H 体貌	2.833	矮小(负)	高大	强壮			
I 自由	2.698	崇尚自由	团结	卑鄙(负)			
J 大男子主义	2.590	大男子主义	保守				
K 自卑	2.486	自卑					
总计	53.775%						

15.2.3 十个国民或民族刻板印象的总体比较

国民刻板印象的十个维度研究按照大于50%的原则，将维度在不同目标对象中出现频次高于5的提取出来，得到十个主要因素，并总结出十个维度。每个维度在不同评价目标中所包含的词语有多有少，本研究按照词语在同一维度中出现的频率统计，将在同一维度中出现频率高于60%的词定为该维度代表性的词语。表中的“负”表示与其他的形容词之间负相关。这十个维度及其包含的词如表15-14所示。

表15-14 刻板印象的十个维度及所包含的词

维度	词语					
道德(10)	残忍(10)	狡猾(10)	傲慢(10)	霸道(9)	卑鄙(6)	嗜酒(6)
财富(10)	贫穷(10)	富裕(9)(负)	落后(8)	可怜(7)	自卑(6)	
态度(10)	认真(9)	思辨(9)	能吃苦(7)	严谨(6)		
理智—有礼(10)	理智(10)	彬彬有礼(9)				
情艺(10)	浪漫(10)	时尚(9)	幽默(9)	多情(7)		
肤色(9)	肤色明显(9)					
气质(9)	艺术气质(8)	豪放(8)				
大男子主义(6)	大男子主义(6)	保守(5)				
体貌(6)	强壮(6)	高大(5)	矮小(5)(负)			
团体意识(5)	爱国(5)	团结(3)	上进(3)			

以表15-14为基础，每个维度的得分用维度代表词的平均数为指标（如“大男子主义”的得分加上“保守的”得分再除以2），对其中呈负相关的词在数据处理前进行转换。这样，得到可以进行比较的各国国民或民族之间的得分。各评价目标在各维度上的得分平均数和标准差如表15-15所示：

表15-15 各评价目标在各维度上的得分平均数和标准差列表

	道德	财富	态度	理智—有礼	情艺	肤色	气质	团体意识	体貌	大男子主义
美国人	60.305	15.814	55.313	56.089	69.152	51.923	53.723	64.027	74.798	31.993
	0.654	0.532	0.620	0.766	0.553	1.240	0.782	0.674	0.590	0.740
日本人	64.698	27.429	67.693	58.147	42.016	33.966	35.675	73.951	31.141	66.063
	0.668	0.622	0.706	0.837	0.647	1.125	0.804	0.760	0.720	0.848

续表

	道德	财富	态度	理智—有礼	情艺	肤色	气质	团体意识	体貌	大男子主义
中国人	30.629	44.479	67.819	66.402	54.795	43.053	53.470	70.662	56.141	62.211
	0.538	0.608	0.606	0.702	0.597	1.190	0.767	0.699	0.615	0.706
德国人	45.168	26.374	65.139	60.265	55.060	41.226	53.458	68.143	69.256	47.618
	0.575	0.604	0.647	0.759	0.655	1.096	0.724	0.683	0.651	0.751
韩国人	38.185	26.374	59.554	58.532	53.706	36.659	45.506	67.260	46.861	54.629
	0.570	0.604	0.596	0.736	0.557	1.069	0.720	0.738	0.608	0.728
俄罗斯人	40.865	36.210	55.928	55.030	51.384	45.986	53.410	59.735	68.301	48.007
	0.521	0.573	0.551	0.709	0.564	1.109	0.750	0.659	0.690	0.694
英国人	44.572	26.696	57.880	60.036	62.900	42.380	52.892	61.324	63.972	45.091
	0.572	0.607	0.556	0.743	0.636	1.098	0.715	0.634	0.587	0.798
阿拉伯人	37.739	47.839	53.271	51.239	38.616	51.178	43.867	56.799	3.066	60.717
	0.532	0.574	0.575	0.713	0.640	1.069	0.739	0.679	0.602	0.845
法国人	40.479	27.546	54.139	58.532	74.928	42.091	57.807	61.757	62.273	38.117
	0.555	0.626	0.591	0.688	0.694	1.068	0.767	0.641	0.595	0.769
黑人	34.803	59.951	53.723	47.738	42.316	75.769	44.711	58.861	64.717	50.352
	0.571	0.655	0.610	0.744	0.684	1.137	0.788	0.722	0.695	0.803
“我”	17.353	36.063	65.566	69.278	59.675	41.226	53.422	76.631	53.358	36.938
	0.546	0.592	0.596	0.674	0.636	1.194	0.800	0.619	0.726	0.787

刻板印象不同维度得分的国民或民族差异如下：

第一维度：道德维度。在这一维度上，“我”和中国人的得分最低，这说明被试对自己的评价最为谨慎。这一维度的代表词是“残忍”、“狡猾”、“傲慢”等，分数越高实际上意味着评价越低。研究发现，被试对日本人的印象是最差的，其次是美国人。被试对两个国家形成的这种印象与我国和这两个国家的历史恩怨及当前的国际关系状态是有关联的。只要提起“日本人”这个词就让被试不由自主地联想起日军侵华、南京大屠杀等，而美国作为世界上的经济军事强国企图支配与欺辱弱小的国家，他们的不平等和霸权都会激起被试对他们道德上的怀疑。

第二维度：财富维度。代表词是贫穷、落后、富裕等，贫穷等为正向记分项，富裕为反向记分项。在此维度上，美国人的得分最低，黑人的得分最高，这与事实是相符的。中国人的得分倒数第三，仅居黑人和阿拉伯人之后；而“我”的得分与俄罗斯人的最为接近，在一般的被试看来，自己比整个中国的富有水平要高出不少。这与本研究的调查对象有关，本研究的调查对象为城市里面的大学生与中学生。

第三维度：态度维度。代表词是认真、思辨、能吃苦、严谨。得分高，代表着好的态度。从整体来看，被试认为这些国家在这一维度上的表现都是比较好的，“日本人”、“中国人”在态度方面是最好的。被试认为自己的态度比整体中国人差一点。

第四维度：理智—有礼维度。代表词是理智、彬彬有礼。在这一项上，“我”的得分最高，与中国人的最为接近，经过检验后差异显著。被试认为自己比整体中国人更有礼节和修养。

第五维度：情艺维度。代表词是浪漫、时尚、幽默、多情。在这一维度上，法国人的得分最高，这与前几个阶段的调查结论一致。被试认为黑人、阿拉伯人、日本人比较不重情艺。对于本调查的被试来说，他们比较看重自己的情艺特点，在做评价时，对自己这个维度的评价明显比对整体中国人的要高。

第六维度：肤色维度。代表词是肤色明显。对黑人的肤色的评价最高，对其他的各个评价对象的评价都比较低。

第七维度：气质维度。代表词是艺术气质、豪放。法国人的得分排在第一，日本人的得分最低。看来，在青少年的心目中，法国人是最具有艺术气质的国民，日本人的这一方面的特征则非常薄弱。

第八维度：团体意识维度。代表词是爱国、团结、上进。在这一维度上，得分最高的是青少年的自评“我”。在他们心目中，自己是最具有团体意识的，其次是日本人，再次是中国人。

第九维度：体貌维度。代表词是强壮、高大、矮小（反向记分）。得分最高的是美国人，最低的是日本人。

第十维度：大男子主义维度。代表词是大男子主义、保守。在青少年看来，日本是最为保守和大男子主义的国度，美国则是一个最为开放和平等的国家。青少年认为自己是比较崇尚平等和开放的。

青少年对国民或民族评价的各标准差中，只有极少数情况下“我”的标准差最大，中国人在各维度上的标准差也不是最大的，因而不能证明研究假设：青少年对本国国民的刻板印象比对其他国家国民的刻板印象更加肯定、积极，而且内部的一致性更低，青少年的自我刻板印象的内部一致性比国民刻板印象的内部一致性更低。

总体看来，青少年对自己的评价与对中国人的评价相对而言是比较相近的，但是他们也表明了自己与整体中国人之间的某些差距。在他们看来，他们自己更加符合这个时代的标准，更理想化。

不同国民或民族刻板印象维度的重要性差异如下：

从探索性因素分析得到的维度及所包含的项目中有一些有趣的发现。在对美国人的评价中，依次占重要地位的分别是道德、财富、态度维度。在对日本人、中国人、德国人的评价中，占最重要位置的是态度维度。道德、情艺维度处于对中国人和日本人评价的次重要地位，似乎财富维度对于评价他们并不是那么重要。在对俄罗斯人、法国人和黑人的评价中，情艺维度是最为突出的，对他们而言财富维度也是比较重要的特征。综合多次调查，德国人最有特色的描述词是“思辨”和“严谨”，法国人最具特色的描述词“浪漫”也是最能区别于其他特征的词，在最终问卷的结果中德国人的态度维度和法国人的情艺维度都是占最重要位置的。而对中国人和日本人，被试更习惯于从态度和道德维度来评价，财富也是重要的，但是在中国青少年看来，财富在评价这两个国家时不是非常重要的特征。

在几次调查的结果中，较能描述日本人的“爱国”、“大男子主义”等类似的词在因素分析中没有成为评价“日本人”的单独的一个维度，反而混合在其他的维度里面。比如“爱国”是在态度维度，“大男子主义”是在财富维度，这个结果并不能说明日本人没有团体意识和大男子主义。实际上在青少年看来，日本人的这两个特征已经根深蒂固，内化到更为重要的维度里面。比如爱国，由于日本人非常注重这一品德的培养，他们把爱国看作代表民族特征的“态度”里的一个成分；日本是一个传统思想比较严重的国度，日本人认为男人创造财富，所以“大男子主义”成了“富裕”的同义词，当然这是中国的青少年对日本人看法的折射。同样，对于黑人这一种族来说，黑人最显著的特征就是其肤色了，然而在其他国民或民族的评价中都出现了“肤色明显”这一独立的维度，而唯独在黑人这一种族上却把“肤色”与“财富”混同起来，这说明在青少年心目中，肤色与贫穷和落后联系在一起。

从研究结果图表可以看出，不同时空的不同被试对相同的国民或民族的描述存在一定的一致性，但是差异性更大。对德国人的思维方式的描述，对黑人的落后、迷信的印象存在着很大的一致性；而对日本人、德国人的评价的三个调查结果之间的差异很大，这些差异部分是由于三个调查的时间不一样，地点不一样，最主要的是调查的被试不一样。Ktaz 和 Braly 的关于美国大学生对这些国民或民族的印象的调查出自 1933 年，非常明显，他们与被评价对象之间的国际关系不一样，从而，评价的角度和基础的立场都不同，比如美国人对日本人的态度、对中国人的态度，与中国人对日本人的态度、对美国人的态度有极大不同。根据 Bar-Tal（1997）的刻板内容的形成和改变模型来看，由于这两个不同被试之间的背景变量、过渡型变量都不一样，最后引发的结果自然也是不一样的。韩向明（1992）对沿海城市居民的调查与本研究的结果也存在着很多的不一致，这除了被试之间存在背景变量（时间不同，大的背景发生了变化）和过渡型变量（地点不同）的差异外，与外国人的接触程度也不一样。沿海地区居民与外国人接触和工作的机会更多，而中学生和大学生对外国国民或民族的印象主要来自间接经验。

国民或民族的共同刻板印象维度如下：

研究运用了与王登峰等（1994）“大五”的研究中类似的方法和统计过程，得到了十个统一的国民或民族刻板印象维度：道德、财富、态度、理智—有礼、情艺、肤色、气质、团体意识、体貌、大男子主义维度。而 Poppe 和 Linssen（1999）对欧洲六个国家的调查中发现国民刻板印象有两个维度：道德维度和能力维度。这说明，武汉市青少年的国民刻板印象的因素维度比国外的两个维度要复杂。道德维度在国内外刻板印象评价中具有共同性，表明道德是国民刻板印象中的共同因素，因为 SCM 中的“热情”主要是对人的态度，与道德直接相关。但是，预期的“能力”因素在本研究中没有直接显现，可能的原因是，中国社会目前对国民的评价，将能力因素具体化为相关的财富、理智和艺术因素。从十个维度涉及的核心形容词来分析，我们发现，武汉市青少年的国民刻板印象的内容涉及相应的国民道德水平、经济状况、性格态度、理性行为、情感表现、种族身份、文化艺术、社会交往、生理特征和性别平等十个方面的评价。之所以结果比国外的维度更多，除了证明国民刻板印象的内容随认知者的社会背景和评价对象而变化外，也说明与国外研究相比，中国人的国民刻板印象内容更加具体、结构更加复杂。

十个国民或民族的典型形象如下：

研究结果表明，中国武汉青少年的心目中，典型的美国人是霸道的、有钱的、开放而浪漫的、身材高大的、追求男女平等的，其他方面的特征不显著；典型的日本人是道德素质差的、身材矮小的、艺术气质差的及大男子主义的，但是做事认真严谨，团体意识精神可嘉；典型的德国人除了态度上较有特色外，其他的各个方面都处于平均水平；典型的阿拉伯人经济情况差，没有多少浪漫情怀，艺术气质差而且大男子主义倾向严重；典型的法国人极其浪漫，具有艺术气质，其他的方面则表现居中；典型的黑人是贫穷落后的、肤色明显的、身材高大的；典型的韩国人、英国人和俄罗斯人在武汉青少年的心目中形象较为积极，但是各个方面的印象都不突出；典型的中国人是道德素质高的、态度认真的、崇尚礼节的、团体意识强的，而且有大男子主义倾向；武汉青少年心目中典型的“自我”印象是道德素质在 83%的程度上良好，在 64%的程度上富裕，在 34%的程度上态度良好，在 69%的程度上理智—有礼，在 60%的程度上具有浪漫情怀，在 41%的程度上有肤色，在 53%的程度上具有艺术气质，在 77%的程度上具有以“爱国”为特征的团体意识精神，在 53%的程度上身材高大，在 37%的程度上认为自己有大男子主义。青少年认为自己除了态度不及整体中国人之外，在其他的各个方面都要优于或等于中国人的整体水平。

各国国民或民族在各个维度上的得分不一。例如法国人在情艺维度和气质维度上格外凸显，而日本人则在态度、团体意识、大男子主义和体貌维度上特别突出，这其实就是这些国民或民族的显著特征。总之，青少年对国民或民族的印象是多维的。

15.3 青少年对国民或民族刻板印象的内群体偏好

从20世纪70年代初开始，受认知心理学的影响，刻板印象的研究开始从内容向加工转移，这时的研究主要集中在作为一种认知机构的刻板印象是如何发生的，它又是如何影响后继的信息加工以及群体成员之间的知觉和行为的。其中，对外群体的知觉还是对内群体的知觉，外群体比内群体是否更可能被认为具有固定、刻板的特征，对内群体和外群体的心理表征是否存在差异等问题已成为群体心理研究的焦点。

15.3.1 内群体偏好与外群体贬损

人们在对他人进行归类时不可避免地要对自己进行归类，个体按照一定标准将自己归入的那类群体就是内群体（in-group），而他不属于的类别就是外群体（out-group）。

社会认同理论（social identity theory）认为个体通过社会分类，对自己的群体产生认同，并产生内群体偏好（in-group favoritism）和外群体贬损（张莹瑞、佐斌，2006）。群体偏好指的是评价自己的群体（内群体）及其成员比评价外群体及其成员要高（好）的一种趋势（Hewstone、Rubin、Willis，2002）。外群体贬损指的是内群体对外群体的厌恶和贬低（向玲，2013），对外群体及其成员的评价要低（差）的一种趋势。个体常会把自己所在的内群体与外群体相比较，得到对内群体相对肯定的评价，个体通过保持甚至提高自己所在内群体的相对肯定的评价，从而获得肯定的群体或社会认同。

SCM理论中也提出，刻板印象中普遍存在参照群体偏好（reference-group favoritism）和外群体贬损（out-group derogation）。参照群体偏好即内群体偏好（in-group favoritism）。SCM认为，由于参照群体偏好和社会原型群体偏好一直被认为是社会生活中人们的偏见强烈而持久的重要原因，因此在刻板印象中，人们对于参照群体①会存在积极评价的偏好，同时因为内群体偏好的存在而产生相应的外群体贬

① 参照群体并非某一成员身份所属的群体，而指某些成员用作其所属群体的参照对象的群体。这些群体成员通过参照群体认识、评价所属群体，由此影响其对所属群体的情感。

损。已有的在美国的研究显示，唯一不产生歧义的积极刻板印象的目标群体就是参照群体。

目前国外的大多数对国民刻板印象的研究都发现，被试对本国国民的印象存在内群体偏好。如 Tajfel 等（1970）研究发现 6～7 岁儿童的国家概念还相当模糊，但是他们对自己国家的评价偏好却具有很大的一致性，这种评价偏好一直持续到 12 岁。Rutland（1999）研究发现国家偏见、组内偏好、国民刻板印象的发展只有在 10 岁以上的孩子身上才有，10 岁以下的孩子表现得不明显。

15.3.2 我国青少年国民刻板印象中的内群体偏好

青少年的“中国人”印象和其他国民或民族印象的比较如下：

参照内群体偏好的判定方法，将被试在各因素（核心词）对不同评价对象的数据进行比较，可以确定被试的这些评价是否有差异。表 15-16 给出了武汉青少年对于自己(“我”)、“中国人”和其他国民评价的平均数和对这三类对象的评价差值。差值越大，表明印象评价中的差异就越大。对中国人的偏好程度可以通过被试与内群体的距离和与外群体的距离的绝对值来衡量。经过卡方检验，数据 A、B、C 中道德维度（$\chi^2=12.23$，$\chi^2_{(2,0.005)}=10.60$），在 0.005 的水平上存在十分显著的差异。

表 15-16 被试对中国人的评价与对其他国民评价的差值

	道德$^{(-)}$	财富$^{(-)}$	态度	理智	情趣	肤色	艺术
中国人（X_{IF}）^{A}	30.63	44.48	67.82	66.40	54.79	43.05	53.47
外国人（X_{OE}）^{B}	45.15	33.32	58.08	56.13	54.44	46.81	48.93
“我”（X_{SE}）^{C}	17.35	36.06	65.57	69.28	59.68	41.23	53.42
$\chi^2_{(df=2)}$	12.23**	1.81	0.81	1.47	0.31	0.35	0.26
内外群体距离（$X_{IF}-X_{OE}$）	−14.37	11.22	9.74	10.19	0.32	−3.66	4.54
与内群体距离（$X_{SE}-X_{IF}$）	−13.28	−8.42	−2.25	2.88	4.89	−1.82	−0.05
与外群体距离（$X_{SE}-X_{OE}$）	−27.80	2.74	7.49	13.15	5.24	−5.57	4.49
偏好倾向度 $[\lvert(X_{SE}-X_{IF})\rvert-\lvert(X_{SE}-X_{OE})\rvert]$	−14.52	5.68	−5.24	−10.27	−0.35	−3.75	−4.44

注：A 是被试对中国人在七个主要维度上符合度的评价，B 来源于除中国以外的其他几个国家的国民在七个主要维度上的符合度，C 是被试对自己在七个维度上符合度的评价值，其中评价值反映的是符合度百分数。

从数据上看，武汉青少年样本与“中国人”的相似度为 73.33%，对“中国人”的喜欢度为 75.66%。这说明，被试样本总体上呈现将中国人作为内群体的倾向以及对中国人的偏好取向。表 15-16 的数据也进一步显示了武汉青少年对本国国民（中国人）印象评价的明显偏好。被试在道德、理智、态度、财富、艺术和肤色维度上对中国人的评价与对其他国家国民评价的差值大小，显示了内群体偏好的细化方面。其中，在道德维度上，被试表现出明显的内群体偏好，对中国人的评价比平均水平低 14.37，而且统计检验证明被试对于中国人、外国人和“我”三种对象的评价有比较显著的差异。由于道德维度的核心词均为贬义词，分数越低评价越好，这说明被试对中国人道德方面的积极评价度远远高于对外国人群的评价度，甚至高于对自己的评价度。在情趣维度上，被试没有显示内群体偏好。研究还发现，在财富维度上，被试不仅没有内群体偏好，反而存在外群体接近。可能的解释是被试来自城市样本，经济状况比中国人的总体平均水平要高，而经济因素不影响对中国人最重视的道德形象的评价。这也可以由刻板印象中的特质重要性观点来解释。在情趣因素上没有表现内群体偏好，也是同样原因。总之，本研究证明内群体偏好在国民刻板印象中也是存在的，特别是对于重要特质的内群体偏好表现更加明显，但是内群体偏好的分化受刻板印象特质重要性的影响，这与国外研究中的内群体偏好和外群体贬损普遍化的结论有所不同。

青少年对中国的喜欢度及原因如下：

研究探讨了青少年对中国的喜欢程度以及喜欢的原因。根据调查得到的结果可以从四个方面归纳。第一个方面是积极肯定方面的原因。这样的原因有诸如发展快和美好的前景、良好的文化传统和文化底蕴、特色的民族风俗、地大物博、悠久的历史、优秀的品德（团结、讲仁义、坚韧、不被征服等）、中国的美食、美丽的领土和风景、中国女排总得冠军等。第二个方面是消极否定的方面的原因。这样的原因有诸如对外软弱、相比发达国家而言不足、制度不合理、贪污腐败、不够繁华、教育方式不好、环境差、中国人素质差（不团结、恶习、自私、骄傲、吃文化老本）、道德水平低等。第三个方面的原因是中性的，不带有明显的感情色彩。这样的原因诸如人口多，哀其不幸、怒其不争，每个民族都有自己的优缺点，另外还有一些表示转折的句子等。第四个方面的原因实际上属于第三个方面，由于出现的频率很高，所以单独提取出来，它的核心意思是“因为我是中国人”，其相同意思的多种形式有“我的祖国”、“认同感”、“爱国”、“我出生在中国”。

16　儿童对“中国人”的形象评价

随着经济全球化的到来，西方心理学界特别是欧洲心理学界对于儿童国家认同感和儿童对本国国民的刻板印象等方面的研究日益活跃。目前，我国在这方面的相关研究还不多，然而当代中国受全球化进程的影响越来越大，文化环境更加复杂和多元化，对儿童国家认同感和儿童的国民刻板印象的研究日益重要。根据社会认同理论，个体对自己的内群体认同程度较高时会产生较明显的内群体偏爱，对内群体成员的评价也比对外群体成员的评价更为积极。因此儿童对本国国民的印象和评价与国家认同感相关联，国家认同感的成分中也包含了对本国国民的认知和情感。由此可以说，儿童对本国国民的印象和评价，受到国家认同感的影响。本章先介绍儿童国家认同感的形成，并在此基础上介绍关于我国儿童对中国人印象评价的研究发现。

16.1　国家认同感的心理结构

国家认同感（national identity）（或民族认同感、国家身份感）是人们对自己的国家成员身份的知悉和接受。一个人如果热爱自己的国家，首先就表现在其知道自己生活在这个国家，知道自己是这个国家的一名成员，而且乐于成为自己所在国家的成员。对于我国儿童和青少年而言，如果他们知道自己生活在“中国”，自己是一名“中国人”，自己“愿意”或“很高兴”成为一名“中国人”，那么他们就初步形成了“中国认同感”。对我国儿童进行爱国主义教育的基本目标，就是使他们形成这种“中国认同感”。

国家认同感是一个包括许多成分的复杂的心理结构系统，这些成分可以相对被区分为知识和观念亚系统、情感与评价亚系统。作为认知成分的前者包括人们对自己国家与人群的知识和相关看法；后者作为情感成分，涉及人们对于自己国家和人群的情感、情绪和评价等方面。

从认知成分来看，国家认同感包含着一系列的知识和观念。首先，人们必须具有自己国家存在的一些基本知识。至少，人们能够意识到：有这样一群人，当他们在一起时被分类和标签为“法国人”、“中国人”或者其他什么人。其次，个体还应当知道他或她也是这样一群人中间的一分子，他或她把自己分类为自己国家（而不是其他国家）人群的成员。第三，国家认同感客观上同特定的地理分布和区域有关，人们还应该具有关于自己国家的地理知识，主要是自己所处的地区与国家之间关系的正确知识。第四，国家认同感还包括人们对能够代表与象征自己国家和民族的制度、语言、风俗、习惯、历史、传统以及人物等有所认识，即具有关于自己国家文化和社会历史方面的基本知识。第五，国家认同感也包含一些基本的观念，主要是人们对于有着共同的祖先、有血脉渊源关系的认识和相关的观念。第六，人们对于自己国家人群的典型性格即国民性格的了解和认同。最后，人们对于自己与自己国家人群类型之间的相似性或相异程度的认识，也是国家认同感的重要认知成分。

国家认同感包括的情感成分也很多，可归纳为五个方面：第一，人们对于自己国家身份的主观凸显性。人们往往同时拥有大量的个人和社会身份，特定的情境会使人们在主观上凸显和强化某种身份。第二，人们对于自己的国家和人群的依恋程度。第三，人们对于自己国家和人群的归属感。第四，人们对自己国土的情感眷恋和保护意识。例如，人们把国土的被侵占视作对自己的侵犯。第五，人们的民族自尊心、民族自豪感、国家荣辱感等社会情感。

由国家认同感的心理构成可知，人们的国家认同感不是一个单因素的静态系统，而是随着个体的经验和环境的变化而发生相应的变化。换言之，国家认同感有一个从简单到复杂的形成和发展过程。在人们的幼年时期，儿童的国家认同感只是认识到自己国家的存在，把自己看作自己国家人群的一分子；而成年人的国家认同感，内容更加丰富，体验也更加复杂，高级社会情感在其中占有更多的分量。

16.2 儿童国家认同感的形成与发展

尽管人的国家身份在出生时就被赋予，但国家认同感是一种复杂的认知结构和社会情感，它的获得不是一朝一夕完成的，而是有一个漫长的形成过程。毫无疑问，儿童是种种社会群体包括地区、国家和超国家群体的事实上的成员。在儿童还很小的时候，尽管他们还没有获得任何他所隶属的社会群体的知识，但儿童却由人们依据他们所隶属的群体关系而开始被分类了。

随着儿童的成长，儿童与成人的互动越来越多，与同伴的交往也越来越频繁，儿童开始注意并要求获得他们所隶属的社会群体，至少是某些群体的清晰知识。起初，儿童只是可能要求获得群体的名称，而并不清楚这一名称的清晰意义。进一步，儿童以地理为基础的社会群体的知识可能会与其地理知识的发展相联系起来。一旦儿童形成了哪怕只是部分关于他们属于某一群体的概念，他们就能够开始把自己认同为他们所属的某些群体的成员。这种初步的分类使得儿童开始将其置于与其他的社会群体成员相联系的社会系统之中。

除了这种主观的自我分类之外，儿童国家认同感的形成，也需要以部分地习得并内化群体的其他成员所共有的某些信念、态度和价值观为基础。社会心理学家把群体成员所共有的一些突出的信念、态度、价值观和行为方式等，定义为群体表征或群体代表性。这些表征不仅包含与内群体有关的信念，而且也涉及对外群体的信念和评价。由于群体表征对于群体内部成员具有很高的价值，儿童便依据这些表征对世界进行知觉与解释，结果是这些表征逐步发展成为儿童认知结构的一部分。随后，这些内化的社会表征又促使儿童去获得关于世界的进一步的信息。

在这一发展的过程中，儿童形成与内群体和外群体都有关的大量的自我分类、社会身份、信念、情感和价值观。当社会或心理背景因素导致儿童的某种群体身份关系变得突出时，一个特定的自我分类和群体认同感就会在儿童心中被激活或发动起来。换句话说，儿童的自我分类水平是变化的，这些变化取决于儿童的分类和表征被激活时特定的内容和背景。如果背景要求儿童比较自我与美国人，那么儿童的中国人身份——中国认同感就会被激活。

16.3 不同年龄段的儿童对“中国人”的形象评价与喜好

我国儿童对“中国人”形象作何评价，目前相关的实证研究还不多。从查找到的相关研究来看，陈会昌（1987）研究了中小学国家观念的发展；梅仲荪和段慧芬（1996）研究了爱国主义教育中的心理学问题，探讨了国家观念与思维的关系等，李本华和杨国枢（1981）调查了中国大学生对世界各国人民的刻板印象，但是不涉及儿童。

因此，我们好奇的是儿童心目中的“中国人”是什么样的形象，儿童对中国人的评价如何，以及儿童对自己是一名中国人的喜欢程度和发展趋势如何。

16.3.1 研究过程

研究对象共531人：其中男生276人、女生255人。来自湖北省武汉市的一所幼儿园19人；两所小学共364人；一所初级中学148人。幼儿园大班和小学1～3年级各随机抽取20人作为被试，男女各半；小学4～6年级和初中1～3年级各随机抽取一个班级的学生作为被试。六个年龄组人数分别为：5～6岁25人；7～8岁78人；9～10岁113人；11～12岁177人；13～14岁98人；15～16岁40人。

幼儿园和小学1～3年级儿童采用结构性访谈表，其他年级采用调查问卷。结构性访谈表依据Barrett和Short（1992）设计的儿童的外国人观念的结构性访谈表修改而成。修改后的访谈表与原表的访题数目和表达方式基本相同，只用“中国人”替代“英国人”。该访谈表的内容包括以下五个部分：中国地理知识；中国人的生理特征、服饰、语言、习惯、个性特点等；关于中国人印象的信息来源；儿童对中国人的情感评价；儿童对包括中国在内的七个国家或民族人群的喜好排序等。调查问卷在结构、内容上与访谈表一致。

我们对幼儿园大班和小学1～3年级儿童采用个别访谈法收集资料，由经过统一培训的心理学专业本科生和研究生实施。个别访谈分别在幼儿园和其他学校的一间安静的房间里进行，访谈时一名访谈员访谈一名儿童，对幼儿园的儿童的访谈时间平均为8分钟，对小学1～3年级的儿童的访谈时间平均为4分钟。对于有配对形容词的问题（如“你认为中国人是聪明的或是不聪明的?”），形容词随机呈现以排除顺序效应。在对七个国家或民族人群进行排序后，访谈者再次询问儿童以确保排序无误。其余年级采用团体施测方式，直接填写调查问卷，主试为心理学专业本科生和研究生，施测中班主任予以协助。

访谈和调查结束后，我们使用SPSS 10.0对数据作统计处理。

16.3.2　研究结果

16.3.2.1　儿童心目中的中国人形象结果

总体而言，5～16岁儿童心目中的“中国人”的生理和外貌特征是：黄皮肤(80.6%)(百分数表示报告此项的人数与全体被试人数之比，下同)、黑头发（96.8%）、黑眼睛（74.0%），他们个子高（38.9%）而瘦（50.2%），身体强壮（67.7%），服饰漂亮（75.1%），人长得美丽（79.8%）。他们对中国人的评价为：快乐的(76.6%)、整洁的（78.5%）、好的（75.7%）、爱和平的（90.2%）、聪明的(87.0%)、勤劳的（84.4%）、讨人喜欢的（77.7%）。绝大部分儿童表示“很喜欢”成为中国人（79.7%）。

儿童对七个国家或民族人群的喜欢程度进行被试内重测分析发现，国别上有显著差异，F（4.34，2106.84）＝294.83，p＝0.00。配对比较（pairwise comparisons）发现，儿童最喜欢中国人（M＝6.57），其次是英国人（M＝4.19），其次是美国人

(M=3.70)、德国人（M=3.66）和俄罗斯人（M=3.51），再次是阿拉伯人（M=3.27），最后是日本人（M=2.13）。

16.3.2.2 不同年龄儿童对中国人评价的差异

用交叉卡方检验分析不同年龄组儿童评价的组别差异，结果表明，各维度都有显著组别差异（见表16-1）。

表16-1 儿童对中国人评价的组别差异（%）

维度	A组（5～6岁）	B组（7～8岁）	C组（9～10岁）	D组（11～12岁）	E组（13～14岁）	F组（15～16岁）	p
快乐的	88.0	89.7	85.0	75.6	59.2	67.5	<0.001
整洁的	84.0	81.8	86.7	76.8	67.3	80.0	0.047
好的	76.0	84.6	82.3	65.5	75.3	85.0	<0.001
和平的	60.0	74.4	92.9	96.6	91.8	100.0	<0.001
聪明的	76.0	83.3	90.3	83.6	91.8	95.0	0.015
勤劳的	80.0	76.9	92.9	84.7	80.6	85.0	0.004
讨人喜欢的	56.0	77.6	89.9	78.4	65.3	85.0	0.001
总评价（M）	3.43	3.61	3.75	3.56	3.45	3.65	0.001

对总评价的组别差异进行单因素方差分析发现，组别差异显著，$F(5,513)=4.927$，$p<0.001$。事后多重比较发现，C组显著高于A、D、E组。可见，尽管所有儿童对中国人的评价都很积极（$M>3.4$），但积极评价的程度有一定年龄差异。儿童对中国人的评价先有提高，在9、10岁时达到最高，随后显著下降，在13、14岁时最低，而后有所回升。

儿童喜欢成为中国人的组别差异的单因素方差分析结果显示，组别效应显著，$F(5, 520)=5.285$，$p<0.001$，事后多重比较发现，B组高于D、E、F组；C组高于D、E组。尽管大部分儿童喜欢自己是中国人，但是7～10岁儿童喜欢的程度最高，随后程度有显著下降。

16.3.2.3 儿童对中国人的评价与喜欢之间的相关

考察儿童对中国人的评价与喜欢成为中国人之间的相关，结果显示，$r_{总}=0.413$，$p<0.001$。其中，对A、B、C组而言，两者相关不显著（$r_A=0.184$，$p=0.380$；$r_B=0.150$，$p=0.199$；$r_C=0.139$，$p=0.152$）。但是对D、E、F组来说，两者有显著的相关（$r_D=0.480$，$p<0.001$；$r_E=0.570$，$p<0.001$；$r_F=0.409$，

$p=0.010$)。可以看出，对年幼儿童而言，对中国人的评价与其是否喜欢成为中国人相关不大；而年长儿童能够将两者结合考虑。

总体而言，被调查的中国儿童对中国人的形象倾向于作正面积极的评价，这与Barrett和Short（1992、2000）关于英国儿童对英国人形象的研究结果类似，与李本华、杨国枢对大学生对世界各国人民的刻板印象的研究结果一致，即被试对本国人持积极的刻板印象。研究也发现，中国儿童明显表现出内群体偏好，即在几个国家或民族人群中，对本国人群的喜好程度超过对其他人群的喜好程度，并且，儿童对成为一名中国人有积极的情感体验。这些结果说明，儿童初步认同了本国人群以及自己的国家身份。不过，尽管所有儿童都倾向于对中国人作正面积极的评价，但是随着年龄的增长，评价有所变化，正面评价先上升而后下降，而后有所回升。9～10岁组的评价最为积极，可能说明该年龄段是儿童对自己国家成员产生系统性偏好的时期；5～6岁组的评价较低，也许是因为他们只能从自己身边具体的人出发对中国人进行评价；而13～14岁组的评价略低，可能是由于随着年龄的增长，他们的认知能力日趋分化与复杂，他们发现中国人也有很多差异，所以评价更多样；到15～16岁时，青少年的认识更加深刻，不仅能从更抽象的角度评价中国人，而且基于维护中国人积极形象的目的，他们更加愿意积极地评价中国人。

然而，9～10岁儿童的评价最为积极，而且在15、16岁时评价有所回升，这些研究结果与国外研究有所不同。Aboud和Amato（2001）从认知发展的角度指出，儿童在6～10岁这个年龄段，认知系统发生着根本的变化（尤其是守恒、多重分类、对表面不同的群体其深层相似性的判断、注意内群体个体差异等认知能力的发展），这使得儿童逐渐对本国人群赋予更少的积极特质，而赋予更多的消极特征，所以5、6岁儿童对内群体的评价应该最为积极，从6岁起积极评价开始下降，到8、9岁时会发生显著的下降。Barrett（2000）研究发现，5～11岁英国儿童对英国人的评价随着年龄的增长而降低。他的另一项研究（2002）也得出类似的结果，5～7岁英国儿童比8～10岁英国儿童对英国人的评价要积极。而Karagezov、Kadirova和Barrett（2001）对6、9、12、15岁阿塞拜疆儿童的研究结果表明，9岁儿童对本国人群的评价最为积极，12、15岁都不如9岁儿童积极，并且15岁时也没有回升。由于这些研究使用的工具大体相同，因而结果的差异不能归因于研究工具的不同。Rutland（1999）用照片评定的方法对儿童进行研究发现，10岁以上儿童才会表现出内群体偏好。对于这些不一致的研究结果，研究者认为，对国民的评价不仅是认知发展问题，它还涉及更为复杂的社会性发展以及高级情感的发展。因此，要想深入了解儿童何时对本国人群的评价最为积极、它与认知发展的关系以及受哪些因素的影响等，还要进行大量实证研究。

在儿童国家身份认同的形成和发展过程中，对本国人群的评价与对自己国家身份的接受程度是有区别的，两者并不是完全对应的关系①。今后研究儿童国家身份认同时，应当把两者区别对待更为合适，至于为什么儿童会表现出这种差异有待今后进行深入的研究。

16.4 城市儿童对“中国人”的形象评价与信息来源

随着中国改革开放进程的加速，在现实生活中儿童喜欢吃西餐、观看日本动画片等现象已极为常见。随着中国加入世界贸易组织，中国儿童尤其是城市儿童获得外国人的信息以及与外国人直接的接触机会越来越多，但是我们尚不清楚这种变化会不会影响到儿童对中国人的总体印象评价。

城市儿童心目中对中国人的印象总体上是什么样的？他们对中国人的印象评价是否存在年龄差异？儿童进行印象评价时是否具备了一定的国家地理、国民特征等方面的知识？这些有关中国人印象的知识与信息的来源有哪些？这些问题都值得进行研究。

16.4.1 研究过程

研究对象为武汉市的幼儿园和小学儿童共 383 人，其中男生 204 人，女生179 人。华中师范大学附属幼儿园 19 人、付家坡小学 215 人、昙华林小学 149 人。幼儿园大班和小学 1～3 年级随机抽取男生、女生各 10 人，4～6 年级随机抽取班级。四个年龄组人数分别为：5～6 岁 25 人；7～8 岁 78 人；9～10 岁 113 人；11～12 岁 167 人。

研究工具方面，对幼儿园和小学 1～3 年级儿童，采用结构性访谈表；对小学 4～6 年级儿童，采用调查问卷。结构性访谈表是依据欧洲心理学者常用的 Barrett、Day 和 Morris（1990）设计的儿童的外国人观念的结构性访谈表稍作修改而成的，该结构性访谈表具备较好的信度、效度。修改后的访谈表内容包括以下五个部分：中国地理知识；中国人的生理特征、服饰、语言、习惯、个性特点等；关于中国人印象的信息来源；儿童对中国人的情感评价；以及儿童对包括中国在内的七个国家或民族人群的喜好排序。调查问卷在结构、内容上与访谈表一致。

---

① Kauffman 和 Zimmer（2004）认为每个人的国家认同同时包含族群身份和公民身份两种成分，只是在程度和形态上存在差异，有时公民身份认同占据主导地位，有时族群身份认同占据主导地位。

对幼儿园和小学1～3年级儿童采用个别访谈法，由经过统一培训的心理学专业本科生和研究生实施。对有配对形容词的问题（如“你认为中国人是聪明的或是不聪明的?”），形容词随机呈现以排除顺序效应。对七个国家或民族人群进行排序后，再次询问儿童以确保排序无误。对小学4～6年级儿童采用团体施测方式直接填写调查问卷，主试为心理学专业本科生和研究生，施测中班主任予以协助。

对原始数据进行如下编码：中国地理、国名、肤色、发色、眼色等题用3点记分；配对形容词题用4点记分；排序题用7点记分，7为最喜欢，1为最不喜欢。全部数据使用SPSS 9.0进行统计分析。

16.4.2 研究结果

16.4.2.1 城市儿童对于中国人的总体印象和年龄差异

总体而言，儿童心目中的中国人印象为：中国人的生理和外貌特征是黄皮肤(74.1%)、黑头发（98.4%)、黑眼睛（71.3%)，个高（42.4%）而瘦（47.6%)，身体强壮（73.9%)，服饰漂亮（78.2%)，人美丽（79.8%)。对中国人的人格印象评价见表16-2。

表16-2 儿童对中国人的总体印象评价（%）

维度	积极	一般、中等	有的是，有的不是	消极
快乐/不快乐	81.7	3.4	8.1	6.8
整洁/肮脏	81.2	3.7	7.9	7.3
爱和平/好攻击	88.5	2.3	7.0	2.1
聪明/不聪明	84.6	5.7	6.3	3.4
勤劳/懒惰	85.4	1.6	9.9	3.1
好/坏	74.7	2.3	20.4	2.6
讨人喜欢/嫌弃	80.1	2.7	7.7	9.6
喜欢/不喜欢	很喜欢85.2	一点点喜欢5.3	有点不喜欢6.3	很不喜欢3.2

儿童谈到“很喜欢”成为一名中国人的原因时，涉及国家的历史（7.7%)、文化（7.7%)、科技（4.8%)、地理（3.3%)、经济（2.6%)、教育（2.2%)，人民勤劳（11.4%)、整洁（8.5%)、爱和平（7.4%）等；有的谈到因为“我是中国人”(6.6%)、“要爱祖国”（5.5%）等，还有的是“不知道”（2.2%)。儿童对七个国家或民族人群的喜欢程度由高到低排列顺序为中国人、英国人、美国人等。不同年龄组的儿童对中国人印象的评价，表现出一定的差异性（如表16-3所示)。对七国国民的排序结果显示所有年龄组“中国人”的得分最高。在德国人的排序上，四组儿童存在差异（$p<0.05$)，其余的排名无显著的组别差异。

表 16-3　不同年龄组儿童对于中国人的积极评价的差异（%）

维度	5～6 岁	7～8 岁	9～10 岁	11～12 岁	p
快乐的	88.0	89.7	85.0	74.3	0.008
整洁的	84.0	80.8	86.7	76.6	0.224
爱和平的	60.0	74.4	92.9	96.4	0.000
聪明的	76.0	83.3	90.3	82.6	0.045
勤劳的	80.0	76.9	92.9	85.0	0.096
好的	76.0	84.6	82.3	64.7	0.031
讨人喜欢的	56.0	75.6	86.7	77.8	0.014
喜欢成为中国人	88.0	94.9	89.4	75.4	0.002

16.4.2.2　关于中国人的主要信息源及其年龄差异

儿童的主要信息源分别是电视（57.2%）、报纸（39.9%）、书刊与漫画（37.6%）、父母（33.4%）、朋友与同学（29.5%）、教师（27.9%）、收音机（13.3%）。不同年龄组儿童的信息源比较见表 16-4。

表 16-4　各年龄段儿童关于中国人印象的主要信息源（%）

信息源	5～6 岁	7～8 岁	9～10 岁	11～12 岁
朋友、同学	3.8	13.3	30.1	40.2
书刊、漫画	30.8	21.3	42.5	44.4
报纸	3.8	21.3	42.5	52.1
电视	15.4	45.3	58.4	68.0
老师	26.9	32.0	25.7	27.8
父母	34.6	50.7	26.5	30.2
自己观察	50.0	20.0	3.5	1.2

注：访谈表所列出的信息源中并没有“自己观察”这个项目，但有不少儿童主动报告。

16.4.2.3　儿童对中国人印象评价的学校与性别差异

在回答国名问题上，付家坡小学有 25.9%的儿童、昙华林小学有 42.95%的儿童的回答为“中华人民共和国”，两者有显著差异（$p<0.005$）。在中国人的眼色、

身高、力量问题上，付家坡小学作正确/正面回答的比例显著高于昙华林小学，对体型、财富的负面评价也显著高于昙华林小学。在评价项目上，两者无显著差异。除了在身高、财富问题上男、女儿童有显著差异外（$p<0.05$），其他项目上没有性别差异。

从儿童对地理知识、国民特征等方面的问题的回答情况可知，5～12岁儿童已经逐渐具有关于中国、中国人印象的基本知识。儿童对中国人的印象倾向于作正面积极的评价，这一结果与李本华、杨国枢关于“中国人对中国人的刻板印象的研究”的结果一致，即对本国人存在刻板印象偏好。一个国家的人对本国人作正面积极的评价，这可能是一种动机性的积极偏见，即出于维护自己国家国民形象的心理；也可能是一种非动机性的积极偏见或是一种投射作用，即把自己优良的人格特质迁移和归属到本国国民身上，从而认为自己的同胞也都是好的。我们认为，就儿童而言，这种对本国人的刻板印象偏好可能更多的是源于后者。

我们发现，在几个国家人群中，中国儿童对本国人群的喜好程度超过了对他国人群的喜好程度，看来尽管在现实生活中，许多儿童对外国人持有好感，但是在有比较的情况下，他们还是更喜欢中国人一些。尽管不同年龄组的儿童都倾向于对中国人作正面积极的评价，但是随着年龄的增长，这种评价是有所变化的，正面积极评价先上升而后下降。7～8岁组儿童和9～10岁组儿童作正面评价的百分数高于其他两组，可能说明该年龄段是儿童对自己国家/民族成员产生系统性偏好的时期。5～6岁组儿童也许还只能从自己身边具体的人出发对中国人进行评价，而11～12岁组儿童作积极评价的百分数略低，可能是因为随着年龄的增长，儿童认知能力日趋分化与复杂，主观心理成分的作用也逐渐增大的结果。

从儿童是否喜欢成为中国人的回答结果可以看出，尽管有极少数儿童回答不出具体的原因，但总体而言，他们已经对成为中国人产生了积极情感体验，列举的理由也是多种多样的。由此可见，儿童对本国人群的评价是基于一定的地理、国民特征等方面的知识，并不是凭空而来的。儿童积极的情感体验也应该是有缘由的，虽然理由有的较抽象有的具体，有的清晰有的模糊。而Tajfel（1972）发现，在几乎缺乏对外国人任何具体知识的情况下，儿童就可能对特征明显的外国人产生价值判断。两者的区别说明，儿童对不同群体的评价遵循着不同的策略。

儿童最主要的印象信息来源是电视、报纸、书刊、漫画等间接的媒介，其次才是人际间的直接交流，特别是与父母、同学和朋友、老师的交往。虽然儿童在现实生活中天天都可以与中国人接触，但他们对中国人的了解主要是间接地来自媒介，而父母、朋友、同学和老师等直接的信息来源并没有顺理成章地成为儿童了解中国人的主要途径。这可能暗示，在媒介迅猛发展的当代，要想有效地开展爱国主义教育，仅仅依靠人际交流是远远不够的，如何结合媒介、如何引导学生利用媒介资源来进行学习可能更为重要。另外，国外研究表明，儿童最主要的信息来源于与人们的交流，特别是与父母、祖父母的交流[①]。两者的差异应当更多地归因于文化的影响。比较儿童获取信息途径的年龄差异发现，年龄越大的儿童，其信息来源越多样化，而且主要信息源也由直接途径转变为间接途径。在5～6岁时，50%的儿童报告自己观察到的信息，到7～8岁时，父母成为主要的信息源（50.7%），到9～10岁时、11～12岁时，电视成为最重要的信息源，而且有上升的趋势（从58.04%上升到68%）。

另外，昙华林小学是爱国主义教育基地，付家坡小学为普通小学，按通常推理，两所小学的儿童对中国人印象的评价也应有所区别。但事实上，两所学校的儿童在回答国名、眼色、身高、力量等问题上没有出现系统性的差异，而且这些认知上的差异似乎也没有影响到儿童对中国人印象的评价。这是因为对本国人群产生系统性偏好受外在影响较小，还是因为两所小学的儿童获得信息的主要途径没有太大差异，或者存在其他原因，这值得我们更加深入研究。

结果还显示，这种印象评价没有性别差异。不过，在地理知识方面不存在性别差异这一点与国外的研究有所不同。有研究发现，在了解欧洲地理知识方面，6岁儿童存在性别差异。Barrett（1996）研究英国儿童欧洲共同感的获得时也发现，在回答国名、英国与欧洲孰大孰小、欧洲由哪些国家组成等问题时，6岁儿童存在性别差异，但存在性别差异的原因尚不清楚。这些研究与本研究不同的原因值得进一步探讨。

总之，中国城市儿童已经逐步具备关于“中国”、“中国人”的基本知识，他们倾向于对中国人印象作正面积极的评价。尽管不同年龄组的儿童都倾向于积极评价，但是随着年龄的增长，正面积极评价的人数有所下降。5～12岁城市儿童对于中国人的印象最主要的信息来源是电视，其次是报纸、书刊和漫画，再次是父母、朋友、同学和老师，最后是收音机。随着年龄的增长，信息来源出现多样化。不同学校的儿童对中国人印象的评价具有一致性。城市儿童对中国人印象的评价没有显示出性别差异。

① 祖父母是十分突出的信息源，尤其是在中国，儿童与他们的祖父母和外祖父母交流的时间有的甚至不会比和他们的父母交流的时间少。

17　青少年对中国和美国的社会表征

在《西游记》里面，我们总能发现，人们认为唐僧是信佛的人，孙悟空是妖怪，由此产生了太多误会。在我们的日常生活中，也会经常遇到这样的事，就拿对警察的态度来说，就有很多不同：小孩子们崇拜警察，认为他们威武、正直；而司机们认为警察既能帮人解困也能抓人违规；弱者则信赖警察，有困难时会找警察；犯罪分子痛恨警察，认为他们太狡猾。可见，不同的人群对同一事物总是会存在不同的理解，而这就是心理学中的社会表征。研究不同社会群体对不同客体的社会表征，作为欧洲社会心理学的经典课题，其相关研究也包括不同国家的国民对不同的国家及其国民的社会表征。

随着信息交流和人员往来的更加便捷，中国人和美国人相互之间的了解也越来越多，对对方的印象也更加关注。因此，关于“中国人”和“美国人”的印象，也是社会心理学关注的现实问题。从 20 世纪 70 年代开始，欧洲社会心理学已经从社会认知、刻板印象的角度研究了对不同国民的典型形象评价，中国心理学者也开始从自我归类理论和社会认同理论的角度研究这一主题。因此，本章从跨文化的角度探讨青少年、儿童对两国及两国国民的典型形象的评价，主要包括中国以及美国两个不同的空间范围内儿童、青少年对四个不同对象的社会表征情况，同时利用年龄差异考察随时间因素的变化情况，并采取社会表征理论理解和解释相关研究结果。

17.1　社会表征的理论

17.1.1　社会表征理论的源起

社会表征理论（social representations）最早介绍到社会心理学中来是源于欧洲社会心理学，由莫斯科维奇（Moscovici，1961）所做的 20 世纪 50 年代法国社会的表征心理分析所最先发起。在这一研究之后，莫斯科维奇在心理学中提出了社会表征这一概念。莫斯科维奇（1961）认为社会表征是指一系列观念、陈述和解释，起源于日常生活中个体之间的相互交流过程中；社会表征在我们的社会生活中与传统社会中的神话和信仰等是等价的，它们也可以说成是常识的替代说法。

在莫斯科维奇之前，Durkheim（1898）在社会学中提出了集体表征的概念，Durkheim首先区分了集体表征（collective representations）和个人表征（personal representations）。他所说的集体表征指知识的系统化的部分，如科学、宗教，由社会学者研究；而个体表征是可改变的，则由心理学者研究。集体表征是社会表征的最初形式，为社会表征理论的兴起奠定了基础。

实际上，社会表征理论与冯特的民族心理学[①]（Wundt，1900—1920）有着千丝万缕的关系。在民族心理学中，冯特考察了语言、巫术、神话、宗教以及它们与人们思维结构的心理学关联[②]，而这正是Durkheim集体表征概念的来源（Wagner，1999）。

17.1.2 社会表征的概念

社会表征理论的创立者莫斯科维奇（1988）不提倡对社会表征下定义，他（1963）对社会表征的理解是：社会表征是基于行动和交流的目的，社会大众对社会性客体的一种集体阐述的结果，是社会群体成员对某一主题的共享的知识体系，相当于平常所说的“常识”。

一般来说，当群体认同受到威胁时，以及当新异事物开始破坏社会规则时，社会表征过程就开始了[③]。莫斯科维奇（1973）曾指出，社会表征是“一种价值观、观点和实践的系统，有双重功能：一是建立一种规则，从而帮助个体适应自然和社会世界，并掌握这种规则；二是通过提供一种社会交往的符号，这种符号用来清晰地命名及分类他们的世界以及他们个体及群体历史的各个方面，这有助于社区成员之间的交流的发生”。

而Wagner（1999）提出社会表征是思想和感觉的总体，借由日常语言和行动者的外显行为表达出来，从而为社会群体确立某种对象。它是一个群体的所有成员在

---

① 冯特的民族心理学是冯特受到前人思想影响后创立的一个研究领域。在冯特对心理学的构想中，心理学应有两个分支，分别对应生理的和社会的（民族）。自1900年后，直至去世前一年的1920年，冯特一共出版了十大卷的著作《民族心理学》。

② 值得注意的是，冯特的民族心理学是一个内涵更为广泛的概念，与当前心理学中对民族的研究这一狭义的“民族心理学”概念并不相同。

③ 按照莫斯科维奇的观点，社会表征的出现本身是群体对于新生的、陌生事物进行“符号应对”的产物。

日常语言和行动中所共同建构的一种集体现象。

Martin 和 George（1999）认为社会表征可以表示为以下三个元素之间的关系，表征的主体或载体（subject），表征的客体指一种具体的事物或一个抽象的概念(object)，社会群体的某个项目或实际的场景，在这其中社会表征才有意义，三者构成相互支持的系统，而这其中项目调节主体与客体的关系。他们还认为社会表征有三方面的定义特征，第一，他们在一定的信息系统中形成；第二，他们有结构化的内容从而服务于信息系统及其参与者不同的功能；第三，他们包含在不同的模式(习惯行为、个体认知、非正式交流、正式交流）和媒介（肢体动作、语言、视觉图像以及非语言声音等）之中。也就是说，主体对客体的表征在一定的社会群体中有效，离开社会群体的信息交流谈不上社会表征，只能是个体认知。主体对客体的社会表征，通过四种媒介表达出来。研究者可以通过这些媒介来研究社会表征，语言是这其中使用得最多的。

从以上几类典型的社会表征的定义，可以看出，社会现实是社会表征的对象，群体的社会表征建构着社会现实，所谓的社会现实正是社会表征的现实，没有独立的、客观的社会现实。社会表征具有集体的性质，而这正是社会表征区分于认知的关键所在，社会表征由集体成员所共享。社会表征是知识和观念传播的结果。社会表征产生于社会交往、社会冲突以及社会争论之中。

社会表征是一系列相互作用的观念和形象的网络系统，这些观念和形象是随时间和空间不停变化的，而这种变化过程则是由社会交往的复杂度和速度所决定的，同时也受到交往媒介的限制。

17.1.3　中心系统与外围系统

社会表征理论认为，社会表征的结构可以区分为中心系统（central system）与外围系统（periphrel system）。中心系统由社会表征的中心因素组成，直接与历史的、社会的以及意识形态的条件相联系并被其所决定，同时强烈地带着其所涉及的规范系统的印记。中心系统形成了社会表征的集体共享的基础部分，决定了社会群体的同质性，是稳定的、一致的、不变的，对即时的社会环境不敏感。而外围系统依赖于情境和个体特质，整合个体的经验和历史，支持了社会群体的异质性，是灵活的，有时可能还是矛盾的，对即时的社会环境非常敏感。

外围系统是中心系统不可替代的补充，它反映了社会群体的现实性，是具体的现实世界和中心系统之间的分界面。相对于中心系统来说，外围系统更灵活，可调节中心系统和现实世界之间的差异，它最先感觉到挑战中心系统的新异信息并做出反应，其功能正像“保险杠”。外围系统充分考虑个体变量并将其整合至社会表征中去，因此，中心系统和外围系统在功能上是互补的（Abric，1993）。

社会表征的中心系统不仅要求在量上明显地更肯定表征，而且要求在质的分析上该维度或该项目能明确代表社会表征客体。中心系统决定了整个社会表征的含义，并在一定程度上确定了社会表征的构成。外围系统更适应具体的现实世界和具体的个体，允许在内容上的分化，在客观上起到了保护中心系统的作用。

在考察社会表征的中心系统和外围系统时，一般的方法是先计算对各维度肯定表征的百分比，然后对社会表征的维度之间两两进行卡方检验。中心因素和外围因素的维度之间差异都很显著，而同是中心因素或同是外围因素差异则不显著。中心因素比外围因素的表征更肯定。Guimelli（1993）研究了对于“团体”的社会表征的中心系统和外围系统，他要求被试判断“友谊”、“平等”、“观点相同”和“同样的社会背景”四个表达与“团体”的同义关系。结果，50%的人认为“友谊”和“平等”与“团体”是同义的，41%的人认为“相同观点”与“团体”是同义的，42%的人认为“同样的社会背景”与“团体”是同义的。他对这些百分比进行卡方检验，发现“友谊”和“平等”之间差异不显著，“相同观点”和“同样的社会背景”之间差异不显著，而两组词之间差异显著，因此确定“友谊”和“平等”是对“团体”社会表征的中心系统，“相同观点”和“同样的社会背景”是对“团体”社会表征的外围系统。

在利用以上量化方法分析得出了中心系统之后，有些研究会继续采用一种称为“怀疑”（calling into question）的技术来进行质化分析。在这种技术的使用中，会给被试呈现四个选项（①是非常典型的客体；②是不太典型的客体；③不是这个客体，但有点像；④不是这个客体，也不像），要求被试选择去掉某中心系统项目的客体符合哪一项，根据回答的结果，会将选项 1＋2 与 3＋4 的频次进行卡方比较，如果3＋4明显较多，则该项目是中心系统，反之亦然，从而得出更准确的中心系统（Flament，1994）。例如，要求被试选择一种没有翅膀的动物和一种不会飞的动物，判断是否确定是鸟。结果发现大多数被试对“没有翅膀”回答 3＋4，而对“不会飞”回答 1＋2，那么可以确定“有翅膀”是对鸟的社会表征的中心系统，而“会飞”则不是（Moliner、Tafani，1997）。

17.1.4 社会表征的研究方法

有研究者发现，几乎所有的社会科学的方法都曾被用到社会表征的研究之中，从人类学方法到实验方法，从图片资料到量表数据，分析方法从质化解释到多维度的量表编制，所有的方法在以往的研究中都有所涉及（Martin、George，1999）。

在社会表征的研究中，方法的讨论也是相当重要的，因为社会表征理论克服了个体和社会、主体和客体的区别。一般说来，对社会表征的研究方法的选用应该充分考虑被调查现象的复杂性和多样性，并关注其背景（Wagner，1999）。

以往对社会表征的研究中主要用到以下一些研究方法：人类学方法（anthropological methods）、访谈法（interview）、词语联想法（word association）、问卷法（questionaires）以及焦点组法（focus group）。

17.1.4.1 人类学方法

传统上，人类学方法是应用于调查社区的社会组织而使用的一种方法，人类学者通过对田野工作所收集的资料进行分析，从而进行解释性的分类工作。Jodelet（1989）所进行的有关精神疾病的社会表征则是采用的这种方法。他在法国中部的13个小村庄里进行，从20世纪初开始，这些小村庄接受精神病患者作为“寄宿者”在家庭中生活。Jodelet运用人类学方法考察了精神疾病与精神病患者的道德特点的关系，讨论了对精神疾病的社会表征与象征行为的关系，分析了这种社会表征对寄宿者以及房东的行为方式的影响（参见Duveen、Rosa，1992）。

17.1.4.2 访谈法

访谈法有助于研究者深入了解感觉、理解以及解释方面的信息（Sotirakopoulou、Breakwell，1992）。Pelcastre-Villafuerte和Garrido-Latorre（2001）用深度访谈法研究停经妇女对停经的社会表征。他们在1998年9月至10月访问了20位45～65岁的妇女，共收集了有关社会人口学变量、诊断、感觉及情绪、生活方式变化以及心理变化等几方面的资料。结果显示，停经被表征为生育能力的结束和老年的开始，停经的特征与妇女身体以及性能力相关。

17.1.4.3 词语联想法

词语联想法有利于保持被试社会表征的所有内容，在研究之前不具有先入为主的观点，因而研究结果更有说服力。Meier和Kirchler（1998）有关澳大利亚对欧元的社会表征的研究则采用词语联想法，534名被试被要求根据“欧洲统一货币”这一词语进行可以多达十个的自由联想并评价自己的联想是积极的、消极的或是中立的。研究共收集到1900个联想结果，其中1229个是完全不同的，根据对欧元的态度，将被试分为五类：强烈反对的、中等反对的、中立的、中等支持的、强烈支持的。这五类对欧元的社会表征分别为：对欧元持反对态度的被试一般认为货币的不稳定伴随着财政状况的恶化，对欧元持支持态度的被试一般认为货币统一有助于旅游业和贸易的增长。

17.1.4.4 问卷法

问卷法有助于研究者系统考查观点、态度以及知识等。问卷法可以调查相对大量的被试，提出相对大量的问题（Sotirakopoulou、Breakwell，1992），利用统计方法进行其他方法不能做到的维度分析、效应分析、差异分析等，结论往往有较强的说服力。在一项有关对攻击性的社会表征的研究中，就采用了攻击性表现型表征量表（EXPAGG），通过对在西班牙马德里做问卷调查获得的数据的多种统计处理，该研究得出有关攻击性的社会表征的三维结构，并发现了年龄和性别的显著效应(Jose Luis Grana Gomez 等，2003)。

17.1.4.5 焦点组法

焦点组法是利用小组讨论来收集信息，最早应用在第二次世界大战中和商业活动中，收集到的信息可以用来决定项目需求和进行项目设计与改进，目前在社会学及社会心理学研究中越来越受欢迎。焦点组一般由 6～12 人组成，小组成员在许多方面具有类似点，不同的焦点组往往在某一个特征上有显著区别，从而进行焦点组之间讨论结果的比较。小组需要就某一特定的主题进行讨论，小组讨论一般不超过 90 分钟。

Backstrom（2003）等所做的对新异食物的社会表征就用到这种方法。该研究将 44 名被试分配到 9 个在年龄、性别及教育背景上基本同质的焦点组进行讨论，对讨论结果的内容分析发现对新异食物的社会表征的五个二分的特征，分别是信任/不信任、安全/不安全、自然/人工、乐趣/必要以及过去/现在。

17.2 对中美两国社会表征的焦点组研究

通过组织不同年龄的青少年儿童进行焦点组讨论研究，选取武汉地区 4 个年龄段的班级，在这些班级中按座位随机组合的方式，每班学生分为 8 个组，每组 4～6 人，其中 4 组以自然中国人身份，分别评价中国人、美国人及中国、美国，另外 4 组则扮演美国人，分别评价中国人、美国人及中国、美国，每次讨论时间均为 30 分钟。

每个小组的任务是尽量用形容词来评价对象，最后在提出的形容词中选出最合适的 10 个。这样焦点组讨论研究，总共收集到 1033 个形容词以及描述性的名词或者主谓结果的表达方式。

为形成中美青少年儿童对美国和美国人、中国和中国人的社会表征问卷，并与美国问卷相对应，将以上有关国民的形容词进行了以下处理：

首先，将所有 585 个词录入 SPSS。其次，将无效词删除，如将“军事强大”、“素质教育发达”等不是描述国民的词删除。接着，将描述性的词改为恰当的形容词，如“遵守交通规则”改为“守法”等。然后，对意义显著相同、相近或相反的词用一个词代替，如“拼搏”、“没上进心”、“进取”等用“进取”代替，“美丽”、“漂亮”、“帅”、“酷”、“时尚”等用“漂亮”代替，有关外表方面的信息如“个高”、“眼蓝”、“胖”等也用“漂亮”代替，“热情”与“大方”用“热情”代替，“聪明”与“精明”用“聪明”代替，“大胆”、“传统”与“开放”用“开放”代替，“善良”、“仁慈”、“老实”与“纯朴”用“善良”代替。再用 SPSS 进行频数分析，结果分析出主要的 82 个词。接着，以出现频次在 10 次以上的形容词为主，经与小组成员的磋商，将与这些形容词意义相近或相反的词进行再次归类，形成 22 个词。最后，在尽量保留美国问卷中的 10 个词的基础上，经小组讨论，将频次最高的 22 个词归为“公正”一类，“幽默”归为“聪明”一类，“负责”归为“自私”一类，“真诚”归为“善良”一类，“自由”归为“开放”一类，“自主”归为“团结”一类，最后 16 个词形成正式问卷。总结出的 16 个形容词及其出现频次如表 17-1 所示：

表 17-1　16 个形容词及频次

形容词	频次	形容词	频次	形容词	频次	形容词	频次
热情	55	聪明	52	公正	44	漂亮	43
霸道	41	开放	39	竞争	37	勇敢	35
自私	31	友好	31	自大	28	善良	27
团结	26	富有	26	勤劳	16	爱国	13

对于有关国家的词，经过建立索引、归类和总结等内容分析过程，最后主要涉及历史、政治、经济、军事、科学、教育、自然资源等方面，因此形成了 10 个词组：历史文化悠久、自然资源丰富、科学技术落后、军事实力强大、经济繁荣富裕、政治民主自由、教育水平先进、国民素质文明、民族安定团结、社会问题严重（包括 2 个负性词组）。

其中，中国版中美青少年儿童对美国和美国人、中国和中国人的社会表征问卷除了增加了对国家的社会表征部分外，还在对国民社会表征部分增加了 6 个形容词，其他与美国版完全一致。

对于焦点组讨论的另一结果——形容词的排序情况，除了作为中国青少年对中国人、美国人以及中国、美国的社会表征的初步研究结果之外，还将这些词根据中性词/褒义词/贬义词、描述生理外貌/人格/社会道德两种方法进行归类后记频次，然后采用卡方检验的方法检验其差异显著性。因为是记数资料，只能采用卡方检验。值得指出的是，对于以自然中国人身份评价和扮演美国人评价，经检验其评价褒义/贬义/中性、描述生理外貌/人格/社会道德均表现出差异不显著，因此在频次计算时归为一类（见表17-2）。

表17-2 焦点组讨论形容词排序情况

		表征中国人	表征美国人
自然中国人	小四	智慧、勇敢、快乐、勤劳、有才华、善良、团结、诚实、坚强、遵守交通规则	骄傲自大、暴力、冷淡、美丽、机灵、个子高、好奇、自豪、活泼、贪心
	初二	穷、思想不开放、贪心、没有环保意识、爱国、谦虚、爱面子、善良、能言善辩、不文明	争强好胜、开放、大方、思想先进、乐观、想象力丰富、胆大、自以为是、罗曼蒂克、自由
	高二	传统美德、依赖性、没有素质、办事走捷径、保守、要面子、斤斤计较、老套、不择手段	横行霸道、开放、自私、开拓、创新、生活品质高、富裕、时尚、勇敢、好战
	大二	勤劳、善良、智慧、热情、保守、官僚主义严重、责任心不强、团结、立场不坚定、崇洋媚外	开放、民主、自由、自信、富有、狂野、大胆、强权、幽默、能干
扮演美国人	小四	善良、团结、伟大、爱国、勇敢、合作、助人为乐、孝顺、友谊、舍己救人	有钱、武器发达、欺负人、眼蓝、鼻翘、头发黄、架子大、坏、聪明、身体壮、说话不同
	初二	含蓄、憨厚、封建、勇敢、自私自利、朴素、忠心报国、文盲、心胸狭窄、保守	开放、幽默、创新、爱冒险、热情、喜欢体育、争强好胜、无理取闹、富裕、自由
	高二	自私自利、腐败、拼搏、和平、爱心、善良、封建、懦弱、无主见、法律意识淡薄	幽默、独立、开放、环保、生活有规律、经济条件好、热情、修养高、开朗、乐于助人
	大二	依赖性强、传统、喜欢对别人评头论足、虚伪、追求物质享受、懒惰、自卑、自大、重感情、易向权威低头	民主、自由、开放、自信、富有、创新、追求第一、强悍、霸道、高傲、幽默

续表

		表征中国	表征美国
自然中国人	小四	伟大、历史悠久、勇敢、富有、好玩、与众不同、奋发努力、物产丰富、美丽、变化多端	残酷、富有、军事强大、体育强大、侵略、先进、团结、有信心、干净、面积大
	初二	博大精深、风景优美、物产丰富、传统、历史悠久、发展迅速、广阔、贫穷、腐败、人口众多	开放、经济发达、先进、礼节多、昌盛、教育方式独特、建筑宏大、热情、善于交流、干净
	高二	历史悠久、文化丰富、民风淳朴、发展迅速、团结、爱好和平、资源丰富、缺乏民主、聪明、应试教育	发达、自由、暴力、阶级之分、适应性、种族歧视、穷人地狱与富人天堂、开放性思维、无奇不有、惜才
	大二	历史悠久、地大物博、传统文化、人口众多、礼仪之邦、山清水秀、繁荣富强、和平、民族众多、日益强大	发达、开放、个人主义、种族歧视、霸道、贫富分化、教育注重素质、重福利、爱管闲事、多政党竞争
扮演美国人	小四	美丽壮观、科技发达、人山人海、物产丰富、一望无际、名胜古迹、人间仙境、吃的东西多、雄伟壮大、智慧、发达	有钱、野蛮、残忍、强大、很坏、很讲究、干净、环境好、幅员辽阔
	初二	历史悠久、教育无聊、保守、贫富差距大、腐败严重、人口分布不均匀、和平、民族多、进步大	开放、自主能力强、科技发达、经济发达、繁华、素质教育好、旅游发达、交通发达、大方热情、移民国家
	高二	历史悠久、地大物博、资源丰富、有潜力、发展快、科技发达、稳定、人口多、素质低、基础教育好	富强、开放、国际交往中不和平、非常现实、电影与科技等发达、思想超前而丰富、爱国、重素质教育、种族歧视、有经济头脑
	大二	人多、文明、发展中国家、有威胁、专制、地大物博、农业落后、贫富差距、美食多、和平	经济发达、全球唯一超级大国、霸权主义、两党轮流执政、民主、言论自由、开放、重人权、自信、移民国家

从结果来看，首先，四个年级组对中国人的社会表征在褒贬评价上有差异，这表现为褒义词出现频次差异很显著（$\chi^2=11.905$，$df=3$，$p<0.01$）。其中，小学四年级组比初中二年级组、高中二年级组、大学二年级组对中国人的社会表征更加肯定，其社会表征中褒义词的出现频次更高，与其他三个组差异的显著性水平 p 值分别为 0.041、0.006、0.012。初中二年级、高中二年级和大学二年级三个组之间无显

著差异。相应的，小学四年级组对中国人的社会表征的贬义词的出现频次更低，显著性水平 p 值分别为 0.004、0.001、0.01。

另外，小学四年级组对中国人的社会表征，褒义词的出现频次显著高于贬义词的出现频次，其显著性水平 $p<0.001$，而其他三个组的褒义词与贬义词的出现频次并无显著差异。

表 17-3　中国青少年对中国人社会表征按词类频次归类

平均年龄	生理外貌词	人格词	社会道德词
10.4	0	17	3
13.2	0	19	1
16.4	0	18	2
19.3	0	18	2

通过对表 17-3 的检验，发现不同年龄段的中国青少年对中国人的社会表征在词类构成上差异不显著。结果还显示，四个年龄段的青少年都是从人格和社会道德两方面进行表征，更多从人格方面进行表征，这种差异的显著性水平 $p=0.002$。

小学四年级组比初中二年级组、高中二年级组、大学二年级组对美国人的社会表征更加否定，其社会表征中褒义词的出现频次较低，与其他三个组差异卡方检验结果为（$\chi^2=4.167$，$df=1$，$p=0.041$）。但小学四年级组对美国人的社会表征的贬义词的出现频次与其他三个年龄组相比差异并不显著（见表 17-4），其原因在于小学四年级组显著地用中性词对美国人进行表征，如头发黄、说话不同等。

此外还发现，初中二年级组、高中二年级组、大学二年级组对美国人的社会表征中褒义词的出现频次显著地高于贬义词，其显著性水平 $p=0.002$。

表 17-4　中国青少年对美国人社会表征按词性频次归类

平均年龄	褒义词	贬义词	中性词
10.4	7	7	6
13.2	17	3	0
16.4	17	3	0
19.3	17	3	0

通过对表 17-5 的检验，发现不同年龄段的中国青少年对美国人的社会表征在人

格词的出现频次上差异不显著，但小学四年级组更多地从生理外貌上对美国人进行表征，差异很显著，显著性水平 $p=0.013$。另外，对美国人的社会表征是从生理外貌、人格和社会道德三方面进行表征，这三者之间有差异，更多地从人格方面进行表征，这种差异的显著性水平 $p=0.002$。

表 17-5　中国青少年对美国人社会表征按词类频次归类

平均年龄	生理外貌词	人格词	社会道德词
10.4	7	12	1
13.2	0	20	0
16.4	0	17	3
19.3	0	20	0

将各年龄段对中国人评价的褒义词与对美国人评价的褒义词进行卡方检验，得到如下结果（见表 17-6）：

表 17-6　对中国人美国人社会表征褒义词卡方检验的结果

	小四	初二	高二	大二
χ^2	6.259	2.462	5.261	4.167
p	0.012	0.117	0.022	0.041

可以看出，小学四年级组对中国人的社会表征比对美国人的社会表征更肯定，且差异显著；而高中二年级组和大学二年级组对美国人的社会表征比对中国人的社会表征更肯定，且差异显著；初中二年级组对两者的差异不显著。

再次，对中国的社会表征结果见表 17-7，检验后发现褒义词、贬义词及中性词出现频次在四个年龄段上无显著差异，但小学四年级组、高中二年级组及大学二年级组对中国的社会表征中，褒义词的出现频次显著地高于贬义词和中性词，显著性水平 $p<0.001$，初中二年级组的差异不显著。

表 17-7　中国青少年对中国社会表征按词性频次归类

平均年龄	褒义词	贬义词	中性词
10.4	20	0	0
13.2	11	6	3
16.4	17	1	2
19.3	15	3	2

最后，中国青少年对美国的社会表征，褒义词、贬义词及中性词出现频次在四个年龄段上无显著差异，但四个年龄组对美国的社会表征中，褒义词的出现频次均显著地高于贬义词和中性词，显著性水平 p 值分别为 0.035、0.001、0.002、0.035（如表 17-8 所示）。

表 17-8　中国青少年对美国社会表征按词性频次归类

平均年龄	褒义词	贬义词	中性词
10.4	12	5	3
13.2	19	0	1
16.4	14	6	0
19.3	12	5	3

同样，将各年龄段青少年儿童对中国评价的褒义词与对美国评价的褒义词进行卡方检验，得到如下结果（如表 17-9 所示）：

表 17-9　对中国与美国社会表征褒义词卡方检验的结果

	小四	初二	高二	大二
χ^2	2.000	2.133	0.290	0.333
p	0.157	0.144	0.590	0.564

结果表明，差异均不显著，也就是说，四个年龄段青少年儿童对中国与美国的社会表征在肯定和否定方面没有显著差异。

17.3　对两国国民及国家的社会表征的问卷调查

17.3.1　社会表征的问卷编制

对问卷进行正式施测，探索对两国国民及国家的社会表征的维度，了解不同年龄、不同国别的青少年儿童对两国国民及国家社会表征的总体以及在各维度和部分项目上是否存在本民族偏好，分析中国青少年儿童对两国国民及国家社会表征的年龄发展情况，找出不同年龄、不同国别的青少年儿童对两国国民及国家的统一的社会表征内容，考察个体与不同国家国民的相似情况并比较个体与本国国民在各项目上的相似情况，另外分析有关重要人口学变量对社会表征的影响。

最终问卷的施测时间为 2004 年 12 月 2 日至 12 月 18 日，中国版问卷共发放 1100 份，收回 952 份，回收率约为 86.5%；其中有效问卷 898 份，有效率约为 94.3%。被试来源：①高中被试问卷。武汉市十五中回收 103 份，华师一附中回收 92 份。②初中被试问卷。武汉市三十八中回收 111 份，三十三中回收 96 份。③小学被试问卷。街河市小学回收 85 份，保安街小学回收 88 份。④大学被试问卷。湖北经济学院回收 168 份，湖北水利水电职业学院回收 112 份，武汉通信指挥学院回收 97 份。另外，美国版问卷大学被试来源于普林斯顿大学，回收问卷 106 份。

美国版问卷对国民的社会表征仅包括中国版问卷的十六个项目中的十个项目，不包括中国版问卷的有关国家的社会表征，因此对国民的社会表征分别对两个版本问卷数据进行因素分析，然后再比较差异，而对国家的社会表征则以中国版问卷为最终结果。

对各评价目标对象（国民或国家）利用主成分分析法经过探索性因素分析，采用斜交法旋转后，分别得到一些维度，维度选择的标准是特征值（eigenvalues）大于 1，随后在专家小组内对这些维度进行命名。

就对国民的社会表征而言，中国版与美国版问卷均得出三个维度，即性格维度、气度维度和公德维度。其中有代表性的词语略有差异，因为中国版问卷是十六个词，而美国版问卷是十个词，所以在归纳有代表性的词语时，按照词语在同一维度出现的频次进行确定，即美国版问卷所包含的十个词在四次因素分析中在同一维度上出现三次则被确定为该维度的代表词，而另外的六个词语在两次因素分析中在同一维度均出现则被确定为该维度的代表词。因为“竞争”、“富有”和“漂亮”三个词在因素分析过程中极不稳定，所以以下统计中不包含上述三个项目，统计各词语在各维度上的出现频次得到图 17-1 和图 17-2。

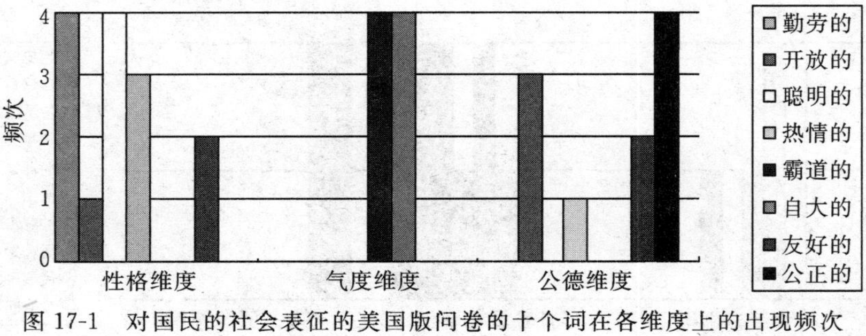

图 17-1　对国民的社会表征的美国版问卷的十个词在各维度上的出现频次

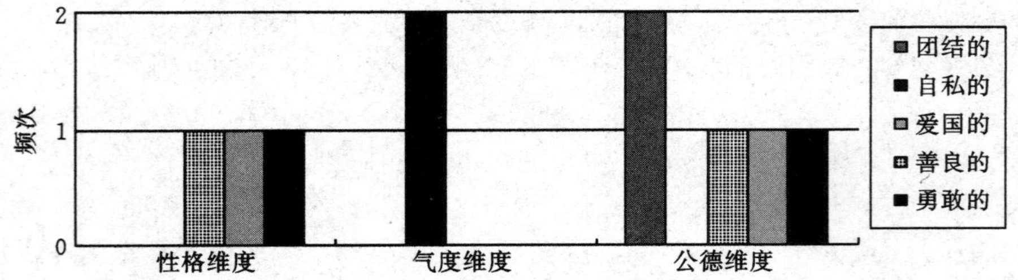

图 17-2　对国民的社会表征的中国版问卷的六个词在各维度上的出现频次

由两图可得出三个维度的主要代表词，见表 17-10。

表 17-10　对国民的社会表征的维度及代表词

维度	词语
性格维度	聪明、勤劳、热情
气度维度	自大、霸道、自私
公德维度	公正、开放、团结

除上述九个稳定的词语之外，美国版问卷中“友好”在性格维度和公德维度上均出现两次。无论是中国人还是美国人在对中国人进行社会表征时，“友好”在性格维度上；而对美国人进行社会表征时，“友好”在公德维度上。“竞争”一词，美国人在进行社会表征时把它归为性格维度，而中国人则把它归为公德维度或气度维度。“富有”一词在各维度的出现无规律可循。

在中国版问卷中，除“自私”和“团结”外，另外四个词为“善良”、“爱国”、“勇敢”和“漂亮”。中国人在对中国人进行社会表征时，这四个词被归为性格维度；而对美国人进行社会表征时，这四个词被归为公德维度。

对国家的社会表征因为只包含在中国版问卷中，因此按照两次因素分析中在同一维度均出现被确定为该维度的代表词的原则，图 17-3 是统计各词语在各维度上的出现频次。

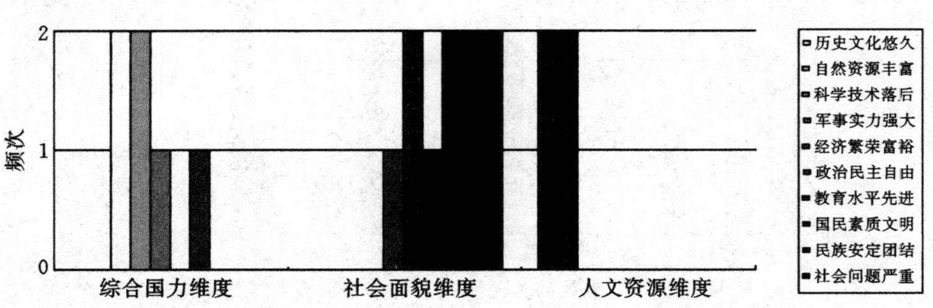

图 17-3　对国家的社会表征的十个词语在各维度上的出现频次

由图可得出三个维度的主要代表词，见表 17-11。

表 17-11 对国家的社会表征的维度及代表词

维度	词语
综合国力维度	科学技术落后、军事实力强大
社会面貌维度	政治民主自由、国民素质文明、民族安定团结、社会问题严重
人文资源维度	自然资源丰富、历史文化悠久

除上述八个稳定的词语之外，另外的“教育水平先进”及“经济繁荣富强”，在中国人对中国进行社会表征时，被归为社会面貌维度；在中国人对美国进行社会表征时，被归为综合国力维度。

17.3.2 中美青少年对两国国民社会表征的偏向性

17.3.2.1 中美青少年对两国国民社会表征的总体偏向性比较

对两国国民的社会表征配对 t 检验，发现中国不同年龄段青少年儿童更加肯定地评价中国人，美国 19 岁青年也更肯定地评价中国人，即对中国青少年儿童来说内群体偏好是存在的（见表 17-12）。

表 17-12 对两国国民的社会表征配对 t 检验

年龄段	中国人均值 M	美国人均值 M	r	p	t	p	肯定评价
10 岁	4.8613	3.7047	0.019	0.808	13.041	0.000	中国人
13 岁	4.7756	4.0029	0.062	0.387	9.625	0.000	中国人
16 岁	4.0900	3.8882	−0.046	0.535	2.528	0.012	中国人
19 岁	4.3983	4.0007	0.038	0.472	8.646	0.000	中国人
美国 19 岁①	4.0105	3.8657	0.318	0.001	2.307	0.023	中国人

继续对不同维度进行比较，发现在性格维度和气度维度上，四个年龄段中国青少年儿童以及美国 19 岁青年更肯定地评价中国人，而在公德维度上，情况有所分化，只有 10 岁和 13 岁年龄段的中国青少年儿童更肯定地评价中国人，其他年龄段和美国 19 岁青年更肯定地评价美国人。

17.3.2.2 中美青少年对两国国民社会表征维度项目的偏向性比较

具体来看，中国青少年儿童对两国国民的社会表征在各项目上均有显著性差异

① 美国 19 年龄段为十个项目平均分检验结果，其他为十六个项目平均分检验结果。

($p<0.001$)。在性格维度的三个项目上，中国青少年儿童均更肯定地评价中国人，认为中国人比美国人更勤劳、更聪明、更热情；在气度维度的三个项目上，中国青少年儿童对中国人的评价更积极，也就是说，认为美国人比中国人更自大、更霸道、更自私；在公德维度的三个项目上，中国青少年儿童认为中国人比美国人更公正、更团结，而美国人比中国人更开放。可见，前述中国 16 岁和 19 岁年龄段认为美国人在公德维度上得分较高与总体分析的差异情况可能主要体现在 16 岁和 19 岁年龄段认为美国人更开放这点上（见表 17-13）。

表 17-13　中国人对两国国民社会表征项目的比较

	M	r	p	t	p	肯定评价
中国人—勤劳	5.04	0.028	0.408	17.249	<0.001	中国人
美国人—勤劳	3.91					
中国人—聪明	5.08	0.034	0.316	9.972	<0.001	中国人
美国人—聪明	4.48					
中国人—热情	4.94	0.012	0.731	11.044	<0.001	中国人
美国人—热情	4.24					
中国人—霸道	2.41	−0.027	0.423	−33.243	<0.001	中国人
美国人—霸道	4.79					
中国人—自大	2.82	−0.031	0.356	−22.991	<0.001	中国人
美国人—自大	4.56					
中国人—自私	3.08	0.085	0.011	−14.841	<0.001	中国人
美国人—自私	4.13					
中国人—公正	3.95	−0.116	0.001	5.667	<0.001	中国人
美国人—公正	3.50					
中国人—团结	4.52	−0.025	0.447	6.875	<0.001	中国人
美国人—团结	4.03					
中国人—开放	3.68	−0.263	0.000	−18.734	<0.001	美国人
美国人—开放	5.12					

除此之外，美国 19 岁青年对两国国民的社会表征结果显示，在性格维度的三个项目上，美国 19 岁青年认为中国人比美国人更聪明、更勤劳，而美国人比中国人更热情；在气度维度的两个项目上，美国 19 岁青年认为美国人更自大、更霸道；在公德维度的两个项目上，美国 19 岁青年认为美国人更开放，认为两国国民在公正上没有显著的差异。同样，前述公德维度偏向性分析结果所表明的美国 19 岁青年认为美国人在公德维度上得分较高，这与总体分析形成的差异情况可能也是因为美国 19 岁

青年认为美国人更开放。另外，他们在热情项目的偏向性评价上与中国被试形成了对比（结果见表 17-14）。

表 17-14　美国人对两国国民社会表征项目的比较

	M	r	p	t	p	肯定评价
美国人—勤劳 中国人—勤劳	4.53 5.47	0.290	0.002	−8.167	<0.001	中国人
美国人—热情 中国人—热情	3.91 3.59	0.296	0.002	2.354	0.020	美国人
美国人—聪明 中国人—聪明	3.76 5.01	0.355	0.000	−10.962	<0.001	中国人
美国人—自大 中国人—自大	4.72 2.99	0.039	0.689	10.982	<0.001	中国人
美国人—霸道 中国人—霸道	4.13 2.92	0.153	0.118	8.088	<0.001	中国人
美国人—公正 中国人—公正	3.88 3.60	0.207	0.033	1.968	0.052	
美国人—开放 中国人—开放	3.68 2.80	0.146	0.138	5.775	<0.001	美国人

17.3.2.3　中国青少年儿童对两个国家社会表征总体偏向性比较

对两个国家的配对 t 检验发现，中国 10 岁、13 岁儿童更肯定地评价中国，16 岁、19 岁青少年更肯定地评价美国，对本国的偏向性表征在低年龄段上表现明显(见表 17-15)。

表 17-15　对两个国家的社会表征配对 t 检验

年龄段	中国均值 M	美国均值 M	r	p	t	p	肯定评价
10 岁	4.7800	4.0594	−0.162	0.04	6.395	<0.001	中国
13 岁	4.5410	4.3585	0.053	0.459	2.143	0.033	中国
16 岁	3.7092	4.2049	−0.053	0.477	−6.812	<0.001	美国
19 岁	3.9354	4.2203	−0.045	0.397	−5.439	<0.001	美国

17.3.2.4　中国青少年对两个国家社会表征各维度偏向性比较

根据两个国家的社会表征人文资源、综合国力和社会面貌三个维度配对 t 检验结果，就每个维度来说，在人文资源维度上，四个年龄段的青少年儿童都更肯定地评价中国；在综合国力维度上，10 岁儿童更肯定地评价中国，其他三个年龄段都更肯定地评价美国；在社会面貌维度上，10 岁儿童更肯定地评价中国，13 岁、16 岁年龄段更肯定地评价美国，而 19 岁年龄段在对两国的社会面貌评价上没有显著差异。

17.3.2.5 中国青少年对两个国家社会表征维度内项目偏向性比较

中国青少年儿童对两国的社会表征在各项目上均有显著差异（$p<0.001$）。在人文资源维度的两个项目上，中国青少年儿童认为中国比美国历史文化更悠久、自然资源更丰富；在综合国力维度的两个项目上，中国青少年儿童认为美国比中国军事实力更强大，中国比美国科学技术更落后；在社会面貌维度的四个项目上，中国青少年儿童认为美国比中国政治民主更自由、国民素质更文明，但社会问题也更严重，而中国比美国民族更安定团结。因此中国 16 岁、19 岁青少年更肯定地表征美国，可能主要表现在综合国力维度和社会面貌维度上的科学技术、军事实力、政治民主、国民素质几个项目上，结果见表 17-16。

表 17-16　对两个国家社会表征各项目的比较

	M	r	p	t	p	肯定评价
中国—历史文化悠久	5.84	−0.051	0.125	52.741	<0.001	中国
美国—历史文化悠久	2.65					
中国—自然资源丰富	5.18	0.045	0.175	18.663	<0.001	中国
美国—自然资源丰富	3.93					
中国—科学技术落后	3.40	−0.098	0.003	17.824	<0.001	美国
美国—科学技术落后	1.97					
中国—军事实力强大	4.05	−0.095	0.004	−15.407	<0.001	美国
美国—军事实力强大	5.14					
中国—政治民主自由	3.85	−0.145	0.000	−5.170	<0.001	美国
美国—政治民主自由	4.28					
中国—国民素质文明	3.72	−0.115	0.001	−7.520	<0.001	美国
美国—国民素质文明	4.28					
中国—民族安定团结	4.69	−0.004	0.916	13.113	<0.001	中国
美国—民族安定团结	3.78					
中国—社会问题严重	3.42	0.194	0.000	−9.645	<0.001	中国
美国—社会问题严重	4.10					

17.3.3 中国青少年对两个国家及两国国民社会表征的发展趋势

美国被试仅有19岁年龄段，中国被试则包括四个年龄段，因此在讨论发展趋势时，本章的研究仅关注中国青少年儿童被试的情况。以年龄段为自变量，以对中国人和美国人、中国和美国的社会表征的平均分为因变量。需要说明的是，在这里同样取正向计分的数据计算平均分，然后进行多因变量方差分析（multivariate analysis of variance）。结果发现，对中国人的社会表征有显著的年龄差异，$F(3,894)=42.919$，$p<0.001$。事后多重比较（LSD法）发现，10岁和13岁显著高于16岁和19岁，10岁和13岁间没有显著差异，19岁显著高于16岁。发展趋势为：10岁年龄段对中国人的社会表征最肯定，然后下降，16岁时最否定，到19岁时又有所提升。

对美国人的社会表征有显著的年龄差异，$F(3,894)=7.087$，$p<0.001$，事后多重比较（LSD法）发现，10岁显著低于13岁、16岁、19岁，13岁、16岁、19岁间无显著差异。发展趋势为：10岁年龄段对美国人的评价最否定，然后上升，到16岁年龄段略有回落，到19岁再上升至最高。

对中国的社会表征有显著的年龄差异，$F(3,894)=79.745$，$p<0.001$，事后多重比较（LSD法）发现，10岁显著高于13岁、16岁、19岁，13岁显著高于16岁、19岁，16岁显著低于19岁。发展趋势为：10岁年龄段对中国的评价最肯定，然后不断下降，越来越否定，16岁最否定，到19岁有所提升。而这与对中国人的社会表征的发展趋势非常接近。

对美国的社会表征有显著的年龄差异，$F(3,894)=4.679$，$p=0.003$，事后多重比较（LSD法）发现，10岁显著低于13岁、19岁，13岁显著高于16岁、19岁，10岁和16岁、16岁和19岁没有显著差异。发展趋势为：10岁年龄段对美国的社会表征最否定，13岁上升至最高，到16岁年龄段明显回落，19岁再上升。

17.3.4 社会表征项目的“中心”与“外周”研究

根据中心系统与外围系统理论，中心系统是稳定的内核部分，要考察中心系统和外围系统，一般进行卡方检验。因此在本章的研究中，要想考察各社会表征客体的中心系统和外围系统，必须先对问卷中的各项目计算同意的百分率，然后对该百分率两两进行卡方检验，问卷中有些项目是否定的，有些项目不同意的百分率较高，一律对其进行了相关处理，使参与卡方检验的百分率都在50%以上。

使用卡方分析后，结果发现对不同的社会表征主体来说，对同一社会表征客体的中心系统是不一样的，表17-17显示出汇总的情况。

表 17-17　中美青少年对各社会表征客体的中心系统汇总表

评价主体	中国人	美国人	中国	美国
美国 19 岁青年	勤劳、聪明、竞争、不开放、不霸道	竞争、自大、勤劳、友好、富有	历史文化悠久、自然资源丰富、民族安定团结	经济繁荣富强、教育水平先进、军事实力强大、科学技术不落后、国民素质文明、政治民主自由、历史文化不悠久、社会问题严重
中国青少年儿童	友好、聪明、善良、爱国、勤劳、热情、勇敢、漂亮、不霸道、竞争、团结	富有、竞争、开放、聪明、不霸道、爱国、不自大、勇敢、热情、不自私、团结		
总体被试	勤劳、聪明、竞争、不霸道	竞争、富有		

对中国青少年儿童自己各项目的频次分析发现，有 80.7%的中国青少年儿童认为自己是勤劳的，89.5%认为自己是聪明的，76.2%认为自己是竞争的，74.5%认为自己是不霸道的。同样，对美国 19 岁青年自己各项目的频次分析发现，有 86.8%的美国 19 岁青年认为自己是竞争的，有 41.9%的认为自己是富有的。除富有项目可能因为被试是青年人的原因，同意所占百分比与总体出现差异，其他是可以与上述结果相互印证的。

17.4　总体分析与讨论

17.4.1　两国国民与国家的社会表征维度分析

17.4.1.1　对国民的社会表征维度分析

研究假设国民的社会表征不是单维的结构，存在体貌的、性格的、经济的、道德的四个维度，实际却发现了三个一致的维度——性格的、气度的、公德的。从结果中各项指标情况来看，研究数据适合进行因素分析，因素分析的结果也比较一致。与假设相同和分歧的情况及原因如下：

第一，实际得出的性格维度基本与假设一致。公德维度主要涉及公共道德方面，与假设的道德维度也有一致的地方，是道德中偏向公共的部分。气度维度可以说是对于性格和道德更细致的一种解释，是性格和道德中更倾向于为人的气量方面的一些词语。可见，问卷主要关注性格及道德方面，而且焦点组讨论也发现中国青少年儿童更多地从人格与社会道德方面进行社会表征。

第二，有关与假设的维度不同的方面，因为问卷涉及的词语量很有限，为尽量与美国研究有可比性，研究问卷中的词语基本上统一了有关体貌方面的词语，如“个高”、“眼蓝”、“肤白”等全用“漂亮”代替，而美国版问卷中不包含“漂亮”一词，完全忽略了这方面的信息。因此，在中国版问卷中，“漂亮”在性格维度和公德维度上均有出现，体貌方面的信息完全不可能归为一个维度了。对于明显表明与经济相关的词语——“富有”，同样因为没有相应的能够归为一个维度的词语信息，因此作为与经济相关的“富有”在各维度的出现都无规律可循，也不能单独组合为一个维度。

第三，对国民的社会表征与假设相同的四个维度是隐含在其中的，但因为问卷的编制必须充分考虑到在两国的适用性，因此没有刻意去导出这四个维度。

17.4.1.2 对国民的社会表征维度代表词的分析

在研究中，有些词语在不同维度中均有出现，可以通过文化差异或语言差异的问题来解释这种情况。

有关文化差异，对不同文化的国民来说，不同的词语会有不同的维度归类。譬如同是“友好”一词，无论是中国人还是美国人在对中国人进行社会表征时，“友好”在性格维度上；而对美国人进行社会表征时，“友好”在公德维度上。可能的解释是，中国人的“友好—不友好”是一种个人素养，而美国人的“友好—不友好”是一种社交礼仪。同“友好”一词相似，中国版问卷中的“善良”、“爱国”、“勇敢”，在对中国人进行社会表征时这三个词被归为性格维度；而在对美国人进行社会表征时，这三个词被归为公德维度。

有关语言差异，对同样的词，不同的文化背景下的国民会有不同的理解，这主要涉及社会表征的主体是中国人还是美国人。譬如同是“竞争”一词，美国人在进行社会表征时，把它归为性格维度；而中国人在进行社会表征时，把它归为公德维度或气度维度。美国人是富于竞争的，这已经可以代表美国人的民族性格；而中国人是富于谦让的，这是一种传统道德，也是一个人是否有气量的表现。王登峰、崔红（2003）在《中西方人格结构的理论和实证比较》中也指出，“中西方人格结构的差异主要来源于人们对行为的理解和归类的差异，只要存在着行为出现频率和对行为意义解释方面的差异，人格结构的差异就是必然的”。对同一词语的不同理解归根结底应该也是文化差异。

对中国的社会表征，最重要的维度是社会面貌维度，其次是综合国力维度，最后是人文资源维度；而对美国的社会表征，最重要的维度是综合国力维度，其次是社会面貌维度，最后是人文资源维度，因为这是中国版问卷独有的部分。因此可以得出的结论是：中国的政治问题、民族问题、社会问题以及国民素质是中国人比较关心的重要问题；而美国的军事实力和科学技术是中国人比较关心的重要问题。这符合一般常识，中国人生活在中国社会，当然更清楚地了解也更关心社会面貌，而不是综合国力；中国人无论是从广播、电视还是从其他媒体上，对美国的了解更多的还是其综合国力，而且作为中国人，关心美国的综合国力甚于社会面貌，也有民族自尊心的作用。

17.4.2 两国国民与国家的社会表征发展特点

中国青少年对中国人与对中国的社会表征的发展趋势非常接近，都是在10岁年龄段的社会表征最肯定，然后缓慢下降，16岁最否定，到19岁有所提升。在三个维度或代表了大多数变异的两个维度上的年龄变化趋势与总的年龄变化趋势也完全吻合，可以说具有相当的一致性。

对美国人和对美国的社会表征的发展趋势非常接近，都是在10岁年龄段的社会表征最否定，然后上升，到16岁年龄段略有回落，19岁再上升。就不同维度来说，对美国人的社会表征总的年龄变化趋势与性格维度和公德维度这两个解释大多数变异的维度的发展趋势相吻合。对美国的社会表征，人文资源维度和社会面貌维度，在10岁和13岁年龄段上得分较高，在16岁和19岁年龄段上得分较低；综合国力维度，在10岁和13岁年龄段上得分较低，在16岁和19岁年龄段上得分较高。可见，对美国的认识，不同年龄段的中国青少年儿童在不同维度上呈现出几乎迥异的结果。年龄较小的儿童对美国的信息了解相对较少，比较局限，在问卷所涉及的十个方面都表现出这样的情况；而随着年龄的增长，他们的经历和信息量越来越丰富，通过不同渠道在不同方面对美国有了更多的了解，因此也越来越趋于稳定状态。这同时可以解释对美国和美国人的社会表征趋势接近的原因。

10岁年龄段的中国青少年对中国（人）的表征最肯定，对美国（人）最否定，呈现完全相对的状态；而13岁、16岁和19岁年龄段总体来说对中国（人）和美国（人）的表征都较高；10岁年龄段的个体对自己所属的内群体有相当程度偏好，社会表征相当积极，而对外群体则要否定一些，其民族认同也是显而易见的；到13岁时，对中国（人）的社会表征仍然非常肯定，对美国（人）的表征也更加肯定，这个年龄段获得了相当的有关美国（人）的知识，有了一些自己的肯定的看法，但这并没影响到已有的对中国（人）的肯定表征；到16岁时，对中国（人）的表征降到最低，而对美国（人）的表征也有所降低，这个年龄阶段开始否定自己已有的观念信息，也就是通常所说的反叛；在过了这个反叛期以后，到19岁时无论对中国（人）还是美国（人）都开始逐渐趋于稳定和更肯定的社会表征。

17.4.3 社会表征结果与中心系统

对中国人社会表征的中心系统是勤劳、聪明、竞争和不霸道，对美国人社会表征的中心系统是竞争和富有；对中国社会表征的中心系统是历史文化悠久、自然资源丰富和民族安定团结，对美国社会表征的中心系统是经济繁荣富强、教育水平先进、军事实力强大、科学技术不落后、国民素质文明、政治民主自由、历史文化不悠久和社会问题严重。之所以没有继续采用“怀疑”技术进行质性研究，是因为人的个体差异性太大，不可能有适合于任何个人的特质形容词，质性研究意义不大。

美国 19 岁青年与中国青少年儿童对中国人、美国人社会表征的中心系统并不完全相同，有些项目在美国 19 岁青年表征时是中心系统，而在中国青少年儿童表征时则是外围系统。对美国人的社会表征甚至完全是相反的情况，美国 19 岁青年对美国人的社会表征的中心系统是自大，而中国青少年儿童对美国人社会表征的中心系统是不自大，所以社会表征的中心系统和外围系统是一个变化的概念，是随调查对象的范围变化的，而且随着调查对象范围的扩大，对社会表征对象的真正一致的、稳定的、不变的社会表征会越来越难获得，不同的社会群体对同一对象的表征往往受个人生活环境和成长经历的深刻的影响，而这些又是有着千差万别的，导致不同群体的社会表征的中心系统又往往有很大的区别。Bergman（1999）指出，因为社会表征是群体内个体互相交流而发展和传播的，因此在不同群体之间应该是有本质不同的，社会表征与文化的关系十分密切。

18 不同民族的青少年对中国的社会表征

全球化是当今世界的发展特点和趋势。虽然全球化加速了文化的传播，但也导致不同文化间的碰撞。美国哈佛大学教授亨廷顿（S. P. Huntington）在他的“文明冲突理论”中指出，以文化认同为核心的文明冲突将是21世纪国际冲突的主要根源。文化的冲撞会影响国民对自己国家的了解和评价。伴随着全球化的进程，这一代的青少年是在多元文化的背景下成长起来，他们有更多的机会接触和了解其他的国家，受到西方个体主义文化的浸染。这些不同的文化与价值观可能会影响他们对国家的知觉与评价。

中国是一个多民族国家，除占人口大多数的汉族外，还有55个具有不同文化背景的少数民族。少数民族分布的地域十分广阔，约占全国总面积的63.8%。由于历史的原因，他们绝大部分居住在我国西部和北部的边疆地区。绝大多数少数民族都以或大或小的聚居区同汉族居住地区交错穿插，从而形成了在地域分布上以汉族为主体的各民族“大杂居，小聚居”的分布格局。这种格局长期以来加强和促进了各民族经济文化的密切联系和相互交流，促进了各民族的共同发展。在这些居住区，汉族文化是主流文化，对主流文化的认同和吸收影响了他们对本民族文化的吸收和继承。同时，随着旅游业的发展，少数民族居住区成为人们愿意光顾的旅游胜地，各少数民族风景区也开始利用民族文化特色来吸引游客。在这样的背景下，这些地区的青少年基本上是在两种文化并存的环境里成长起来的，不同民族青少年对中国的了解和看法，是一个值得关注的现实问题。因此，我们利用问卷法探索不同民族青少年对中国的社会表征的维度，了解不同民族的青少年对中国的社会表征的总体情况以及在各维度上的情况，分析对中国的社会表征的年龄发展趋势和有关重要人口学变量对社会表征的影响。

18.1 对中国的认知表征的结构维度

18.1.1 认知表征问卷的编制

以第17章中的中国青少年对中美两国国民及两国的社会表征问卷为蓝本，编制问卷进行调查。为了编制中国青少年对中国的社会表征问卷，通过开放性调查收集对中国的认知表征和评价表征。对中国的认知表征询问的问题是："你了解中国哪些方面的信息？请尽可能多地写出来。"对中国的评价表征询问的问题是："你如何评价中国？请尽可能多地写出来。"开放性调查问卷共发放50份给在校大学生，实际回收45份。

根据开放式调查的结果，编制青少年对中国的社会表征问卷。问卷包括三部分：第一，对中国的认知表征。对中国的认知表征部分，仍然采取开放式问题的形式，比如："当别人和你谈到'中国'或你听到、看到'中国'这个词时，你会想到哪些内容？请写在横线上。"第二，对中国的评价表征。第三，被试的基本信息。具体包括民族、性别、年龄等人口学变量。

研究的被试包括汉族、藏族、维吾尔族、壮族、蒙古族和土家族的青少年。藏语问卷的翻译由中央民族大学的藏族大学生完成，后续的藏语问卷翻译成汉语是由华中师范大学的藏族学生完成的。考虑到随着年龄的增长不会汉语的藏族学生越来越少，所以只选择小学生、初中生和高中生被试来做藏语问卷。

对国家的认知表征是采用开放式问题的方式得出的。每名被试写出听到或看到"中国"这个词时会想到的内容。参考质性研究中的类属分析，对收集到的资料进行分析与整理。步骤如下：

(1) 资料准备：准备藏族的小学生、初中生和高中生做的藏语问卷，安排三名藏族大学生进行问卷回译，每名学生负责一个年级，完成后再交叉检查，看翻译是否有误。所有的问卷都翻译成汉语后，对问卷进行筛选，剔除掉不合格的问卷。(2) 阅读原始资料：抛开心中原有的预设和想法，仔细阅读所有被试写出的文字。如果某些词语在资料中反复出现，这些词语就是被关注的焦点，需要重点关注。(3) 资料初步整理：收集到的词语很多，内容也比较庞杂，不可能对每一个词语都进行登录。根据第一步中对资料的把握，再看一遍资料，对每份资料进行仔细整理，将句子中所包含的重点词汇提炼出来。(4) 归类：由于样本量大，为了便于登录，先将汉族和维吾尔族被试的数据录入SPSS，频次分析后，挑选出频次在10次以上的词汇。分析这些词汇内在的关系，对属于同一类的属性命名，然后将所有的属性按照一定的分类标准组合起来，设立上一级类属。对每一个类属下面的属性进行编码，设立码号。(5) 登录：设立码号后，将所有民族的资料整理成具体的码号，输入SPSS进行分析。将不同民族、不同年龄、不同性别的资料分别登录。

18.1.2 对中国的认知表征的维度

对所有被试的资料进行分析，发现青少年对中国的认知表征包括三个子维度，分别是资源、人文和政治经济。具体码号[①]的内容解释如下（见表18-1）：

（1）资源。地理：包括中国所处的位置（亚洲、东方），地形（雄鸡），气候以及中国的城市（如上海、广州等）。少数民族情况：包括民族的数量、民族的名字、民族之间的关系、民族风俗等。民族身份认知：包括对自己所属民族的认知、对民族的感情等。国民：包括国民性格、国民素质和国民精神等。

（2）人文。传统艺术：包括戏曲、文学作品、绘画、书法、武术等。历史事件：包括历史发展过程中所发生的一些著名事件（较多提到的有抗日战争、鸦片战争、“文化大革命”、南京大屠杀）及著名的历史人物等。民间风俗：包括传统节日、中国美食、中国传统服装等。传统道德风范：包括儒家思想、传统礼仪道德等。历史文化遗产：包括古代建筑（提到比较多的是故宫和四合院）、古代四大发明等，很多学生写到的“中国5000年的文明”或“文明古国”也包含在这一个属性中。现代体育：包括2008年奥运会、姚明、刘翔、中国足球等。现代科技：如“神六”、“嫦娥1号”以及中国目前的科技实力等。现代社会问题：如贪污受贿、浪费、奢侈、假冒仿制、失业、医疗问题等。人民生活质量：如人们生活舒适、安定、社会和谐等。

（3）政治经济。经济发展中的问题：如贫富差距、经济发展不均衡、物价上涨、经济相对落后、农民贫困等。经济政策：如改革开放、以经济建设为中心、开发西部等。国家领导人：如毛泽东、胡锦涛、邓小平、江泽民、周恩来等。国体：提到比较多的有共产党、社会主义国家、共产主义等。政治实力：包括中国的国际影响力以及军事实力等。政策方针：如民族政策、免费义务教育、计划生育、民主自由、主张和平等。

表18-1　青少年对中国的认知表征的维度

子维度	类属	码号
资源	自然资源 A	国土面积 A1、物产资源 A2、风景 A3、地理 A4、环境问题 A5
	民族状况 B	总人口 B1、少数民族情况 B2、民族身份认知 B3、国民 B4
人文	历史文化 C	传统艺术 C1、历史事件 C2、民间风俗 C3、传统道德风范 C4、历史文化遗产 C5
	现代文化 D	现代教育 D1、现代体育 D2、现代科技 D3、现代社会问题 D4、人民生活质量 D5
	国家标志物 E	长城 E1、龙 E2、熊猫 E3、黄河 E4、长江 E5、国旗 E6
政治经济	经济生活 F	经济实力 F1、经济发展中的问题 F2、经济政策 F3
	政治生活 G	首都 G1、国家领导人 G2、台湾问题 G3、外交 G4、国体 G5、政治实力 G6、政策方针 G7

① 需要特别说明的是国家标志物中既有历史文化也有现代文化，因为提到的特别多，所以单独列出。有些码号的内容比较集中和单一，有些码号则包含很多内容。

18.2 对中国的认知表征的现状

18.2.1 青少年对中国的认知表征的总体情况

六个民族的1101名青少年表征“中国”的词汇涵盖了三个子维度，但是每个维度出现的频率不一样，每个子维度下的类属出现的频率也不一样，每个类属中的关注点也不一样。下面分别呈现青少年对中国的认知表征在子维度、类属和码号三个方面的结果。

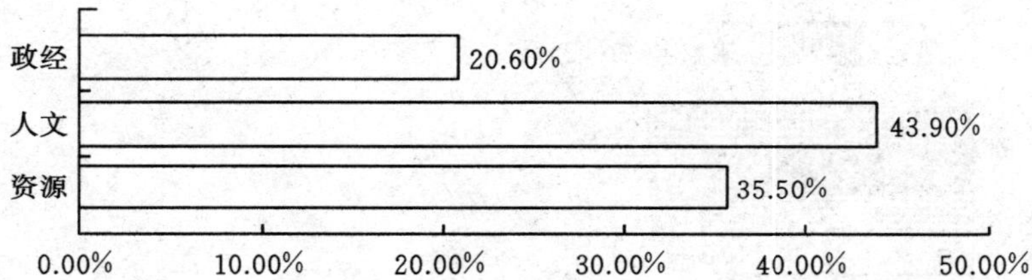

图 18-1 青少年对中国的认知表征各维度结果

从图18-1中可以看出，青少年对中国的资源和人文表征较多，对政治经济的表征稍少一些。对人文的表征最多，占总数的43.9%，有35.5%的表征属于资源维度，只有20.6%的表征属于政治经济维度。

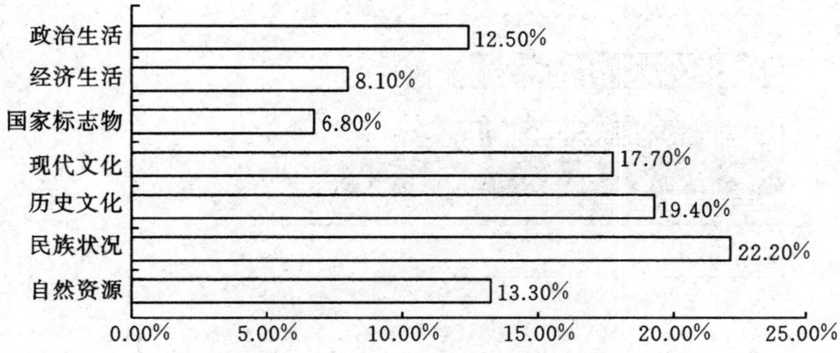

图 18-2 青少年对中国的认知表征各类属的结果

从图18-2中可以看出，青少年对中国的民族状况表征较多，表征最少的是国家标志物。而进一步分析发现，在自然资源中，青少年表征较多的是中国的物产资源，表征较少的是中国的地理；在民族状况中，青少年表征较多的是中国的少数民族状况和总人口，表征较少的是中国的民族身份认知；在历史文化中，青少年表征较多的是中国的历史文化遗产和历史事件，表征较少的是中国的传统道德风范；在现代文化中，青少年表征较多的是中国的现代体育，表征较少的是中国的人民生活质量；在国家标志物中，青少年表征较多的是长城，表征较少的是大熊猫；在经济生活中，青少年表征较多的是中国的经济实力，表征较少的是中国的经济政策；在政治生活中，青少年表征较多的是中国的政治实力，表征较少的是中国的外交。

18.2.2 不同民族的青少年对中国的认知表征结果

以下是不同民族的青少年对中国的认知表征结果：

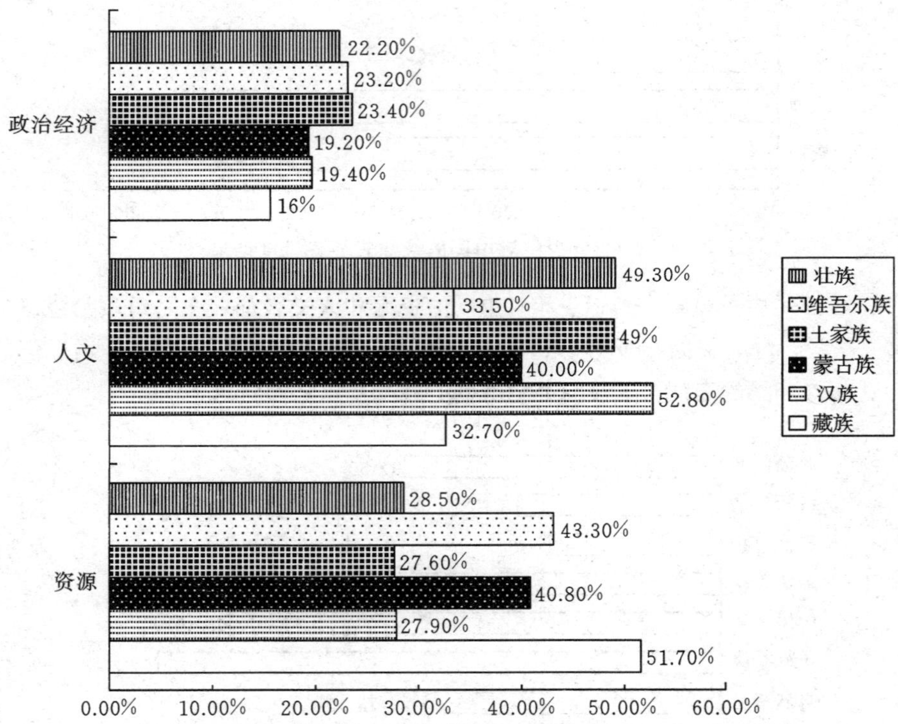

图 18-3　不同民族的青少年对中国的认知表征的各维度的结果

从图 18-3 中可以看出，在政治经济维度上，六个民族的被试的了解没有明显差异；在人文维度上，藏族、维吾尔族和蒙古族的被试了解得相对较少；在资源维度上，维吾尔族、蒙古族和藏族的被试了解得相对较多一些。

图 18-4 显示的是不同民族的青少年对中国的社会表征各类属的结果。从图中可

以看出，蒙古族和藏族被试较少提到中国的国家标志物；维吾尔族被试对中国的现代文化了解得较少；汉族被试对中国的历史文化了解得最多；藏族被试最关注中国的民族状况。在其他方面，六个民族的被试没有明显差异。

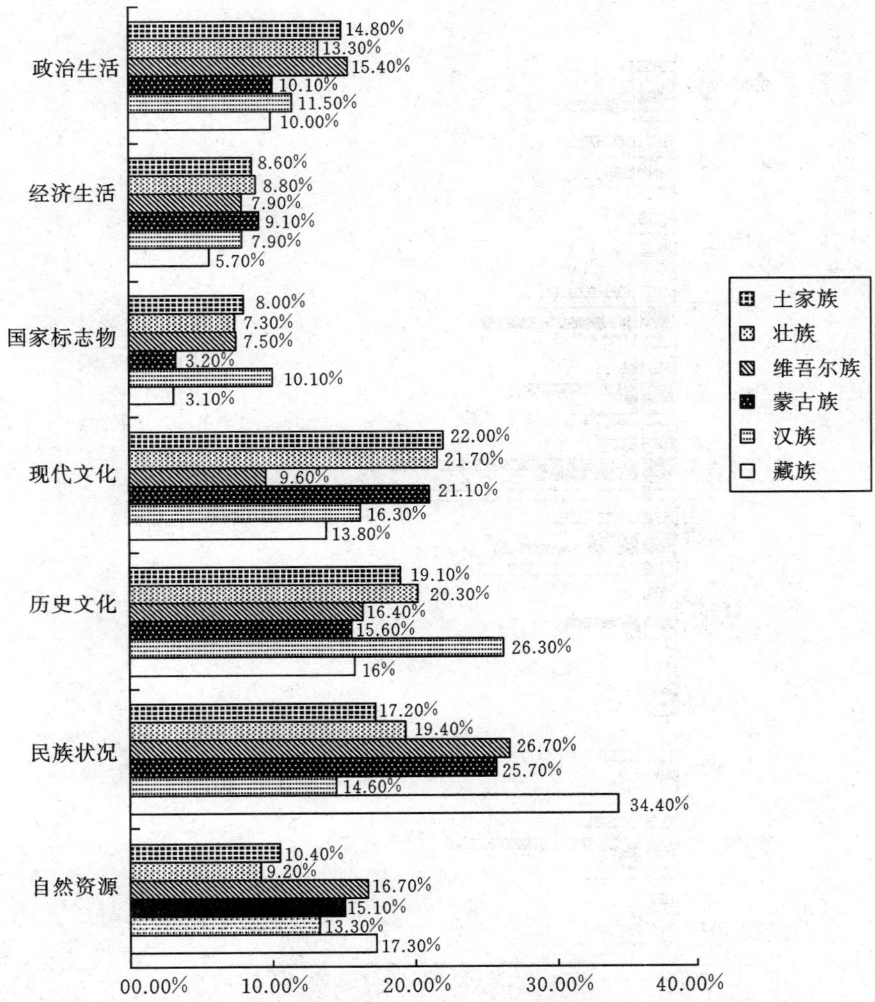

图 18-4　不同民族的青少年对中国的认知表征各类属的结果

从图 18-5、图 18-6、图 18-7 中可以看出，被所有民族的青少年表征较多的是“经济实力”、“政治实力”、“历史文化遗产”和“总人口”，表征较少的是“地理”，对“国家标志物”的表征也较少，只有“长城”被提到的稍多一些。藏族、土家族的青少年没有提到“大熊猫”；维吾尔族的青少年没有提到“大熊猫”和“龙”；汉族的青少年没有提到“人民的生活质量”；壮族和蒙古族的青少年提到了码号中所有的内容。

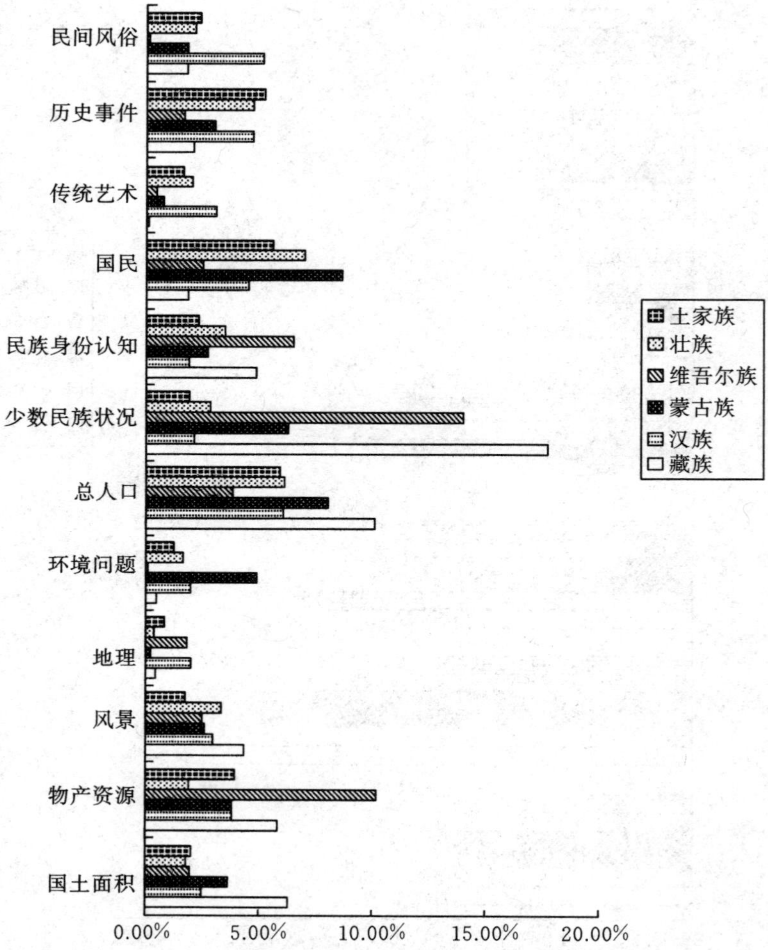

图 18-5　不同民族的青少年对中国的认知表征各码号的结果（一）

对“民间风俗”、“传统艺术”、“总人口”、“经济政策”、“国体”表征较多的是汉族的青少年；对“历史事件”、“台湾问题”、“外交”表征较多的是土家族、汉族和壮族的青少年；对“现代体育”表征较多的是土家族和汉族的青少年。对“国

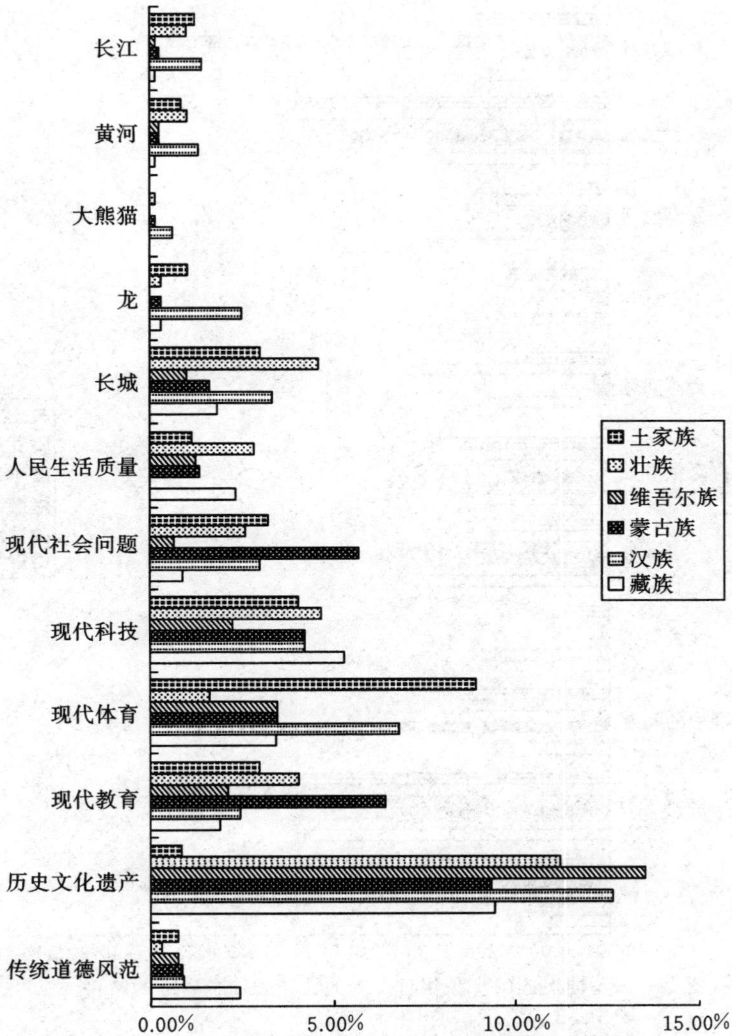

图 18-6　不民同族的青少年对中国的认知表征各码号的结果（二）

民”、“环境问题”、“现代社会问题”、“现代教育”和“经济发展中的问题”表征较多的是蒙古族的青少年；对“民族身份认知”和“少数民族状况”表征较多的是维吾尔族和藏族的青少年；对“物产资源”、“政策方针”、“经济实力”、“国旗”表征较多的是维吾尔族的青少年；对“国土面积”、“传统道德风范”、“首都”表征较多的是藏族的青少年。

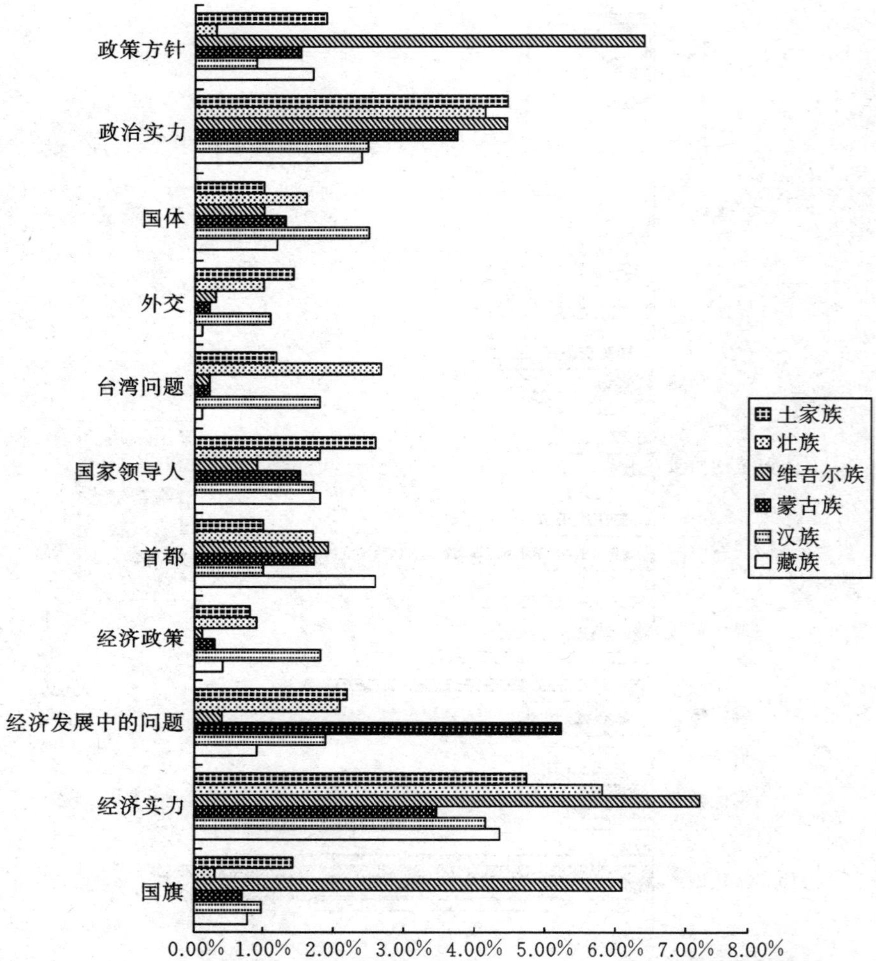

图 18-7　不同民族的青少年对中国的认知表征各码号的结果（三）

18.2.3　少数民族学生对中国的认知表征

少数民族学生对中国的认知表征的总体情况如下：

以往对国家认同所进行的研究认为，国家认同包括认知维度、评价维度和情感维度。其中认知成分包含关于国家的一系列知识和观念，包括自己国家的一些基本知识（如自己的国别和国家的地理知识）、自己国家的文化和社会历史方面的基本知识，还包括人们对自己国家的国民性格的了解和认同，如人们常说中国人一般具有勤劳、礼貌、讲道德、爱面子、重关系的性格特点。研究采用开放性问题考察青少年对中国的认知表征，得到与上述界定一致的结果。青少年对“中国的人文和资源”表征较多，对中国的“政治经济表征”较少，这跟学生的兴趣点和年龄特点是吻合的。

具体到类属进行考察，青少年表征较多的是“中国的民族状况”，表征较少的是“国家标志物”。研究中，少数民族被试占绝大多数，所以会对中国的民族状况比较关注。对国家的标志物表征较少是因为“国家的标志物”本来就属于历史文化或现代文化，而且内容也非常具体，所以统计起来就会比笼统的“历史文化”和“现代文化”要少一些。

具体到码号进行考察，青少年对“地理”、“传统道德风范”、“人民生活质量”、“大熊猫”、“经济政策”、“外交表征”较少。学生一般都学过地理，对中国的地理知识也是了解的，对其表征较少是因为在有限的时间里，中国的地理知识没有被优先激活，并不代表学生对中国的地理知识了解较少。对“传统道德风尚”的表征较少与社会发展有关，现代社会对道德规范的关注少了，人们甚至不再重视道德了，但是道德风尚缺失或沦丧对社会发展的规范非常不利，因此，今后应对青少年加强道德风尚方面的教育。“人民生活质量”、“经济政策”和“外交”都与学生的日常生活相交不多，所以也没有被较多地激活。

少数民族学生对中国的认知表征的比较如下：

少数民族青少年对中国的“自然资源”和“民族状况”比较关注，尤其关注“民族之间的关系”和“自己的民族身份”；而汉族青少年对“中国的传统文化”比较关注，尤其关注“体育”。这与被试的生活环境是吻合的。

具体到类属进行考察时，发现藏族、土家族青少年没有提到“大熊猫”，维吾尔族青少年没有提到“大熊猫”和“龙”，这表明藏族、维吾尔族和土家族青少年对国宝“大熊猫”的了解比较少，维吾尔族青少年对炎黄子孙的象征物“龙”的了解比较少；汉族青少年没有提到“人民的生活质量”，这个问题需要进一步研究探讨。

与其他民族相比，土家族、汉族和壮族青少年对中国的“历史事件”、“台湾问题”、“外交”比较关注，表明这几个民族的青少年对中国的政治比较敏感。蒙古族青少年对中国的“国民”、“环境问题”、“现代社会问题”、“现代教育”和“经济发展中的问题”关注较多，这与蒙古的地理位置等有关。维吾尔族和藏族青少年对“民族身份认知”和“少数民族状况”较为关注，这两个民族的青少年多次提到汉族的人口众多，这是以后的民族和谐共建需要关注的问题。在少数民族中，土家族青少年对少数民族状况的关注要少一些，因为恩施的土家族青少年与汉族的文化融合较紧密，较少能感觉到自己的少数民族身份。与其他民族青少年相比，蒙古族青少年比较关注中国的环境问题，这与内蒙古草原的沙漠化带来的严重后果有关。

18.3 对中国的评价表征的结构维度

将问卷数据随机分半，进行探索性因素分析和验证性因素分析。量表的 KMO 系数为 0.858，Bartlett 值=1647.785，$p<0.001$，适合进行因素分析，结果主要得出三个维度，共解释 63.082%的变异量，分别命名为社会面貌维度、综合国力维度和人文资源维度，各维度包含的项目见表 18-2：

表 18-2 青少年儿童对中国的评价表征维度

	社会面貌维度	综合国力维度	人文资源维度
国民素质文明	0.827		
教育水平先进	0.817		
民族安定团结	0.753		
政治民主自由	0.648		
经济繁荣富裕	0.641		
军事实力强大	0.503	0.433	
社会问题严重		0.829	
科学技术落后		0.772	
历史文化悠久			0.848
自然资源丰富			0.794

采用 LISREL 8.53 软件分析另一半数据，对量表的结构进行验证分析。使用结构方程模型的方法衡量模型的各项指标中，最常用的是拟合度的卡方检验。当卡方不显著时，可以认为模型较好地拟合了数据。但卡方受样本规模的影响较大，当样本规模较大时，卡方值容易显著，所以我们选取卡方值与自由度的比值作为标准，当 χ^2/df 小于 3 时，可以认为模型拟合较好；当 χ^2/df 小于 5 时，表示整体模型还可以接受。除此之外，研究还常使用 GFI、NNFI、CFI、IFI、RMSEA、SRMR 等指标来衡量模型的拟合情况。GFI、NNFI、CFI、IFI 的变化区间在 0 到 1 之间，越接近 1，拟合越好；RMSEA、SRMR 的变化区间也在 0 到 1 之间，但越接近 0，拟合越好，临界标准为 0.08。

验证性因素分析输出的青少年对中国的评价表征三因素模型如图 18-8 所示，其拟合度指标见表 18-3。从表 18-3 中的各项指标可以看出，青少年对中国的评价表征度三因素模型对数据的拟合比较好。

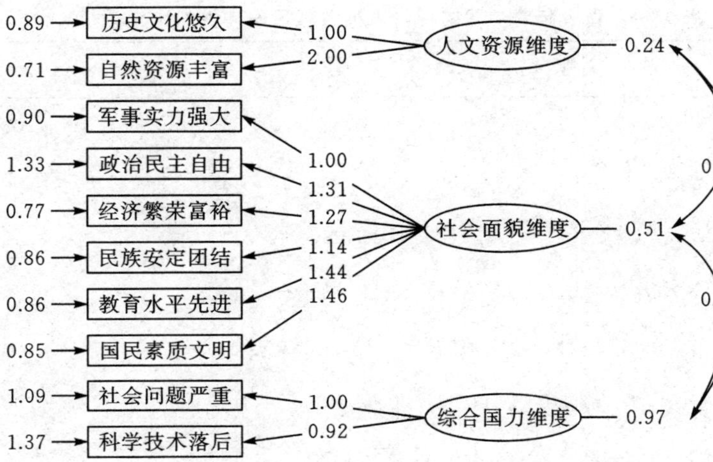

图 18-8 青少年对中国的评价表征三因素模型

表 18-3 验证性因素分析（N=1101）

模型	χ^2	df	χ^2/df	RMSEA	SRMR	GFI	IFI	CFI	NNFI
M	96.87	32	3.03	0.06	0.03	0.97	0.96	0.96	0.94

18.4 对中国的评价表征的偏向性

青少年是否更积极地评价中国呢？为了研究这个问题，将量表中的两个项目“科学技术落后”和“社会问题严重”反向计分，使得所有的项目都是得分越高，评价越肯定、越积极。计算反向计分后十个项目的平均分，该平均分在 1～6 之间，最小为 1，最大为 6。将平均分与得分中点 3.5 进行单样本 t 检验。该方法参考 Karagezov 等（2001）研究儿童对本国、外国人群评价的倾向时曾使用的方法。单样本 t 检验发现，青少年对中国的评价表征项目的平均得分为 4.211，显著高于得分中点 3.5（$p<0.001$），其程度在比较同意（4 分）和同意（5 分）之间。

探索性因素分析得出三个维度：社会面貌维度、综合国力维度、人文资源维度，为了考察各维度的偏向，采用单样本 t 检验，将各维度的平均得分与中点 3.5 进行比较，结果发现三个维度的得分都显著高于得分中点，青少年在三个维度上都对中国有积极正向的表征偏向。进一步地考察各项目的偏向，采用单样本 t 检验，将各项目的平均得分与得分中点 3.5 进行比较，结果如表 18-4 所示：

表 18-4　青少年对中国的评价表征各项目偏向性的比较分析

项目	人数	平均	t	df	p
历史文化悠久	1101	5.35	57.666	1100	<0.001
自然资源丰富	1101	4.59	28.163	1100	<0.001
科学技术落后	1101	3.78	6.365	1100	<0.001
军事实力强大	1101	4.33	23.129	1100	<0.001
政治民主自由	1101	4.20	15.596	1100	<0.001
经济繁荣富裕	1101	3.93	11.435	1100	<0.001
民族安定团结	1101	4.57	28.742	1100	<0.001
教育水平先进	1101	3.91	9.948	1100	<0.001
国民素质文明	1101	3.93	10.223	1100	<0.001
社会问题严重	1101	3.43	0.722	1100	0.471

从表 18-4 中可以看出，十个项目中除了“社会问题严重”，其他项目的平均得分都显著高于得分中点 3.5。需要说明的是，“科学技术落后”和“社会问题严重”在进行统计时，进行了反向计分，所以在这两个项目上的得分越高表明对这个问题的评价越积极。“科学技术落后”项目的平均分显著高于得分中点，表明青少年认为中国的科学技术是先进的；“社会问题严重”的得分是低于得分中点的，但是不显著，所以不能得出青少年认为中国的社会问题是严重的这个结论。

18.4.1　不同民族的青少年对中国的评价表征总体偏向性比较

从表 18-5 中可以看出，六个民族的青少年对中国的评价表征得分都在 4 分左右，且都与得分中点 3.5 的差异显著，说明各民族的青少年对中国的评价表征都是正向积极的。其中，维吾尔族青少年对中国的评价表征项目的平均分最高，蒙古族最低。

比较六个少数民族的项目平均分，方差分析发现，$F=66.898$，$p<0.001$，差异显著。事后多重比较发现，维吾尔族被试的得分显著高于其他民族被试的得分，土

家族被试的得分也显著高于剩下的四个民族被试的得分，其他两两差异都不显著。

表 18-5　不同民族的青少年对中国的评价表征总体偏向性比较分析

民族	人数	平均值	标准差	t	df	p
汉族	191	3.887	0.687	7.790	190	<0.001
藏族	188	4.173	0.712	12.961	187	<0.001
蒙古族	164	3.801	0.821	4.696	163	<0.001
维吾尔族	213	4.889	0.673	30.136	212	<0.001
土家族	145	4.504	0.892	13.560	144	<0.001
壮族	200	3.959	0.522	12.431	199	<0.001

18.4.2　各民族的青少年对中国的评价表征各维度偏向性的比较

比较各民族青少年对中国的评价表征在各维度上的偏向性（表 18-6）。

表 18-6　各民族的青少年对中国的评价表征各维度的偏向性比较分析

民族	社会面貌维度				综合国力维度				人文资源维度			
	M	SD	t	p	M	SD	t	p	M	SD	t	p
汉族	3.6126	0.839	1.854	0.065	3.581	1.025	1.095	0.275	5.018	0.649	22.107	<0.001
藏族	4.2305	0.923	10.850	0.000	3.319	0.970	−2.557	0.011	4.864	0.975	19.186	<0.001
蒙古族	3.6738	0.987	2.255	0.025	3.375	1.175	−1.362	0.175	4.610	1.083	13.128	<0.001
维吾尔族	4.9210	0.727	28.507	0.000	1.338	1.316	9.294	0.000	5.347	0.722	37.254	<0.001
土家族	4.4287	1.020	10.966	0.000	4.169	1.218	6.614	0.000	5.066	1.043	18.075	<0.001
壮族	3.9225	0.735	8.130	0.000	3.175	1.151	−3.991	0.000	4.853	0.909	21.044	<0.001

从表 18-6 中可以看出，维吾尔族、土家族和壮族在三个维度上对中国的评价表征都是正向积极的。在人文资源维度上，所有民族的青少年对中国的评价表征都是正向积极的，而且都是显著的。在综合国力维度上，藏族、蒙古族和壮族的青少年对中国的评价表征都低于得分中点，但是只有壮族是显著的，也就是说壮族被试在这个维度上对中国的评价是负向的。在社会面貌维度上，只有汉族和蒙古族被试对中国的积极评价没有显著高于得分中点，说明其对中国的评价偏中性。

再比较各民族在不同维度上的差异：在社会面貌维度上，方差分析发现，$F=64.461$，$p<0.001$，各民族差异显著。事后多重比较发现，维吾尔族被试在这个维度上的得分显著高于其他民族被试的得分；土家族和藏族被试的得分显著高于汉族、蒙古族和壮族被试的得分；汉族和蒙古族被试的得分没有差异，但是显著低于壮族被试的得分。

在综合国力维度上，方差分析发现，$F=33.165$，$p<0.001$，各民族差异显著。事后多重比较发现，维吾尔族和土家族青少年在这个维度上的得分显著高于其他民族青少年的得分，这两组被试的得分没有显著差异；藏族、蒙古族和汉族青少年的得分没有显著差异；藏族、蒙古族和壮族被试的得分也没有显著差异，但是汉族青少年的得分要显著高于壮族青少年的得分。

在人文资源维度上，方差分析发现，$F=12.960$，$p<0.001$，各民族差异显著。事后多重比较发现，维吾尔族青少年在这个维度上的得分显著高于蒙古族和藏族青少年的得分，但是和汉族及土家族青少年的差异不显著；汉族和土家族青少年的得分显著高于蒙古族青少年的得分，但是和藏族青少年的得分没有显著差异；壮族青少年的得分只和维吾尔族青少年的得分有差异。

18.4.3 各民族的青少年对中国的评价表征维度各项目偏向性的比较

比较各民族青少年对中国的评价表征在十个项目上的差异。结果如下：

比较六个民族在“历史文化悠久”项目上的得分差异，方差分析发现，$F=11.446$，$p<0.001$，差异显著。事后多重比较发现，汉族、壮族、维吾尔族和土家族青少年在这个项目上的得分显著高于藏族和蒙古族青少年的得分；汉族、维吾尔族、土家族及壮族青少年的得分差异不显著；蒙古族和藏族青少年的得分差异也不显著。

比较六个民族在“自然资源丰富”项目上的得分差异，方差分析发现，$F=19.511$，$p<0.001$，差异显著。事后多重比较发现，维吾尔族青少年在这个项目上的得分显著高于其他五个民族的青少年；壮族青少年的得分显著低于土家族和藏族青少年的得分；其他青少年的得分差异不显著。

“科学技术落后”这个项目是一个反向计分的项目，在做分析时都做了处理，以使青少年在这个项目上的得分越高，青少年对中国的评价越积极。比较六个民族在“科学技术落后”项目上的得分差异，方差分析发现，$F=25.899$，$p<0.001$，差异显著。事后多重比较发现，维吾尔族和土家族青少年在这个项目上的得分显著高于其他四个民族青少年的得分；土家族和维吾尔族青少年的得分差异不显著。

比较六个民族在“军事实力强大”项目上的得分差异，方差分析发现，$F=38.361$，$p<0.001$，差异显著。事后多重比较发现，维吾尔族青少年在这个项目上的得分显著高于其他五个民族青少年的得分，其他民族青少年的得分差异不显著。比较六个民族在“政治民主自由”项目上的得分差异，方差分析发现，$F=35.026$，$p<0.001$，差异显著。事后多重比较发现，维吾尔族青少年在这个项目上的得分显著高于其他五个民族的青少年；藏族和土家族青少年的得分显著高于汉族和蒙古族青少年的得分；汉族、蒙古族和壮族青少年的得分差异不显著。

比较六个民族在“经济繁荣富裕”项目上的得分差异，方差分析发现，$F=45.759$，$p<0.001$，差异显著。事后多重比较发现，维吾尔族青少年在这个项目上的得分显著高于除土家族以外的其他四个民族青少年的得分；藏族和土家族青少年的得分没有差异，但是显著高于汉族、蒙古族和壮族青少年的得分；汉族、蒙古族和壮族青少年的得分差异不显著。

比较六个民族在“民族安定团结”项目上的得分差异，方差分析发现，$F=24.659$，$p<0.001$，差异显著。事后多重比较发现，维吾尔族青少年在这个项目上的得分显著高于汉族、蒙古族和藏族青少年的得分；维吾尔族和土家族、壮族青少年的得分差异不显著；汉族、蒙古族和藏族青少年的得分差异也不显著。

比较六个民族在“教育水平先进”项目上的得分差异，方差分析发现，$F=27.055$，$p<0.001$，差异显著。事后多重比较发现，维吾尔族青少年在这个项目上的得分显著高于除土家族以外的其他四个民族的青少年；藏族和土家族青少年的得分没有显著差异，但是显著高于汉族、蒙古族和壮族青少年的得分，汉族、蒙古族和壮族青少年的得分差异不显著。

比较六个民族在“国民素质文明”项目上的得分差异，方差分析发现，$F=39.631$，$p<0.001$，差异显著。事后多重比较发现，维吾尔族青少年在这个项目上的得分显著高于除土家族以外的其他四个民族的青少年；藏族和土家族青少年的得分没有差异，显著高于汉族、蒙古族和壮族青少年的得分；汉族和蒙古族青少年的得分差异不显著；壮族和蒙古族青少年的得分差异也不显著；汉族青少年的得分显著低于壮族青少年的得分。

“社会问题严重”这个项目是一个反向计分的项目，在做分析时进行了处理，以使青少年在这个项目上的得分越高，青少年对中国的评价越积极。比较六个民族在“社会问题严重”项目上的得分差异，方差分析发现，$F=21.211$，$p<0.001$，差异显著。事后多重比较发现，维吾尔族和土家族青少年在这个项目上的得分显著高于其他四个民族的青少年，土家族和维吾尔族之间差异不显著。

参考文献

[1] 艾传国，佐斌．单类内隐联想测验（SC-IAT）在群体认同中的初步应用［J］．中国临床心理学杂志，2011，19（4）：476-478.

[2] 白露，马慧，黄宇霞，等．中国情绪图片系统的编制——在46名中国大学生中的试用［J］．中国心理卫生杂志，2005，19（11）：719-722.

[3] 蔡华俭．外显自尊、内隐自尊与抑郁的关系［J］．中国心理卫生杂志，2003，17（5）：331-336.

[4] 陈会昌．中小学生爱祖国观念的发展［J］．心理发展与教育，1987，11：10-18.

[5] 陈晶，佐斌，周少慧．5—16岁儿童对中国人的评价与喜好研究［J］．心理科学，2004，27（4）：833-835.

[6] 陈启山．内隐社会认知研究述评［J］．心理研究，2009，2（6）：19-24.

[7] 程婕婷，管键，汪新建．共识性歧视与刻板印象：以外来务工人员与城市居民群体为例［J］．中国临床心理学杂志，2012，20（4）：543-546.

[8] 代涛涛，佐斌，温芳芳．社会认知中热情与能力的补偿效应［J］．心理科学进展，2014，22（3）：502-511.

[9] 董妍，俞国良．自我提升的研究现状与展望［J］．心理科学进展，2005，13（2）：178-185.

[10] 杜丹，苏彦捷．性别刻板印象及刻板信息对3—9岁儿童玩具选择的影响［J］．心理学探新，2005，4：56-61.

[11] 管健，程婕婷．刻板印象内容模型的确认、测量及卷入的影响［J］．中国临床心理学杂志，2011，19（2）：184-191.

[12] 管健．刻板印象从内容模型到系统模型的发展与应用［J］．心理科学进展，2009，17（4）：845-851.

[13] 郭永玉．人格心理学——人性及其差异的研究［M］．北京：中国社会科学出版社，2005：359-360.

[14] 贺庆利，余林，马建苓．老化刻板印象研究现状及展望［J］．心理科学进展，2013，21（3）：495-505.

[15] 姜兆萍，周宗奎．老年歧视的特点、机制与干预［J］．心理科学进展，2012，20（10）：1642-1650.

[16] 张春兴：心理学［M］．台北：东华书局，1981：287-289.

[17] 李凤兰，郑晓边．人际认知中的性别刻板印象［J］．华中农业大学学报（社会科学版），2004，4：61-67.

[18] 李林仙．关于性别角色刻板观念的一些研究［J］．心理学动态，1995，4：17-22.

[19] 李强．转型时期冲突性的职业声望评价［J］．中国社会科学，2000，4：100-112.

[20] 理查德·D. 刘易斯．文化的冲突与共融［M］．关世杰，主译．北京：新华出版社，2002.

[21] 连淑芳．内隐刻板印象中反刻板印象信息的干预研究［J］．心理学探新，2013，6：525-531.

[22] 连淑芳．想象对大学生内隐刻板印象的影响研究［J］．心理科学，2006，29（3）：710-712.

[23] 梁宁建，吴明征，高旭成，等．基于反应时范式的内隐社会认知研究方法［J］．心理科学，2003，26（2）：208-211.

[24] 刘潇楠，许翱翔，周仁来．国际情绪图片系统的本土化研究：在中国大学生群体中的评定［J］．中国临床心理学杂志，2009，17（6）：687-689.

[25] 刘晅，佐斌．性别刻板印象维护的心理机制［J］．心理科学进展，2006，14（5）：775-780.

[26] 毛丹．青少年对中国和美国国民及国家的社会表征［D］．武汉：华中师范大学，2005.

[27] 梅仲荪，段蕙芬．爱国情感心理学初探［M］．北京：人民教育出版社，1996.

[28] 孟昭兰．情绪心理学［M］．北京：北京大学出版社，2005.

[29] 钱铭怡，张光健，罗珊红，等．大学生性别角色量表（CSRI）的编制［J］．心理学报，2000，32（1）：99-104.

[30] 秦启文，余华．性别角色刻板印象的调查［J］．心理科学，2001，24（5）：593-594.

[31] 任娜，佐斌，侯飞翔，等．情境效应或自动化加工：大学生对老年人的内隐态

度 [J]. 心理学报，2012，44 (6)：777-788.
[32] 时蓉华．现代社会心理学 [M]. 上海：华东师范大学出版社，1999：110-115.
[33] 宋广文，魏淑华．影响教师职业认同的相关因素分析 [J]. 心理发展与教育，2006，1：80-85.
[34] 孙利．中小学教师职业认同：测量、特征与关系模型 [D]. 武汉：华中师范大学，2011.
[35] 孙利．青少年对若干国民或民族的刻板印象 [D]. 武汉：华中师范大学，2004.
[36] 王登峰，崔红．中西方人格结构的理论和实证比较 [J]. 北京大学学报（哲学社会科学版），2003，40 (5)：109-120.
[37] 王美芳，杨峰，顾吉有，等．反刻板印象对内隐性别刻板印象的影响：情绪的调节作用 [J]. 中国临床心理学杂志，2015，3：426-430.
[38] 王沛，陈学锋．刻板印象的意识性抑制 [J]. 心理学报，2003，35 (3)：358-361.
[39] 王沛．刻板印象的社会认识研究述评 [J]. 心理科学，1999，22：342-345.
[40] 王沛．内隐刻板印象研究综述 [J]. 心理科学进展，2002，10 (1)：97-101.
[41] 王妍，罗跃嘉．大学生面孔表情材料的标准化及其评定 [J]. 中国临床心理学杂志，2005，13 (4)：396-398.
[42] 温芳芳，佐斌．熟悉性对刻板印象的影响 [J]. 中国临床心理学杂志，2008，16 (5)：489-491.
[43] 温芳芳，佐斌．评价单一态度对象的内隐社会认知测验方法 [J]. 心理科学进展，2007，15 (5)：828-833.
[44] 吴念阳，董剑桥．中学教师人生价值观和职业价值观的性别差异比较 [J]. 心理科学，1998，21 (3)：279-280.
[45] 徐大真．性别刻板印象之性别效应研究 [J]. 心理科学，2003，26 (4)：741-742.
[46] 杨金花，王沛．大学生内隐艾滋病污名的刻板解释偏差研究 [J]. 心理学探新，2011，31 (4)：354-358.
[47] 叶浩生．西方心理学的历史与体系 [M]. 北京：人民教育出版社，1998：467-469.
[48] 叶澜，白益民，等．教师角色与教师发展新探 [M]. 北京：教育科学出版社，2001：277-302.

[49] 于泳红．大学生内隐职业偏见和内隐职业性别刻板印象研究 [J]．心理科学，2003，26 (4)：672-675.
[50] 俞海运，梁宁建．刻板解释偏差测量 [J]．心理科学，2005，28 (1)：42-44.
[51] 翟成蹊，李岩梅，李纾．沟通与刻板印象的维持、变化和抑制 [J]．心理科学进展，2010，18 (3)：487-495.
[52] 张宝山，俞国良．污名现象及其心理效应 [J]，心理科学进展，2007，15 (6)：993-1001.
[53] 张庆，王美芳．社会判断内容的基本维度研究 [J]．心理科学，2011，34 (4)：899-904.
[54] 张莹瑞，佐斌．社会认同理论及其发展 [J]．心理科学进展，2006，14 (3)：475-480.
[55] 张智勇，刘江娜．基于职业的内隐年龄偏见 [J]．应用心理学，2006，12 (3)：214-218.
[56] 赵显，刘力，张笑笑，等．观点采择：概念、操纵及其对群际关系的影响 [J]．心理科学进展，2012，20 (12)：2079-2088.
[57] 郑富兴，高潇怡．经济全球化与国家认同感的培养 [J]．教育研究与实验，2005，3：31-36.
[58] 郑和钧，郑卫东．中国自我心理学研究的现状和展望 [J]．心理科学，2007，30 (5)：1147-1150.
[59] 周晓虹．现代社会心理学 [M]．上海：上海人民出版社，1997：192-195.
[60] 周宗奎．儿童社会化 [M]．武汉：湖北少年儿童出版社，1994：55-58.
[61] 朱春燕，汪凯，陶睿，等．中国人 Morph 情绪面孔识别测验在部分大学生中的信度和效度分析 [J]．中国临床心理学杂志，2010，18 (3)：307-309.
[62] 邹庆宇，姜月．内隐刻板印象研究方法进展 [J]．心理科学，2006，29 (2)：505-507.
[63] 佐斌，陈晶，周少慧．城市儿童对中国人的印象及其信息来源 [J]．中国临床心理学杂志，2003，11 (3)：188-191.
[64] 佐斌，代涛涛，温芳芳，等．热情与能力的关系及其影响因素 [J]．心理科学进展，2014，22 (9)：1467-1474.
[65] 佐斌，刘晅．基于 IAT 和 SEB 的内隐性别刻板印象研究 [J]．心理发展与教育，2006，22 (4)：57-63.
[66] 佐斌，温芳芳，朱晓芳．大学生对年轻人和老年人的年龄刻板印象 [J]．应用

心理学，2007，13（3）：231-236.
[67] 佐斌，肖玉兰．城市小学生心目中的农民形象研究［J］．心理发展与教育，2002，3：1-5.
[68] 佐斌，张阳阳，赵菊，等．刻板印象内容模型：理论假设及研究［J］．心理科学进展，2006，14（1）：138-145.
[69] 佐斌，陈晶，周少慧．城市儿童对中国人的印象及其信息来源［J］．中国临床心理学杂志，2003，11（3）：188-191.
[70] 佐斌，温芳芳．职业刻板印象：自我卷入与评价偏向［J］．中国临床心理学杂志，2011，19（2）：149-153.
[71] 佐斌．论儿童国家认同感的形成［J］．教育研究与实验，2000，2：33-36.
[72] ABELE A E, BRUCKMÜLLER S. You are so kind - and I am kind and smart: actor-observer differences in the interpretation of on-going behavior [J]. Polish Psychological Bulletin, 2014, 45 (4): 394-401.
[73] ABELE A E, BRUCKMÜLLER. The bigger one of the "Big Two"? Preferential processing of communal information [J]. Journal of Experimental Social Psychology, 2011, 47 (5): 935-948.
[74] ABELE A E, CUDDY A J, JUDD C M, et al. Fundamental dimensions of social judgment [J]. European Journal of Social Psychology, 2008, 38 (7): 1063-1065.
[75] ABELE A E, WOJCISZKE B. Agency and communion from the perspective of self versus others [J]. Journal of Personality and Social Psychology, 2007, 93 (5): 751-763.
[76] ABELE A E, WOJCISZKE B. Communal and agentic content in social cognition: a dual perspective model [J]. Advances in Experimental Social Psychology, 2014, 50: 195-255.
[77] ABELE A E, WOJCISZKE B. The "Big Two" in social judgment and behavior [J]. Social Psychology, 2013, 44 (2): 61-62.
[78] ABERSON C L, HAAG S C. Contact, perspective taking, and anxiety as predictors of stereotype endorsement, explicit attitudes, and implicit attitudes [J]. Group Processes and Intergroup Relations, 2007, 10 (2): 179-201.
[79] ABRIC J C. A theoretical and experimental approach to the study of social representations in a situation of interaction [M]. Cambridge: Cambridge

University Press, 1984: 169-184.

[80] ABRIC J C. Central system, peripheral system: Their functions and roles in the dynamic of social representations [J]. Social Representations, 1993, 2 (2): 75-78.

[81] AKSNIS C, DESMARAIS S, CURTIS J. Workforce segregation and the gender wage gap: Is "women's" work valued as highly as "men's"? [J]. Journal of Applied Social Psychology, 2008, 38 (6): 1416-1441.

[82] ALLEN L, SANTROCK J W. Psychology: The context of behavior [M]. Dubuque, IA: Brown & Benchmark, 1993: 45-49.

[83] ALLEN T J, SHERMAN J W, CONREY F R, et al. Stereotype strength and attentional bias: Preference for confirming versus disconfirming information depends on processing capacity [J]. Journal of Experimental Social Psychology, 2009, 45 (5): 1081-1087.

[84] ALLPORT G W. The nature of prejudice [M]. New York: Addison Wesley, 1954.

[85] AMES D L, JENKINS A C, BANAJI M R, et al. Taking another person's perspective increases self-referential neural processing [J]. Psychological Science, 2008, 19 (7): 642-644.

[86] AMES D R. Inside the mind reader's tool kit: Projection and stereotyping in mental state inference [J]. Journal of Personality and Social Psychology, 2004, 87 (3): 340-353.

[87] ANDERSON C A, SEDIKIDES C. Thinking about people. Contributions of typological alternative to associationistic and dimensional models of person perception [J]. Journal of Personality and Social Psychology, 1991, 60: 203-217.

[88] ANSFIELD M E. Smiling when distressed: When a smile is a frown turned upside down [J]. Personality and Social Psychology Bulletin, 2007, 33: 763-775.

[89] ARCHER C J. Children's attitudes toward sex-role division in adult occupational roles [J]. Sex Roles, 1984, 10: 1-10.

[90] ARCHER D, IRITANI B, KIMES D. Face-ism: Five studies of sex differences in facial prominence [J]. Journal of Personality and Social Psychology, 1983,

45: 725-735.

[91] ARKES H R, TETLOCK P E. Attributions of implicit prejudice, or "Would Jesse Jackson 'fail' the Implicit Association Test ?"[J]. Psychological Inquiry, 2004, 15: 257-278.

[92] ASCH S E. Forming impression of personality [J]. Journal of Abnormal and Social Psychology, 1946, 41: 258-290.

[93] ASENDORPF J B, BANSE R, MÜCKE D. Double dissociation between implicit and explicit personality self-concept: The case of shy behavior [J]. Journal of Personality and Social Psychology, 2002, 83 (2): 380-393.

[94] BACK M D, SCHMUKLE S C, EGLOFF B. Measuring task-switching ability in the Implicit Association Test [J]. Experimental Psychology, 2005, 52 (3): 167-179.

[95] BAKAN D. The duality of human existence: An essay on psychology and religion [M]. Chicago, IL: Rand McNally, 1966.

[96] BANAJI M R, GREENWALD A G, et al. Implicit gender stereotyping in judgments of fame [J]. Journal of Personality and Social Psychology, 1995, 68 (2): 181-198.

[97] BAR M. The proactive brain: Using analogies and associations to generate predictions [J]. Trends in Cognitive Sciences, 2007, 11: 280-289.

[98] BARDEN J, MADDUX W W, PETTY R E, et al. Contextual moderation of racial bias: The impact of social roles on controlled and automatically activated attitudes [J]. Journal of Personality and Social Psychology, 2004, 87 (1): 5-22.

[99] BARGH J A, CHEN M, BURROWS L. Automaticity of social behavior: Direct effects of trait construct and stereotype activation on action [J]. Journal of Personality and Social Psychology, 1996, 71 (2): 230-244.

[100] BARGH J A. Losing consciousness: Automatic influences on consumer judgment, behavior, and motivation [J]. Journal of Consumer Research, 2002, 29 (2): 280-285.

[101] BARRETT L F, BLISS-MOREAU E. She's emotional. He's having a bad day: Attributional explanations for emotion stereotypes [J]. Emotion, 2009, 9: 649-658.

[102] BARRETT L F, ROBIN L, PIETROMONACO P R, et al. Are women the "more emotional" sex? Evidence from emotional experiences in social context [J]. Cognition and Emotion, 1998, 12: 555-578.

[103] BARRETT M, SHORT J. Images of European people in a group of 5-10-year-old English schoolchildren [J]. British Journal of Developmental Psychology, 1992, 10 (4): 339-363.

[104] BATSON C D, EARLY S, SALVARANI G. Perspective taking: Imagining how another feels versus imaging how you would feel [J]. Personality and Social Psychology Bulletin, 1997, 23 (7): 751-758.

[105] BECKER D V, KENRICK D T, NEUBERG S L, et al. The confounded nature of angry men and happy women [J]. Journal of Personality and Social Psychology, 2007, 92: 179-190.

[106] BELMORE S. Determinants of attention during impression formation [J]. Journal of Experimental Psychology: Learning, Memory, and Cognition, 1987, 13 (3): 480-489.

[107] BENNETT A M, HILL R P. The universality of warmth and competence: A response to brands as intentional agents [J]. Journal of Consumer Psychology, 2012, 22 (2): 199-204.

[108] BERGSIEKER H B, LESLIE L M, CONSTANTINE V S, et al. Stereotyping by omission: Eliminate the negative, accentuate the positive [J]. Journal of Personality and Social Psychology, 2012, 102 (6): 1214-1238.

[109] BETTELHEIM B, JANOWITZ M. Dynamics of prejudice [M]. New York: Harper, 1950.

[110] BEUKEBOOM C J, FINKENAUER C, WIGBOLDUS D H J. The negation bias: When negations signal stereotypic expectancies [J]. Journal of Personality and Social Psychology, 2010, 99 (6): 978-992.

[111] BI C, YBARRA O, ZHAO Y. Accentuating your masculine side: Agentic traits generally dominate self-evaluation, even in China [J]. Social Psychology, 2013, 44 (2): 103-108.

[112] BIERNAT M, KOBRYNOWICZ D. Gender-and race-based standards of competence: Lower minimum standards but higher ability standards for devalued groups [J]. Journal of Personality and Social Psychology, 1997, 72: 544-557.

[113] BIGLER R S, LIBEN L S. Developmental intergroup theory explaining and reducing children's social stereotyping and prejudice [J]. Current Directions in Psychological Science, 2007, 16 (3): 162-166.

[114] BIGLER R S. Conceptual and methodological issues in the measurement of children sex-typing [J]. Psychology of Women Quarterly, 1997, 21: 53-69.

[115] BLAIR I V, MA J E, LENTON A P. Imagining stereotypes away: The moderation of implicit stereotypes through mental imagery [J]. Journal of Personality and Social Psychology, 2001, 81 (5): 828-841.

[116] BLAIR I V. The malleability of automatic stereotypes and prejudice [J]. Personality and Social Psychology Review, 2002, 6 (3): 242-261.

[117] BLANTON H, JACCARD J, GONZALES P M, et al. Decoding the Implicit Association Test: Perspectives on criterion prediction [J]. Journal of Experimental Social Psychology, 2006, 42: 192-212.

[118] BODENHAUSEN G V. Stereotypic biases in social decision making and memory: Testing process models of stereotype use [J]. Journal of Personality and Social Psychology, 1988, 55 (5): 726-737.

[119] BODUROGLU A, YOON C, LUO T. Age-related stereotypes: A comparison of American and Chinese cultures [J]. Gerontology, 2006, 52 (5): 324-333.

[120] BOGARDUS E S. Measuring social distances [J]. Journal of Applied Sociology, 1925, 9: 299-308.

[121] BOSSON J K, SWANN W B, PENNEBAKER J W. Stalking the perfect measure of implicit self-esteem: The blind men and the elephant revisited? [J]. Journal of Personality and Social Psychology, 2000, 79 (4): 631-643.

[122] BOUSFIELD C, HUTCHISON P. Contact, anxiety, and young people's attitudes and behavioral intentions towards the eldly [J]. Educational Gerontology, 2010, 36 (6): 451-466.

[123] BRADLEY M M, CODISPOTI M, CUTHBERT B N, et al. Emotion and motivation: Defensive and appetitive reactions in picture processing [J]. Emotion, 2001, 1: 276-298.

[124] BRAMBILLA M, RUSCONI P, SACCHI S, et al. Looking for honesty: The primary role of morality in information gathering [J]. European Journal of Social Psychology, 2011, 41 (2): 135-143.

[125] BRAMBILLA M, SACCHI S, RUSCONI P, et al. You want to give a good impression? Be honest! Moral traits dominate group impression formation [J]. British Journal of Social Psychology, 2012, 51 (1): 149-166.

[126] BREAKWELL G. Social representations and social identity [J]. Social Representations, 1993, 2: 198-217.

[127] BREND C M, MARKMAN A B, MESSNER C. How do indirect measures of evaluation work? Evaluating the inference of prejudice in the Implicit Association Test [J]. Journal of Personality and Social Psychology, 2001, 81: 760-773.

[128] BRESCOLL V L, UHLMANN E L. Can an angry woman get ahead? Status conferral, gender, and expression of emotion in the workplace [J]. Psychological Science, 2008, 19: 268-275.

[129] BREWER M B. The nature of prejudice: Ingroup love or outgroup hate? [J]. Journal of Social Issues, 1999, 55: 429-444.

[130] BRIGHAM J C. Ethnic stereotypes [J]. Psychological Bulletin, 1971, 76: 15-38.

[131] BRISLIN R. Understanding culture's influence on behavior [M]. Fort Worth, TX: Harcourt Brace Jovanovich, 1993: 153-168.

[132] BRODY L R, HALL J A. Handbook of emotions [M]. New York: Guilford Press, 2000: 338-349.

[133] BROOKE, G. E. My personal journey toward professionalism [J]. Young Children, 1994, 49 (6): 69-71.

[134] BROVENNAN K, VOGEL S R, BROVENNAN D M, et al. Sex role stereotypes: A current appraisal [J]. Journal Social Issues, 1972, 28: 59-68.

[135] BRUNEAU E G, SAXE R. The power of being heard: The benefits of "perspective-giving" in the context of intergoup conflict [J]. Journal of Experimental Social Psychology, 2012, 48 (4): 855-866.

[136] BRY C, FOLLENFANT A, MEYER T. Blonde like me: When self-construals moderate stereotype priming effects on intellectual performance [J]. Journal of Experimental Social Psychology, 2008, 44 (3): 751-757.

[137] BUCHNER A, ERDFELDER E, VATERRODT-PLUENNECKE B. Toward unbiased measurement of conscious and unconscious memory processes within

the process dissociation framework [J]. Journal of Experimental Psychology, 1995, 124: 137-160.

[138] BURKLEY M, BLANTON H. Endorsing a negative in-group stereotype as a self-protective strategy: Sacrificing the group to save the self [J]. Journal of Experimental Social Psychology, 2008, 44 (1): 37-49.

[139] CAPRARIELLO P A, CUDDY A J C, FISKE S T. Social structure shapes cultural stereotypes and emotions: A causal test of the stereotype content model [J]. Group Processes and Intergroup Relations, 2009, 12 (2): 147-155.

[140] CARLSSON R, BJÖRKLUND F. Implicit stereotype content: Mixed stereotypes can be measured with the implicit association test [J]. Social Psychology, 2010, 41 (4): 213-222.

[141] CAROLE S, DAVID A. Attitudes toward older adults reported by young adults: variation based on attitudinal task and attribute categories [J]. Psychology and Aging, 1996, 11 (4): 563-571.

[142] CARRIER A, LOUVET E, CHAUVIN B, et al. The primacy of agency over competence in status perception [J]. Social Psychology, 2014, 45 (5): 347-356.

[143] CASPER C, ROTHERMUND K, WENTURA D. Automatic stereotype activation is context dependent [J]. Social Psychology, 2010, 41 (3): 131-136.

[144] CASPER C, ROTHERMUND K, WENTURA D. The activation of specific facets of age stereotypes depends on individuating information [J]. Social Cognition, 2011, 29 (4): 393-414.

[145] CASTEL P, LACASSAGNE M F. Categorial points of view in social representation [J]. Language Sciences, 2002, 24: 667-678.

[146] CASTELLI L, PAVAN G, FERRARI E, et al. The stereotyper and the chameleon: The effects of stereotype use on perceivers' mimicry [J]. Journal of Experimental Social Psychology, 2009, 45 (4): 835-839.

[147] CHEN S, CHAIKEN S. Dual-process theories in social psychology [M]. New York: Guilford Press, 1999: 73-96.

[148] CHOI I, NISBETT R E, NORENZAYAN A. Causal attribution across cultures: Variation and universality [J]. Psychological Bulletin, 1999, 125:

47-63.

[149] CLARK A E, KASHIMA Y. Stereotypes help people connect with others in the community: A situated functional analysis of the stereotype consistency bias in communication [J]. Journal of Personality and Social Psychology, 2007, 93 (6): 1028-1039.

[150] CONREY F R, SHERMAN J W, GAWRONSKI B, et al. Separating multiple processes in implicit social cognition: The quad model of implicit task performance [J]. Journal of Personality and Social Psychology, 2005, 89 (4): 469-487.

[151] CUDDY A J C, FISKE S T, KWAN V S, et al. Stereotype content model across cultures: Towards universal similarities and some differences [J]. British Journal of Social Psychology, 2009, 48 (1): 1-33.

[152] CUDDY A J C, FISKE S T, GLICK P. The BIAS map: Behaviors from intergroup affect and stereotypes [J]. Journal of Personality and Social Psychology, 2007, 92 (4): 631-648.

[153] CUDDY A J C, FISKE S T, GLICK P. Warmth and competence as universal dimensions of social perception: The stereotypee content model and the BIAS map [J]. Advances in Experimental Social Psychology, 2008, 40: 61-149.

[154] DARIO P, JOSE L G. A southerner's response to an insular crituque: Where to find the social and how to understand the use of clusters in our studies on social representations [J]. Social Representations, 1993, 2 (1): 11-25.

[155] DASGUPTA N, ASGARI S. Seeing is believing: Exposure to counterstereotypic women leaders and its effect on the malleability of automatic gender stereotyping [J]. Journal of Experimental Social Psychology, 2004, 40 (5): 642-658.

[156] DAVID M. The handbook of culture and psychology [M]. Oxford: Oxford University Press, 2001.

[157] DAVIS M H, CONKLIN L, SMITH A, et al. Effect of perspective taking on the cognitive representation of persons: A merging of self and other [J]. Journal of Personality and Social Psychology, 1996, 70 (4): 713-726.

[158] DE HOUWER J. The extrinsic affective simon task [J]. Experimental Psychology, 2003, 50: 77-85.

[159] DE HOUWER J, MOORS A. Implicit measures: Similarities and differences

[J]. Handbook of implicit social cognition: Measurement, theory, and applications, 2010, 3: 176-196.

[160] DE HOUWER J, TEIGE-MOCIGEMBA S, SPRUYT A, et al. Implicit measures: A normative analysis and review [J]. Psychological Bulletin, 2009, 135 (3): 347-368.

[161] DE PAULA C, MARIA C P, KOLLER S H. Warmth and competence: Stereotypes of the elderly among young adults and older persons in Brazil [J]. International Perspectives in Psychology: Research, Practice, Consultation, 2012, 1 (1): 52-62.

[162] DEBRA O, KARA L. The content and function of gender self-stereotypes: An exploratory investigation [J]. Sex Roles, 2006, 54: 447-458.

[163] DECOSTER J, BANNER M, SMITH E. On the inexplicabiliy of the implicit: Differences in the information provided by implicit and explicit tests [J]. Social Cognition, 2006, 24 (1): 5-21.

[164] DEUTSCH R, CAWRONSKI B. When the method makes a difference: Antagonistic effects on "automatic evaluations" as a function of task characteristics of the measure [J]. Journal of Experimental Social Psychology, 2009, 45 (1): 101-114.

[165] DEVINE P G, ELLIOT A J. Are racial stereotypes really fading? The Princeton trilogy revisited [J]. Personality and Social Psychology Bulletin, 1995, 21: 1139-1150.

[166] DEVINE P G. Stereotypes and prejudice: Their automatic and controlled components [J]. Journal of Personality and Social Psychology, 1989, 56 (1): 5-18.

[167] DIEKMAN A B, HIRNISEY L. The effect of context on the silver ceiling: A role congruity perspective on pejudiced responses [J]. Personality and Social Psychology Bulletin, 2007, 33 (10): 1353-1366.

[168] DIMDINS G, MONTGOMERY H. Differentiating in-group favoritism from shared reality in intergroup perception [J]. Scandinavian Journal of Psychology, 2004, 45 (5): 417-427.

[169] DURIK A M, HYDE J S, MARKS A C, et al. Ethnicity and gender stereotypes of emotion [J]. Sex Poles, 2006, 54: 429-445.

[170] DUVEEN G, ROSA A D. Social representations and the genesis of social knowledge [J]. Ongoing Production on Social Representations, 1992, 1 (2/3): 94-108.

[171] DUVEEN G. The psychosocial production of ideas: Social representations and psychologic [J]. Culture and Psychology, 1998, 4: 455-472.

[172] EAGLY A H, STEFFEN V J. Gender stereotypes stem from the distribution of women and men into social roles [J]. Journal of Personality and Social Psychology, 1984, 46 (4): 735-754.

[173] ECKES T. Features of men, features of women: Assessing stereotypic beliefs about gender subtypes [J]. British Journal of Social Psychology, 1994, 33: 107-123.

[174] EDWIN P, HUB L. In-group favoritism and the reflection of realistic dimensions of difference between national states in central and eastern European nationality stereotype [J]. British Journal of Social Psychology, 1999, 38: 85-102.

[175] EGLOFF B, SCHMUKLE S C. Predictive validity of an implicit association test for assessing anxiety [J]. Journal of Personality and Social Psychology, 2002, 83 (6): 1441-1455.

[176] EGLOFF B, SCHWERDTFEGER A, SCHMUKLE S C. Temporal stability of the implicit association test—anxiety [J]. Journal of Personality Assessment, 2005, 84 (1): 82-88.

[177] ELIZABETH W D, BARBARA A S. Forgetting by remembering: Stereotype inhibition through rehearsal of alternative aspects of identity [J]. Journal of Experimental Social Psychology, 2003, 39: 420-433.

[178] HYDE J S, GOLDSMITH H H, et al. Gender differences in temperament: A meta-analysis [J]. Psychological Bulletin, 2006, 132: 33-72.

[179] EPLEY N, KEYSAR B, VAN BOVEN L, et al. Perspective taking as egocentric anchoring and adjustment [J]. Journal of Personality and Social Psychology, 2004, 87 (3): 327-339.

[180] ERBER R, FISKE S T. Outcome dependency and attention to inconsistent information [J]. Journal of Personlity and Social Psychology, 1984, 47 (4): 709-726.

[181] FARR R. Social representations [M]. Cambridge: Cambridge University

Press, 1984.

[182] FARR R. Empirical approaches to social representations [M]. Oxford: Clarendon Press, 1993: 15-38.

[183] FAZIO R, OLSON M. Implicit measures in social cognition research: Their meaning and use [J]. Annual Review of Psychology, 2003, 54: 297-327.

[184] FAZIO R H. Advances in experimental social psychology [M]. San Diego, CA: Academic Press, 1990: 75-109.

[185] FAZIO R, JACKSON J, DUNTON B, et al. Variability in automatic activation as an unobtrusive measure of racial attitudes: A bona fide pipeline [J]. Journal of Personality and Social Psychology, 1995, 69 (6): 1013-1027.

[186] FEIN S, SPENCER S J. Prejudice as self image maintenance: Affirming the self through derogating others [J]. Journal of Personality and Social Psychology, 1997, 73: 31-44.

[187] FESTINGER L. A theory of social comparison [J]. Human Relations, 1950, 7: 117-140.

[188] FISKE S T. Social beings: Core motives in social psychology [M]. New York: Wiley, 2009.

[189] FISKE S T, CUDDY A J C, GLICK P S, et al. A model of (often mixed) stereotype content: Competence and warmth respectively follow from perceived status and competition [J]. Journal of Personality and Social Psycholcgy, 2002, 82: 878-902.

[190] FISKE S T, CUDDY A J, GLICK P. Universal dimensions of social cognition: Warmth and competence [J]. Trends in Cognitive Sciences, 2007, 11 (2): 77-83.

[191] FISKE S T, XU J, CUDDY A J C, et al. (Dis)respecting versus(dis)liking: Status and interdependence predict ambivalent stereotypes of competence and warmth [J]. Journal of Social Issues, 1999, 55: 473-489.

[192] FISKE S T. Controlling other people: The impact of power on stereotyping [J]. American Psychologyist, 1993, 48: 621-628.

[193] FISKE S T. Unintended thought [M]. New York: Guilford Press, 1989: 253-283.

[194] FISKE S T. Thinking is for doing: Portraits of social cognition from

daguerreotype to laserphoto [J]. Journal of Personality and Social Psychology, 1992, 63: 877-889.

[195] FISKE S T. Handbook of social psychology [M]. Boston: McGraw-Hill, 1998: 357-411.

[196] FISKE S T, NEUBERG S L. Advances in experimental social psychology [M]. San Diego, CA: Academic Press, 1990: 1-74.

[197] FLAMENT C. Consensus, salience and necessity in social representations [J]. Social Representations, 1994, 3: 97-105.

[198] FLAMENT C. Social representations [M]. Cambridge: Cambridge University Press, 1984.

[199] FORD T E, STANGOR C. The role of diagnosticity in stereotype formation: Perceiving group means and variances [J]. Journal of Personality and Social Psychology, 1992, 63 (3): 356-367.

[200] FRASER C. Attitudes, social representations and widespread beliefs [J]. Social Representations, 1994, 3: 13-25.

[201] FREDDI S, TESSIER M, LACRAMPE R, et al. Affective judgement about information relating to competence and warmth: An embodied perspective [J]. British Journal of Social Psychology, 2014, 53 (2): 265-280.

[202] FYOCK J, STANGOR C. The role of memory biases in stereotype maintenance [J]. British Journal of Social Psychology, 2011, 33 (3): 331-343.

[203] GAERTNER S L, MCLAUGHLIN J P. Racial stereotypes: Associations and ascriptions of positive and negative characteristics [J]. Social Psychology Quarterly, 1983, 46: 23-30.

[204] GALINSKY A D, WANG C S, KU G. Perspective-takers behave more stereotypically [J]. Journal of Personality and Social Psychology, 2008, 95 (2): 404-419.

[205] GALINSKY A D, KU G. The effects of perspective-taking on prejudice: The moderating role of self-evaluation [J]. Personality and Social Psychology Bulletin, 2004, 30 (5): 594-604.

[206] GALINSKY A D, MOSKOWITZ G B. Perspective-taking: Decreasing stereotype expression, stereotype accessibility, and in-group favoritism [J]. Journal of Personality and Social Psychology, 2000, 78 (4): 708-724.

[207] GARDNER R C, WONNACOTT E J, TAYLOR D M. Ethnic stereotypes: A

factor analysis investigation [J]. Canadian Journal of Psychology, 1968, 22: 35-44.

[208] GAWRONSKI B, BODENHAUSEN G V. Associative and propositional processes in evaluation: An integrative review of implicit and explicit attitude change [J]. Psychological Bulletin, 2006, 132 (5): 692-731.

[209] GAWRONSKI B, DEUTSCH R, MBIRKOU S, et al. When "just say no" is not enough: Affirmation versus negation training and the reduction of automatic stereotype activation [J]. Journal of Experimental Social Psychology, 2008, 44 (2): 370-377.

[210] GAWRONSKI B, RYDELL R J, VERVLIET B, et al. Generalization versus contextualization in automatic evaluation [J]. Journal of Experimental Psychology: General, 2010, 139 (4): 683-701.

[211] GILBERT D T, FISKE S T. Handbook of social psychology [M]. Boston: McGraw-Hill, 1998: 357-411.

[212] GILBERT D T, HIXON J G. The trouble of thinking: Activation and application of stereotypic beliefs [J]. Journal of Personality and Social Psychology, 1991, 60 (4): 509-517.

[213] GILBERT D T, MALONE P S. The correspondence bias [J]. Psychological Bulletin, 1995, 117: 21-38.

[214] GILBERT G M. Stereotype persistence and change among college students [J]. Journal of Personality and Social Psychology, 1951, 46: 245-254.

[215] GINO F, GALINSKY A D. Vicarious dishonesty: When psychological closeness creates distance from one's moral compass [J]. Organizational Behavior and Human Decision Processes, 2012, 119 (1): 15-26.

[216] GOMEZ J L G, ANDREU J M, ROGERS H L, et al. Structural dimensions of the social representation of aggression [J]. Social Behavior and Personality, 2003, 31 (3): 223-236.

[217] GOODWIN G P, PIAZZA J, ROZIN P. Moral character predominates in person perception and evaluation [J]. Journal of Personality and Social Psychology, 2014, 106 (1): 148-169.

[218] GOTTFREDSON L S. Career choice and development [M]. San Francisco: Jossey-Bass, 2002.

[219] GREEN D M, SWETS J A. Signal detection theory and psychophysics [M]. New York: Wiley, 1996.

[220] GREENWALD A G, BANAJI M R, RUDMAN L A, et al. A unified theory of implicit attitudes, stereotypes, self-esteem, and self-concept[J]. Psychological Review, 2001, 109 (1): 3-25.

[221] GREENWALD A G, BANAJI M R. Implicit social cognition: Attitudes, self-esteem, and stereotypes [J]. Psychological Review, 1995, 102 (1): 4-27.

[222] GREENWALD A G, FARHAM S D. Using the Implicit Association Test to measure self-esteem and self-concept [J]. Journal of Personality and Social Psychology, 2000, 79 (6): 1022-1038.

[223] GREENWALD A G, MCGHEE E, SCHWARTZ J L K, et al. Measuring individual differences in implicit cognition: The Implicit Association Test [J]. Journal of Personality and Social Psychology, 1998, 74 (5): 181-198.

[224] GREENWALD A G, POEHLMAN T A, UHLMANN E L, et al. Understanding and using the Implicit Association Test: Meta-analysis of predictive validity [J]. Journal of Personality and Social Psychology, 2009, 97 (1): 17-41.

[225] GUIMELLI C. Locating the central core of social representations: Towards a method [J]. European Journal of Social Psychology, 1993, 23: 555-559.

[226] GUINOTE A, WILLIS G B, MARTELLOTTA C. Social power increases implicit prejudice [J]. Journal of Experimental Social Psychology, 2010, 46 (2): 299-307.

[227] HADDOCK G, ZANNA M P, ESSES V M. Assessing the structure of prejudicial attitudes: The case of attiudes toward homosexuals [J]. Journal of Personality and Social Psychology, 1993, 65: 1105-1118.

[228] HANSEN C H, HANSEN R D. Finding the face in the crowd: An anger superiority effect [J]. Journal of Personality and Social Psychology, 1988, 54 (6): 917-924.

[229] HASTIE R, KUMAR R A. Person memory: Personality traits as organizing principles in memory for behaviors [J]. Journal of Personality and Social Psychology, 1979, 37 (1): 25-38.

[230] HASTIE R. Causes and effects of causal attribution [J]. Journal of Personality and Social Psychology, 1984, 46: 44-56.

[231] HEFLICK N A, GOLDENBERG J L, COOPER D P, et al. From women to objects: Appearance focus, target gender, and perceptions of warmth, morality and competence [J]. Journal of Experimental Social Psychology, 2011, 47 (3): 572-581.

[232] HEILMAN M E, WALLEN A S, FUCHS D, et al. Penalties for success: Reactions to women who succeed at male tasks [J]. Journal of Applied Psychology, 2004, 89 (3): 416-427.

[233] HEINE S J, LEHMAN D R, MARKUS H R, et al. Is there a universal need for positive self-regard? [J]. Psychological Review, 1999, 106: 766-794.

[234] HENDERSON M D, TROPE Y. The effects of abstraction on integrative agreements: When seeing the forest helps avoid getting tangled in the tress [J]. Social Cognition, 2009, 27 (3): 402-417.

[235] HINKLEY K, ANDERSEN S. The working self-concept in transference: Significant-other activation and self-change [J]. Journal of Personality and Social Psychology, 1996, 71: 1279-1295.

[236] HOFMANN W, BAUMERT A. Immediate affect as a basis for intuitive moral judgement: An adaptation of the affect misattribution procedure [J]. Cognition and Emotion, 2010, 24 (3): 522-535.

[237] HOFMANN W, GAWRONSKI B, GSCHWENDNER T, et al. A meta-analysis on the correlation between the Implicit Association Test and explicit self-report measures [J]. Personality and Social Psychology Bulletin, 2005, 31 (10): 1369-1385.

[238] HOFMANN W, GSCHWENDNER T, NOSEK B A, et al. What moderates implicit-explicit consistency? [J]. European Review of Social Psychology, 2005, 16: 335-390.

[239] HOLOIEN D S, FISKE S T. Downplaying positive impressions: Compensation between warmth and competence in impression mangement [J]. Journal of Experimental Social Psychology, 2013, 49 (1): 33-41.

[240] HUANG Y X, LUO Y J. Temporal course of emotional negativity bias: An ERP study [J]. Neuroscience Letters, 2006, 398 (1-2): 91-96.

[241] HUNT M. Status, religion, and the "belief in a just world": Comparing African Americans, Latinos, and Whites [J]. Social Science Quarterly,

2000, 81: 325-343.

[242] HUNTSINGER J R, SINCLAIR S, DUNN E, et al. Affective regulation of stereotype activation: It's the (accessible) thought that counts [J]. Personality and Social Psychology Bulletin, 2010, 36 (4): 564-577.

[243] HUNYADY G. Stereotypes during the decline and fall of communism: Hungary as an experimental field [M]. London: Routledge, 1998: 1-93.

[244] IMADA A S, FLETCHER C, DALESSIO A. Individual correlates of an occupational stereotype: A reexamination of the stereotype of accountants [J]. Journal of Applied Psychology, 1980, 65 (4): 436-439.

[245] IMHOFF R, SCHMIDT A F, BERNHARDT J, et al. An inkblot for sexual preference: A semantic variant of the affect misattribution procedure [J]. Cognition and Emotion, 2010, 1: 1-15.

[246] JACKSON L A, SULLIVAN L A, HODGE C N. Stereotype effects of attributions, predictions, and evaluations: No two social judgments are quite alike [J]. Journal of Personality and Social Psychology, 1993, 65 (1): 69-84.

[247] JAHODA G. Critical notes and reflections on "social representations" [J]. European Journal of Social Psychology, 1988, 18: 195-209.

[248] JAMES W. The principles of psychology[M]. New York: Henry Holt, 1890.

[249] JAMIESON D W, LYDON J E, ZANNA M P. Attitude and activity preference similarity: Differential bases of interpersonal attraction for low and high self-monitors [J]. Journal of Personality and Social Psychology, 1987, 53: 1052-1060.

[250] JELENEC P, S M C. Implicit attitudes toward elderly women and men [J]. Current Research in Social Psychology, 2002, 7 (16): 275-293.

[251] JELENEC S. Implicit attitudes toward elderly women and men [J]. Current Research in Social Psychology, 2002, 7 (16): 275-293.

[252] JENNIFER C, BRENDA M. Social stigma and self-esteem: The self-protective properties of stigma [J]. Psychological Review, 1989, 96 (4): 608-630.

[253] JOHN O P, ROBINS R W. Accuracy and bias in self-perception: Individual differences in self-enhancement and the role of narcissism [J]. Journal of Personality and Social Psychology, 1994, 66 (1): 206-219.

[254] JOHNSON J T, SCHULMAN G A. More alike than meets the eye: Perceived gender differences in subjective experience and its display [J]. Sex Roles, 1988, 19: 67-79.
[255] JOHNSTON L C, MACRAE C N. Changing social stereotypes: The case of the information seeker [J]. European Journal of Social Psychology, 1994, 24 (5): 581-592.
[256] JOST J T. PELHAM B W, CARVALLO M R, et al. Non-conscious forms of system justification: Implicit and behavioral preferences for higher status groups [J]. Journal of Experimental and Social Psychology, 2002, 38 (5): 586-602.
[257] JOST J T. Social representations and the philosophy of science: Belief in ontological realism as objectification [J]. Ongoing Production on Social Representations, 1992, 1 (2-3): 116-124.
[258] JUDD C M, JAME HAWKINS L, YZERBYT V Y, et al. Fundamental dimensions of social judgment: Understanding the relations between judgments of competence and warmth [J]. Journal of Personality and Social Psychology, 2005, 89 (6): 899-913.
[259] KARLINS M, COFFMAN T L, WALTERS G. On the fading of social stereotypes: Studies in three generations of college students [J]. Journal of Personality and Social Psychology, 1969, 13: 1-16.
[260] KARPINKSI A, STEINMAN R B. The single category implicit association test as a measure of implicit social cognition [J]. Journal of Personality and Social Psychology, 2006, 91 (1): 16-32.
[261] KARPINSKI A, HILTON J L. Attitudes and the implicit association test [J]. Journal of Personality and Social Psychology, 2001, 81: 774-788.
[262] KARPINSKI A. Measuring self-esteem using the implicit association test: The role of the other [J]. Personality and Social Psychology Bulletin, 2004, 30: 22-34.
[263] KARPINSKI A, STEINMAN R. The single category implicit association test as a measure of implicit social cognition [J]. Journal of Personality and Social Psychology, 2006, 91 (1): 16-32.
[264] KATZ D, BRALY K W. Racial stereotypes in one hundred college students [J]. Journal of Abnormal and Social Psychology, 1993, 28: 280-290.

[265] KAWAKAMI K, DOVIDIO J F, MOLL J, et al. Just say no (to stereotyping): Effects of training in the negation of stereotypic associations on stereotype activation [J]. Journal of Personality and Social Psychology, 2000, 78 (5): 871-888.

[266] KELLY J R, HUTSON COMEAUX S L. Gender-emotion stereotypes are context specific [J]. Sex Roles, 1999, 40: 107-120.

[267] KENWORTHY J B, TAUSCH N. Expectations about the accuracy and stability of warmth versus competence traits: An intergroup analysis [J]. European Journal of Social Psychology, 2008, 38 (7): 1121-1129.

[268] KERVYN N, BERGSIEKER H B, FISKE S T. The innuendo effect: Hearing the positive but inferring the negative [J]. Journal of Experimental Social Psychology, 2012, 48 (1): 77-85.

[269] KERVYN N, JUDD C M, YZERBYT V Y. You want to appear competent? Be mean! You want to appear sociable? Be lazy! Group differentiation and the compensation effect [J]. Journal of Experimental Social Psychology, 2009, 45 (2): 363-367.

[270] KERVYN N, YZERBYT V Y, JUDD C M, et al. A question of compensation: The social life of the fundamental dimensions of social perception [J]. Journal of Personality and Social Psychology, 2009, 96 (4): 828-842.

[271] KERVYN N, YZERBYT V Y, JUDD C M. Compensation between warmth and competence: Antecedents and consequences of a negative relation between the two fundamental dimensions of social perception [J]. European Review of Social Psychology, 2010, 21 (1): 155-187.

[272] KERVYN N, YZERBYT V Y, JUDD C M. When compensation guides inferences: Indirect and implicit measures of the compensation effect [J]. European Journal of Social Psychology, 2011, 41 (2): 144-150.

[273] KITE M E, JOHNSON B T. Attitudes toward older and younger adults: A meta-analysis [J]. Psychology and Aging, 1988, 3: 233-244.

[274] KLAUER K C, VOSS A, SCHMITZ F, et al. Process components of the Implicit Association Test: A diffusion-model analysis [J]. Journal of Personality and Social Psychology, 2007, 93 (3): 353-368.

[275] KORNBLUM S, HASBROUCQ T, OSMAN A. Dimensional overlap: Cognitive

basis for stimulus-response compatibility: A model and taxonomy [J]. Psychological Review, 1990, 97: 253-270.

[276] KOZAK M N, MARSH A A, WEGNER D M. What do I think you're doing? Action identification and mind attribution [J]. Journal of Personality and Social Psychology, 2006, 90 (4): 543-555.

[277] KRUEGER R A, CASEY M A. Focus groups: A practical guide for applied research [M]. Thousand Oaks, CA: Sage Publications, 2000.

[278] KU G, WANG C S, GALINSKY A D. Perception through a perspective-taking lens: Differential effects on judgment and behavior [J]. Journal of Experimental Social Psychology, 2010, 46 (5): 792-798.

[279] KURZ T, LYONS A. Intergroup influences on the stereotype consistency bias in communication: Does it matter who we are communicating about and to whom we are communicating? [J]. Social Cognition, 2009, 27 (6): 893-904.

[280] LAFRANCE M, HECHT M A, PALUCK E L. The contingent smile: A meta-analysis of sex differences in smiling [J]. Psychological Bulletin, 2003, 129: 305-334.

[281] LE PELLEY M E, REIMERS S J, CALVINI G, et al. Stereotype formation: Biased by association [J]. Journal of Experimental Psychology: General, 2010, 139 (1): 138-161.

[282] LEACH C W, ELLEMERS N, BARRETO M. Group virtue: The importance of morality in the positive evaluation of in-groups [J]. Journal of Personality and Social Psychology, 2007, 93 (2): 234-249.

[283] LEANDER N P, CHARTRAND T L, WOOD W. Mind your mannerisms: Behavioral mimicry elicits stereotype conformity [J]. Journal of Experimental Social Psychology, 2011, 47 (1): 195-201.

[284] LEVY B R, SLADE M D, MAY J, et al. Physical recovery after acute myocardial infarction: Positive age self-stereotypes as a resource [J]. The International Journal of Aging and Human Development, 2006, 62 (4): 285-301.

[285] LIAN S F. An experimental study on the implicit effect of ingroup/outgroup favoritism [J]. Psychological Science, 2005, 28 (1): 93-95.

[286] LIN M D, KWAN V S Y, CHEUNG A, et al. Stereotype content model

explains prejudice for an envied outgroup: Scale of anti-Asian American stereotypes [J]. Personality and Social Psychology Bulletin, 2005, 31 (1): 34-47.

[287] LINDEMAN M. Representing god [J]. Social Representations, 2002, 11: 1-13.

[288] LINSSEN H, HAGENDOORN L. Social and geographical factors in the explanation of the content of European Nationality stereotypes [J]. British Journal of Social Psychology, 1994, 33: 165-182.

[289] LIPPMAN W. Public opinion [M]. New York: Harcourt and Brace, 1922: 10-11.

[290] LIVINGSTON R W, BREWER M B. What are we really priming? Cue-based versus category-based processing of facial stimuli [J]. Journal of Personality and Social Psychology, 2002, 82 (1): 5-18.

[291] LOWERY B S, HARDIN C D, SINCLAIR S. Social influence effects on automatic racial prejudice [J]. Journal of Personality and Social Psychology, 2001, 81 (5): 842-855.

[292] LYONS A, KASHIMA Y. How are stereotypes maintained through communication? The influence of stereotype sharedness [J]. Journal of Personality and Social Psychology, 2003, 85 (6): 989-1005.

[293] MACRAE C N, BODENHAUSEN G V, MILNE A B. The dissection of selection in person perception: Inhibitory processes in social stereotyping [J]. Journal of Personality and Social Psychology, 1995, 69 (3): 397-407.

[294] MACRAE C N, STANGOR C, HEWSTONE. Stereotypes and stereotyping [M]. New York: Guilford, 1996: 42.

[295] MACRAE C N. Stereotypes as energy-saving devices: A peek inside the cognitive toolbox [J]. Jourrnal of Personality and Social Psychology, 1994, 66 (1): 37-47.

[296] MACRAE C N, HOOD B M, MILNE A B, et al. Are you looking at me? Eye gaze and person perception [J]. Psychological Science, 2002, 13 (5): 460-464.

[297] MAHZARIN R B, ANTHONY G G. Gender bias in fame judgments [J]. Sex Roles, 1995, 68 (2): 182-183.

[298] MANER J K, KASCHAK M P, JONES J L. Social power and the advent of action [J]. Social Cognition, 2010, 28 (1): 122-132.

[299] MANER J, MILLER S, ROUBY D, et al. Intrasexual vigilance: The implicit cognition of romantic rivalry [J]. Journal of Personality and Social Psychology, 2009, 97 (1): 74-87.

[300] MARKUS H R, KITAYAMA S. Culture and self: Implications for cognitions, emotion, and motivation [J]. Psychology Review, 1991, 98 (2): 224-253.

[301] MARY L H, TERI A G, LAURIE T O. Using the implicit association test to measure age differennces in implicit social cognitions [J]. Psychology and Aging, 2002, 17 (3): 482-495.

[302] MASCARO O, SPERBER D. The moral, epistemic, and mindreading components of children's vigilance towards deception [J]. Cognition, 2009, 112 (3): 367-380.

[303] MATSUMOTO D. Culture and psychology [M]. CA: Brooks/Cole Publishing Company, 1996: 206-218.

[304] MATTHEWS J L. Hidden sexism: Facial prominence and its connections to gender and occupational status in popular print media [J]. Sex Roles, 2007, 57: 515-525.

[305] MCCANN R, GILES H. Stereotyping and prejudice against older persons [M]. Cambridge, MA: MIT Press, 2002.

[306] MCCAULEY C, STITT C L. An individual and quantitative measure of stereotypes [J]. Journal of Personality and Social Psychology, 1978, 36 (9): 929-940.

[307] MCFARLAND S G, CROUCH Z A. Cognitive skill confound on the implicit association test [J]. Social Cognition, 2002, 20: 483-510.

[308] MCGREGOR L, ZANNA M P, HOLMES J G, et al. Compensatory conviction in the face of personal uncertainty: Going to extremes and being oneself [J]. Journal of Personality and Social Psychology, 2001, 80 (3): 472-488.

[309] MEAD G H. Mind, self and society [M]. Chicago: University of Chicago Press, 1934.

[310] MEIER K, KIRCHLER E. Social representations of the euro in Austria [J]. Journal of Economic Psychology, 1998, 19: 755-774.

[311] MEISER T, HEWSTONE M. Cognitive processes in stereotype formation: The role of correct contingency learning for biased group judgments [J]. Journal of Personality and Social Psychology, 2004, 87 (5): 599-614.

[312] MIERKE J, KLAUER K C. Method-specific variance in the implicit association test [J]. Journal of Personality and Social Psychology, 2003, 85 (6): 1180-1192.

[313] MITCHELL J P, NOSEK B A, BANAJI M R. Contextual variations in implicit evaluation [J]. Journal of Experimental Psychology: General, 2003, 132 (3): 455-469.

[314] MOLINER P, TAFANI E. Attitudes and social representations: A theoretical and experimental approach [J]. European Journal of Social Psychology, 1997, 27: 687-702.

[315] MOLINER P. Two-dimensional model of social representations [J]. European Journal of Social Psychology, 1995, 25: 27-44.

[316] MOOR C, ZIMPRICH D, SCHMITT M, et al. Personality, aging self-perceptions and subjective health: A mediation model [J]. The International Journal of Aging and Human Development, 2006, 63 (3): 241-257.

[317] MOSCOVICI S. Social cognition: Perspectives on everyday [M]. London: Academic Press, 1981: 181-209.

[318] MOSCOVICI S. Attitudes and opinions [J]. Annual Review of Psychology, 1963, 14: 231-260.

[319] MOSCOVICI S. Notes towards a description of social representations [J]. European Journal of Social Psychology, 1988, 18: 211-250.

[320] MOSCOVICI S. The psychology of the social [M]. Cambridge: Cambridge University Press, 1998: 209-274.

[321] MOSKOWITZ G B, GOLLWITZER P M, WASEL W, et al. Preconscious control of stereotype activation through chronic egalitarian goals [J]. Journal of Personality and Social Psychology, 1999, 77 (1): 167-184.

[322] MOSKOWITZ G B, LI P. Egalitarian goals trigger stereotype inhibition: A proactive form of stereotype control [J]. Journal of Experimental Social Psychology, 2011, 47 (1): 103-116.

[323] MURPHY S, ZAJONC R. Affect, cognition, and awareness: Affective priming

with optimal and suboptimal stimulus exposures [J]. Journal of Personality and Social Psychology, 1993, 64 (5): 723-739.

[324] NG K Y, KOH C, ANG S, et al. Rating leniency and halo in multisource feedback ratings: Testing cultural assumptions of power distance and individualism-collectivism [J]. Journal of Applied Psychology, 2011, 96 (5): 1033-1044.

[325] NISBETT R E, WILSON T D. Telling more than we can know: Verbal reports on mental processes [J]. Psychological Review, 1977, 84: 231-259.

[326] NOSEK B A, GREENWALD A G, BANAJI M R. Understanding and using the implicit association test: Method variables and construct validity [J]. Personality and Social Psychology Bulletin, 2005, 31: 166-180.

[327] NOSEK B A, BANAJI M R. The go/no-go association task [J]. Social Cognition, 2001, 19 (6): 625-666.

[328] OLSON M A, FAZIO R H. Reducing the infuence of extrapersonal associations on the implicit association test: Personalizing the IAT [J]. Journal of Personality and Social Psychology, 2004, 86: 653-657.

[329] PARMLEY M, CUNNINGHAM J G. Children's gender-emotion stereotypes in the relationship of anger to sadness and fear [J]. Sex Roles, 2008, 58: 358-370.

[330] PAYNE B K, CHENG C M, GOVORUN O, et al. An inkblot for attitudes: Affect misattribution as implicit measurement [J]. Journal of Personality and Social Psychology, 2005, 89 (3): 277-293.

[331] PAYNE B K, KROSNICK J A, PASEK J, et al. Implicit and explicit prejudice in the 2008 American presidential election [J]. Journal of Experimental Social Psychology, 2010, 46 (2): 367-374.

[332] PAYNE B K. Prejudice and perception: the role of automatic and controlled processes in misperceiving a weapon [J]. Journal of Personality and Social Psychology, 2001, 81: 181-192.

[333] PAYNE B K, BURKLEY M A, STOKES M B. Why do implicit and explicit attitude tests diverge? The role of structural fit [J]. Journal of Personality and Social Psychology, 2008, 94 (1): 16-31.

[334] PAYNE B K, HALL D L, CAMERON C D, et al. A process model of affect

misattribution [J]. Personality and Social Psychology Bulletin, 2010, 36 (10): 1397-1408.

[335] PEABODY D, SHMELYOV A G. Psychological characteristics of Russians [J]. European Journal of Social Psychology, 1996, 26: 507-512.

[336] PEETERS G. Evaluative meanings of adjectives in vitro and in context: Some theoretical implications and practical consequences of positive-negative asymmetry and behavioral-adaptive concepts of evaluation [J]. Psychological Belgica, 1992, 32: 211-231.

[337] PERUGINI M. Predictive models of implicit and explicit attitudes [J]. British Journal of Social Psychology, 2005, 44 (1): 29-45.

[338] PLAKS J E, STROESSNER S J, DWECK C S, et al. Person theories and attention allocation: Preferences for stereotypic versus counterstereotypic information [J]. Journal of Personality and Social Psychology, 2001, 80 (6): 876-893.

[339] POPPE E. Effects of changes in GNP and perceived group characteristics on national and ethnic stereotypes in central and eastern Europe [J]. Journal of Applied Social Psychology, 2001, 31: 1689-1708.

[340] PRESTWICH A, PERUGINI M, HURLING R, et al. Using the self to change implicit attitudes [J]. European Journal of Social Psycholoigy, 2010, 40 (1): 61-71.

[341] RADVANSKY G A, COPELAND E, VON HIPPEL W. Stereotype activation, inhibition, and aging [J]. Journal of Experimental Social Psychology, 2010, 46 (1): 51-60.

[342] REINHARD M A, STAHLBERG D, MESSNER M. Failure as an asset for high-status persons-relative group performance and attributed occupational success [J]. Journal of Experimental Social Psychology, 2008, 44: 501-518.

[343] ROBINSON M D, CLORE G L. Belief and feeling: Evidence for an accessibility model of emotional self-report [J]. Psychological Bulletin, 2002, 128: 934-960.

[344] ROEDIGER H L. Implicit memory: Retention without remembering [J]. American Psychologist, 1990, 45 (9): 1043-1054.

[345] ROGERS T B, KUIPER N A, KIRKER W S. Self-reference and the encoding

of personal information [J]. Journal of Personality and Social Psychology, 1997, 35 (9): 677-688.

[346] ROSENBERG S, JONES R. A method for investigating a person's implicit theory of personality: Theodore dreiser's view of people [J]. Journal of Personality and Social Psychology, 1972, 22: 372-386.

[347] ROSENBERG S, NELSON C, VIVEKANANTHAN P S. A multidimensional approach to the structure of personality impressions [J]. Journal of Personality and Social Psychology, 1968, 9 (4): 283-294.

[348] ROTHERMUND K, WENTURA D. Underlying processes in the implicit association test (IAT): Dissociating salience from associations [J]. Journal of Experimental Psychology: General, 2004, 133: 139-165.

[349] RUDMAN L A, ASHMORE R D, GARY M L. "Unlearning" automatic biases: The malleability of implicit prejudice and stereotypes [J]. Journal of Personality and Social Psychology, 2001, 81: 856-868.

[350] RUDMAN L A, GOODWIN S A. Gender differences in automatic in-group bias: Why do women like women more than men like men? [J]. Journal of Personality and Social Psychology, 2004, 87 (4): 494-509.

[351] RUDMAN L A, KILIANSKI S E. Implicit and explicit attitudes toward female authority [J]. Personality and Social Psychology Bulletin, 2000, 26 (12): 1315-1328.

[352] RUDMAN L A. Self-promotion as a risk factor for women: The costs and benefits of counterstereotypical impression management [J]. Journal of Personality and Social Psychololgy, 1998, 74 (3): 629-645.

[353] RUSCHER J B, CRALLEY E L. How newly acquainted dyads develop shared stereotypic impressions through conversation [J]. Group Processes and Intergroup Relations, 2005, 8 (3): 259-270.

[354] RUSSELL A M T, FISKE S T. It's all relative: Competition and status drive interpersonal perception [J]. Eurpean Journal of Social Psychology, 2008, 38 (7): 1193-1201.

[355] RUTLAND A. The development of national prejudice, in-group favouritism and self-stereotypes in British children [J]. British Journal of Social Psychology, 1999, 38 (1): 55-70.

[356] RYAN E B, JIN Y S, ANAS A P, et al. Communication beliefs about youth and old age in Asia and Canada [J]. Journal of Cross-Cultural Gerontology, 2004, 19 (4): 343-360.

[357] SCHAWARZ N. Handbook of theories of social psychology [M]. Thousand Oaks, CA: Sage Publications, 2012: 289-308.

[358] SCHERER L, LAMBERT A. Contrast effects in priming paradigms: Implications for theory and research on implicit attitudes [J]. Journal of Personality and Social Psychololgy, 2009, 97 (3): 383-403.

[359] SCHIMEL J, SIMON L, GREENBERG J, et al. Stereotypes and terror management: Evidence that mortality salience enhances stereotypic thinking and preferences [J]. Journal of Personality and Social Psychology, 1999, 77 (5): 905-926.

[360] SCHNABEL K, ASENDORPF J B, GREENWALD A G. Assessment of individual differences in implicit cognition [J]. European Journal of Psychological Assessment, 2008, 24 (4): 210-217.

[361] SCHNABEL K, BANSE R, ASENDORPF J B. Assessment of implicit personality self-concept using the implicit association test (IAT): Concurrent assessment of anxiousness and angriness [J]. British Journal of Social Psychology, 2006, 45 (2): 373-396.

[362] SCHNABEL K, BANSE R, ASENDORPF J B. Employing automatic approach and avoidance tendencies for the assessment of implicit personality self-concept: The implicit association procedure (IAP)[J]. Experimental Psychology, 2006, 53 (1): 69-76.

[363] SCHNEIDER W, SHIFFRIN R M. Controlled and automatic human information processing: Detection, search, and attention [J]. Psychological Review, 1977, 84: 1-66.

[364] SCHWARZ N, CLORE G L. Social psychology: Handbook of principles [M]. New York, NY: Guilford Press, 2007: 385-407.

[365] SCHWARZ N. Handbook of motivation and cognition: Foundations of social behavior [M]. New York, NY: Guilford Press, 2009: 527-561.

[366] SECHRIST G B, STANGOR C. Perceived consensus influences intergroup behavior and stereotype accessibility [J]. Journal of Personality and Social Psychology, 2001, 80: 645-654.

[367] SEIBT B. Stereotype threat and performance: How self-stereotypes influence processing by inducing regulatory foci [J]. Journal of Personality and Social Psychology, 2004, 87 (1): 38-56.

[368] SEKAQUAPTEWA D, ESPINAZA P, THOMPSON M, et al. Stereotypic explanatory bias: Implicit stereotyping as a predictor of discrimation [J]. Journal of Experimental Social Psychology, 2003, 39: 75-82.

[369] SHARIFF A F, TRACY J L. Knowing who's boss: Implicit perceptions of status from the nonverbal expression of pride [J]. Emotion, 2009, 9 (5): 631-639.

[370] SHERMAN J W, KRUSCHKE J K, SHERMAN S J, et al. Attentional processes in stereotype formation: A common model for category accentuation and illusory correlation [J]. Journal of Personality and Social Psychology, 2009, 96 (2): 305-323.

[371] SHIRAEV B E, LEVY D A. Cross-cultural psychology: Critical thinking and contemporary applications [M]. Boston, MA: Pearson, 2012.

[372] SINCLAIR S, HARDIN C D, LOWERY B S. Self-stereotyping in the context of multiple social identities [J]. Journal of Personality and Social Psychology, 2006, 90 (4): 529-542.

[373] SIX B, ECKES T. A closer look at the complex structure of gender stereotypes [J]. Sex Roles, 1991, 24: 57-71.

[374] SLOTTERBACK C S, SAARNIO D A. Attitudes toward older adults reported by young adults: Variation based on attitudinal task and attribute categories [J]. Psychology and Aging, 1996, 11 (4): 563-571.

[375] SMITH E R, DECOSTER J. Dual-process models in social and cognitive psychology: Conceptual integration and links to underlying memory systems [J]. Personality and Social Psychology Review, 2000, 4: 108-131.

[376] SMITH E R, MILLER D A, MAITNER A T. Familiarity can increase stereotyping [J]. Journal of Experimental Social Psychology, 2006, 42: 471-478.

[377] SOTIRAKOPOULOU K P, BREAKWELL G M. The use of different methodological approaches in the study of social representations [J]. Ongoing Production on Social Representations, 1992, 1 (1): 29-38.

[378] SPENCER S J, FEIN S, WOLFE C T, et al. Automatic activation of

stereotypes: The role of self-image threat [J]. Personality and Social Psychology Bulletin, 1998, 24: 1139-1152.

[379] STAPEL D A, LINDENBERG S. Coping with chaos: How disordered contexts promote stereotyping and discrimination [J]. Science, 2011, 332 (6026): 251-253.

[380] STEELE C M, ARONSON J. Stereotype threat and the intellectual test performance of African Americans [J]. Journal of Personality and Social Psychology, 1995, 69 (5): 797-811.

[381] STEFFENS M C. Is the implicit association test immune to faking? [J]. Experimental Psychology, 2004, 51: 165-179.

[382] STEWART B D, PAYNE B K. Bringing automatic stereotyping under control: Implementation intentions as efficient means of thought control [J]. Personality and Social Psychology Bulletin, 2008, 34 (10): 1332-1345.

[383] STRACK F, DEUTSCH R. Reflective and impulsive determinants of social behavior [J]. Personality and Social Psychology Review, 2004, 8 (3): 220-247.

[384] STROOP J R. Studies on the interference in serial verbal reactions [J]. Journal of Experimental Psychology, 1935, 59: 239-245.

[385] SUI J, HAN S H. Self-construal priming modulates neural substrates of self-awareness [J]. Psychological Science, 2007, 18 (10): 861-866.

[386] SUITNER C, MAASS A. The role of valence in the perception of agency and communion [J]. European Journal of Social Psychology, 2008, 38 (7): 1073-1082.

[387] SWELDENS, VAN OSSELAER S M J, JANISZEWSKI C. Evaluative conditioning procedures and the resilience of conditioned brand attitudes [J]. The Journal of Consumer Research, 2010, 37 (3): 473-489.

[388] SZILLIS U, STAHLBERG D. The face-ism effect in the internet differences in facial prominence of women and men [J]. International Journal of Internet Science, 2007, 2 (1): 3-11.

[389] TEIGE S, SCHNABLE K, BANSE R, et al. Assessment of multiple implicit self-concept dimensions using the extrinsic affective simon task (EAST) [J]. European Journal of Personality, 2004, 18: 495-520.

[390] TEIGE MOCIGEMBA S, KLAUER K C, ROTHERMUND K. Minimizing method-specific variance in the IAT: A single block IAT [J]. European Journal of Psychological Assessment, 2008, 24 (4): 237-245.

[391] THORNDIKE E L. A constant error in psychological ratings [J]. Journal of Applied Psychology, 1920, 4 (1): 25-29.

[392] TODOROV A. Social neuroscience: Toward understanding the underpinnings of the social mind [M]. Oxford: Oxford University Press, 2011: 54-76.

[393] TOMA C, YZERBYT V Y, CORNEILLE O. Nice or smart? Task relevance of self-characteristics moderates interpersonal projection [J]. Journal of Experimental Social Psychology, 2012, 48 (1): 335-340.

[394] TRIANDIS H C. Culture and social behavior [M]. New York: McGraw-Hill, 1994: 202.

[395] TRIANDIS H C. The self and social behavior in differing cultural contexts [J]. Psychological Review, 1989, 96 (3): 506-520.

[396] TURNER J C, OAKES P J, HASLAM S A, et al. Self and collective: Cognition and social context [J]. Personality and Social Psychology Bulletin, 1994, 20: 454-463.

[397] UHLMANN E L, BRESCOLL V L, MACHERY E. The motives underlying stereotype-based discrimination against members of stigmatized groups [J]. Social Justice Research, 2010, 23 (1): 1-16.

[398] VAN B J J, PACKER D J, CUNNINGHAM W A. The neural substrates of in-group bias: A functional magnetic resonance imaging investigation [J]. Psychological Science, 2008, 19 (11): 1131-1139.

[399] VERKUYTEN M, KINKET B, VAN DER WIELEN C. Preadolescents' understanding of ethnic discrimination [J]. The Journal of Genetic Psychology 1997, 158 (1): 97-112.

[400] VON HIPPEL W, SILVER L A, LYNCH M E. Stereotyping against your will: The role of inhibitory ability in stereotyping and prejudice among the elderly [J]. Personality and Social Psychology Bulletin, 2000, 26 (5): 523-532.

[401] VON HIPPEL W, SEKAQUAPTEWA D, VARGAS P. The linguistic intergroup bias as an implicit indicator of prejudice [J]. Journal of Experimental

Social Psychology, 1997, 33: 490-509.

[402] WAGNER W. Description, explanation and method in social representation research [J]. Social Representations, 1995, 4 (2): 1-176.

[403] WAGNER W. Progress in Asian social psychology [M]. Singapore: Wiley, 1997.

[404] WAGNER W. Queries about social representations and construction [J]. Journal for the Theory of Social Behaviour, 1996, 26 (2): 95-120.

[405] WAGNER W, MDECHA A. Theories and controversies in social psychology [M]. Budapest: New Mandate, 2003.

[406] WAGNER W, DUVEEN G, FATT R, et al. Theory and methods of social representations [J]. Asian Journal of Social Psychology, 1999, 2: 95-125.

[407] WEGNER D M, BARGH J A. Handbook of social psychology [M]. New York: McGraw-Hill, 1998: 446-496.

[408] WENTURA D, ROTHERMUND K. Implicit measures of attitudes [M]. New York: Guilford, 2007: 195-215.

[409] WHEELER S, PETTY R E. The effects of stereotype activation on behavior: A review of possible mechanisms [J]. Psychological Bulletin, 2001, 127 (6): 797-826.

[410] WIGBOLDUS D H, SEMIN G R, SPEARS R. How do we communicate stereotypes? Linguistic bases and inferential consequences [J]. Journal of Personality and Socal Psychology, 2000, 78 (1): 5-18.

[411] WILDER DAVID A, SIMON ANDREW F, FAITH MYLES, et al. Enhancing the impact of counterstereotypic information: dispositional attributions for deviance [J]. Journal of Personality and Social Psychology, 1996, 71 (2): 276-287.

[412] WILLEMSEN T M. Gender typing of the successful manager: A stereotype reconsidered [J]. Sex Roles, 2002, 46: 385-391.

[413] WILLIAMS J E, BEST D L. Measuring sex stereotypes: A multination study [M]. Newbury Park, CA: Sage, 1990.

[414] WILSON T D, LINDSEY S, SCHOOLER T Y. A model of dual attitudes [J]. Psychological Review, 2000, 107 (1): 101-126.

[415] WITTENBRINK B, JUDD C M, PARK B. Spontaneous prejudice in context: Variability in automatically activated attitudes [J]. Journal of Personality and

Social Psychology, 2001, 81 (5): 815-827.

[416] WOJCISZKE B, BAZINSKA R, JAWORSKI M. On the dominance of moral categories in impression formation [J]. Personality and Social Psychology Bulletin, 1998, 24 (12): 1251-1263.

[417] WOJCISZKE B. Morality and competence in person-and self-perception [J]. European Review of Social Psychology, 2005, 16 (1): 155-188.

[418] WOJCISZKE B. Multiple meanings of behavior: Construing actions in terms of competence or morality [J]. Journal of Personality and Social Psychology, 1994, 67 (2): 222-232.

[419] WOOD W. Annual review of psychology [M]. Palo Alto, CA: Annual Reviews, 2000: 539-570.

[420] YBARRA O, CHAN E, PARK H, et al. Life's recurring challenges and the fundamental dimensions: An integration and its implications for cultural differences and similarities [J]. European Journal of Social Psychology, 2008, 38 (7): 1083-1092.

[421] YEUNG V W L, KASHIMA Y. Culture and stereotype communication: Are people from eastern cultures more stereotypical in communication? [J]. Journal of Cross-Cultural Psychology, 2011.

[422] YUAN J J, LI H, CHEN A T, et al. Neural correlates underlying humans' differential sensitivity to emotionally negative stimuli of varying valences: An ERP study [J]. Progress in Natural Science, 2007, 17 (13): 115-121.

[423] YZERBYT V Y, COULL A, ROCHER S J, et al. Fencing off the deviant: The role of cognitive resources in the maintenance of stereotypes [J]. Journal of Personality and Social Psychology, 1999, 77 (3): 449-462.

[424] YZERBYT V Y, KERVYN N, JUDD C M. Compensation versus halo: The unique relations between the fundamental dimensions of social judgment [J]. Personality and Social Psychology Bulletin, 2008, 34 (8): 1110-1123.

[425] YZERBYT V Y, PROVOST V, CORNEILLE O. Compensatory stereotypes in the French-speaking world [J]. Group Processes and Intergroup Relations, 2005, 8 (3): 291-308.

[426] ZEBROWITZ L A, KIKUCHI M, FELLOUS J M. Facial resemblance to emotions: Group differences, impression effects, and race stereotypes [J].

Journal of Personality and Social Psychology, 2010, 98: 175-189.
[427] ZUCKERMAN M. On the meaning and implications of facial prominence [J]. Journal of Nonverbal Behavior, 1986, 10: 215-229.
[428] ZUCKERMAN M, KIEFFER S C. Race differences in face-ism: Does facial prominence imply dominance? [J]. Joural of Personality and Social Psychology, 1994, 66: 86-92.

后 记

这是一本几年前就应该完成的书，多年前很多心理学同行和朋友就建议我把发表的关于刻板印象的论文整理后结集出版让大家分享。拖到现在，原因当然很多，主要是两个方面。一方面，我自己关于刻板印象基本问题的思考还不是那么全面，刻板印象内容的很多主题都值得深入研究，我认为需要再多做一些研究，将刻板印象的主要问题搞清楚，这样就需要一定时间。另一方面，虽然我们做了大量关于刻板印象的研究，但是有些研究成果发表的时间比较长了，一些数据需要重新进行检查和分析，有些当时比较新颖的观点现在来看就不够完善，要把这些已经发表的成果进一步梳理和分析，确实也是需要时间。

然而，刻板印象领域的重要问题和其他领域的科学问题一样，也是一个不断发现、不断深化和拓展的过程，要想把刻板印象的问题研究完之后再来作小结，不现实，不可能，我一个人也做不到。看来，先把已经发表的一些文章加以整理，有一个相对完整的资料可以和同行进行交流，这对促进刻板印象研究也是大有裨益的。正是基于这样一种考虑，我终于在 2014 年下定决心，要把刻板印象的内容和形态方面的内容整理成一本书。

在社会心理学领域，刻板印象是一个传统而又现代的问题。早在 1933 年，美国普林斯顿大学的学者就开始了最早的刻板印象实证研究。时至今日，关于刻板印象的文献与研究非常之多，如刻板印象威胁、刻板印象的加工机制、刻板印象的表现、刻板印象的影响因素等方面，都有大量的研究成果。就普通的社会中人和其他对刻板印象感兴趣的人来讲，谈到“刻板印象”的时候，人们首先会想到的是刻板印象的一些主要内容或者说刻板印象的类型与形态。比如，我们会很自然地想到性别刻板印象、年龄刻板印象、民族刻板印象以及职业刻板印象等。我们在研究刻板印象的时候，在我们头脑中都会浮现不同的群体，这些群体的一些特点以及有这些特点的原因也可能是相对固定的。的确，我们有必要对刻板印象的基本内容和主要形态进行梳理，事实上我们关于刻板印象的研究成果也都是围绕性别、年龄、职业、民族等领域展开的。当前国内外社会心理学领域关于刻板印象的研究，有非常有名的刻板印象内容模型，或者是以刻板印象为核心的社会认知“大二”模型，其实都是围绕刻板印象的具体内容来展开的，包括刻板印象内容包含的维度，刻板印象内容的具体含义，人们也想知道，刻板印象的这些内容是如何表征的，受到哪些因素的影响。

刻板印象的内容和形态，是刻板印象研究所涉及的一个最基本的问题。我们知道，越是基本的问题越是重要，也往往是不好研究的课题。在回顾和总结关于刻板印象内容和形态的这些研究成果的时候，我们也发现，要进行一个非常清晰的梳理的确是比较困难的。在此，我们把刻板印象内容和形态相对划分为这样的几个部分：第一篇是对刻板印象内容与形态基本理论的一些思考与分析；第二篇是刻板印象内容评价和研究的方法；第三至第五篇的内容是围绕着刻板印象的三种具体形态来展开的：一个是性别刻板印象，一个是年龄刻板印象，还有一个是民族或种族刻板印象。我们知道刻板印象内容和形态非常多，但是就性别、年龄和国民刻板印象这三个方面而言，我们都做了大量实证研究。刻板印象内容和形态的研究往往都具有时代特色，也要靠数据说话。虽然有些研究数据获得的时间比较久了，但是我要尊重研究数据资料的原始特点，强调原创。因此这本书总体上保留了原来研究时的问题呈现方式和数据分析方式，算是原汁原味地呈现我所做的刻板印象内容和形态的一些研究吧！

刻板印象的内容和形态，是我研究刻板印象过程中感到非常有乐趣的一个部分。刻板印象的内容涉及不同的鲜活的社会人群的特点，我们也属于各种社会人群，因此在研究的时候自己也会参与其中。比如说，在探究性别和反性别刻板印象的时候，作为一位男性，我会自觉不自觉地用典型男性性别刻板印象的内容来进行自我评价。这种对比和评价给我带来很多快乐，也让我能够“联系实际”深入思考已有的研究数据的信度和效度问题，让我思考和判断性别刻板印象相关理论能不能被人接受的问题。又如，在探讨年龄刻板印象的时候，我也会想到自己到底是年轻人还是老年人，我自己对年轻人和老年人是怎样的一种看法？我们的实证研究把大学生对于年轻人和老年人的刻板印象进行了分析和对比，我自己是年近半百的中年人，既不是老年人也不是年轻人，但想一想自己的心态还是比较年轻的，感觉在心理上自己还属于年轻人，这种不由自主的参与感，也让我对刻板印象的研究更加喜爱。再如，在研究种族和国民刻板印象的时候，因为自己是中国人的身份，因此在将中国人和美国人进行比较的时候，我不可避免地也出现了社会心理学所言的内群体偏爱。在调查大学生对于10个种族和民族的刻板印象的过程中，自己写作中国人国民刻板印象特点的分析和总结部分的时候，我也会不由自主地产生对中国人的积极评价和偏爱，对自己去过的一些国家，我也会想想我所看到的人群的样子和我们研究所得出的结论是否一致。总之，在《刻板印象内容与形态》这本书的研究和写作梳理过程中，自己有很强的投入感。在这一过程中间，不仅仅是涉及刻板印象内容和形态的问题，我也自然地想到刻板印象的相关理论，如社会认同的相关理论、群体心理的相关理论、人的社会认知和自我发展的相关理论等等。

当然关于刻板印象内容和形态的问题非常多，比如说，职业刻板印象，目前关于这一刻板印象内容的研究也是非常丰富的。我和我的团队也在这方面做了不少的研究，但是因为职业的概念及职业的社会要求变化非常之快，这次我没有把它纳入本书内容之中，觉得还是需要进行更多的研究！当然，这本书只是我们刻板印象研究丛书中的一种，它的内容也不可能涵盖刻板印象内容和形态的各个方面，姑且就已有的研究成果加以整理出版以求教于同仁吧！

本书是我承担的国家自然科学基金项目（31571147）和中央高校基本科研业务费华中师范大学重大研究领域项目（CCNU15Z02001）的成果之一。这本书的署名虽然是我一个人，但它也是我们团队集体努力研究的结晶，在这里列出主要贡献者的姓名：温芳芳、代涛涛、孙利、张晓斌、陈晶、毛丹、孙山、吴漾、任娜、张艳红、刘晅、侯飞翔、肖玉兰、潘璠、朱小芳、马冬莹、赵菊、王娟、张阳阳、张陆、魏谨、曲燕、兰玉娟、祁超、刘峰、宋莉薇、卞宁、叶娜、艾传国、滕婷婷、黎情、张文婷、夏立、江汶、严芳、张于、王红桥、张媛、段雅欣、浮冬琴、邹琼、李春玲等等。我的学生严磊、宋静静、谭潇、赵苗苗、吴月鹏、王苗、谭开桦、戴月娥、刘国琪、叶姝瑾、游之悦、朱雯琪、刘珂、冯轲、王萌、王雅菲、李娜、张金良协助我整理资料和校对数据与文字，特别是博士生代涛涛协助我做了许多协调工作，在这里表达我的谢意。我的同事郭永玉、李晔、王伟、马红宇、赵庆柏、贺金波、洪建中、黄飞、程晓荣等老师以及许多国内心理学的同行也给了我许多研究上的帮助和支持；华中师范大学出版社的编辑童雯为这本书的出版也付出了辛勤劳动，在此表示衷心的感谢。

刻板印象的内容和形态，是一个基本的社会心理学问题，也是一个能够让人感到兴奋的研究领域。我希望通过这本书记录下我们团队关于刻板印象内容的研究过程和我们的研究思考。也请国内外同行对本书提出宝贵意见，对我的研究过程及研究成果进行批评指正，我也欢迎和期盼更多的人加入刻板印象领域的研究中来，我们可以共同为社会心理学的刻板印象研究做出新的贡献。

佐　斌

2015 年 12 月 22 日